— Editorial —

PERMITA-SE A SER *feliz!*

Por quantas vezes não sabotamos a nossa felicidade? Parece que sempre arrumamos um pretexto para deixar para ser feliz quando conseguirmos algo... Você já usou alguma dessas expressões: "Quando eu emagrecer, eu vou renovar meu guarda-roupa!" ou "Assim que eu conseguir aquele emprego, vou cuidar mais de mim"? E assim vai.... deixando para daqui a pouco, para amanhã e talvez para o próximo ano. Então, nós, da *Moda Moldes*, com todo o carinho, falamos: "Viva o agora"!

Afinal, você merece se olhar no espelho e dizer eu acredito no meu potencial, eu sei que posso conquistar o que eu quiser! Ame-se! Escolha aquela roupa que valoriza o seu corpo! Pretinho básico é lindo? Sim, claro! No entanto, opte também pelo colorido. Dê cor ao seu look, ao seu dia, à sua vida!

Neste *Guia Moda Moldes Plus Size*, mostramos, mais uma vez, um universo de opções que valorizam a silhueta GG. Há sugestões lindas de vestidos, macacões, calças, blusas, entre outras peças que são bem-vindas em diferentes ocasiões. Escolha diversos modelos e arrase por onde passar!

Um grande beijo,

Aline Ribeiro

www.revistaonline.com.br
Facebook: Revista Moda Moldes
Instagram: @revistamodamoldes

— SUMÁRIO —

SEMPRE BEM-VESTIDA
05   Encontre looks incríveis para as mais diversas ocasiões de tamanhos 48 ao 58

CAPA
26   Gaby Amarantos
28   Fluvia Lacerda
30   Fabina Karla

EDITORIAIS DE MODA
32   Vamos passear?
34   Quando o inverno chegar...
38   Jeans todo dia
42   Pronta para o trabalho
46   Combo perfeito
52   Estampas? Sim!
56   A beleza dos longos
60   Saia para todas
66   Preto & branco
70   Pretinho (nada) básico!
74   Valorize seu corpo
82   Ícones de estilo
88   Especial vestidos
94   Repagine seu visual
100 New vintage
104 Paixão por vestidos
110 Code
116 A seu favor
124 Moda diferenciada

RECEITAS
128 Instruções
132 Receitas dos moldes
178 Onde encontrar

GRAU DE DIFICULDADE DOS MOLDES

GRAU DE DIFICULDADE
Iniciante ✂   Fácil ✂✂   Requer prática ✂✂✂
Requer muita prática ✂✂✂✂

INICIANTE	FÁCIL	REQUER PRÁTICA	REQUER MUITA PRÁTICA
◉	◉◉	◉◉◉	◉◉◉◉

MODA VERSATILIDADE

SEMPRE
BEM-VESTIDA

Pensando em diferentes ocasiões, confira looks incríveis dos tamanhos 48 ao 58

FOTOS: **FERNANDA VENÂNCIO** | PRODUÇÃO: **ELAINE SIMONI**

48

MACACÃO
Molde 033
Tamanho 48
Página 142

Brincos: OLHA QUE LINDA!. Bracelete: LE CHARM. Macacão: MAMÔ. Bolsa: BRENDA LEE PARA PASSARELA.COM. Sandálias: DIVALESI.

50

SHORT-SAIA
Molde 034
Tamanho 50
Página 143

Anel e bracelete: OLHA QUE LINDA!. Blusa: DISOLE. Saia: AVANZZO. Bolsa: RAFFITHY. Sapatilhas: SERRA BELLA.

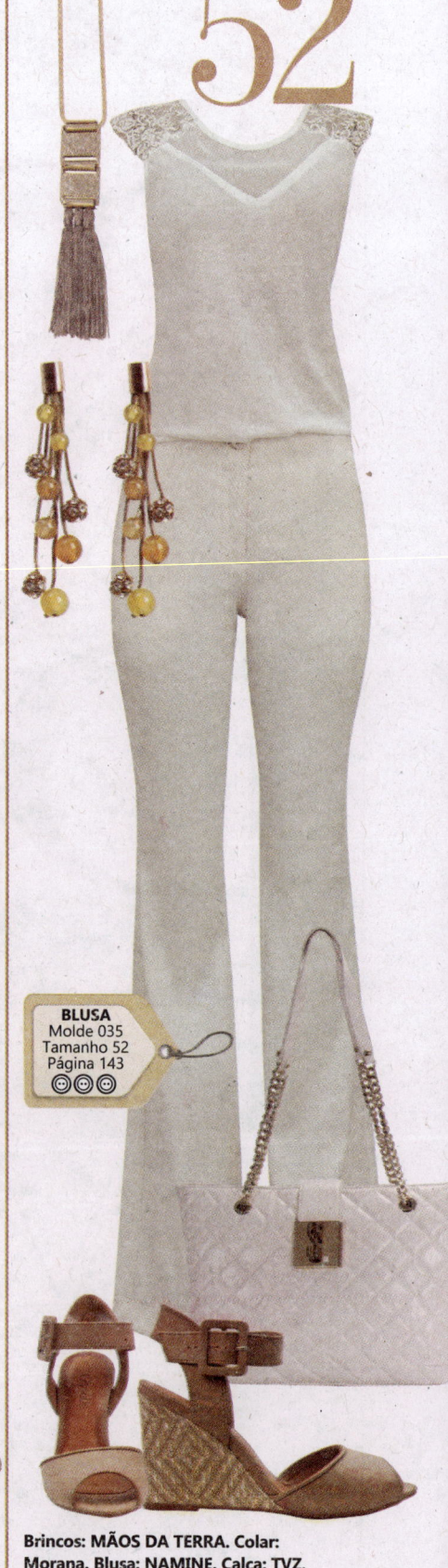

52

BLUSA
Molde 035
Tamanho 52
Página 143

Brincos: MÃOS DA TERRA. Colar: Morana. Blusa: NAMINE. Calça: TVZ. Bolsa: SANTA LOLLA NA PASSARELA.COM. Sandálias: CRYSALIS.

54

BATA
Molde 036
Tamanho 54
Página 143

Brincos e colar: OLHA QUE LINDA!. Blusa: CLEO MOURA. Calça: MARISA. Bolsa: RAFFITHY. Sandálias: CRYSALIS.

56

BLAZER
Molde 037
Tamanho 56
Página 144

Anel e brincos: KORPUSNU. Blusa: MARISA. Blazer: FASHION CLINIC. Calça: DIVINA PELE. Bolsa: BRENDA LEE PARA PASSARELA.COM. Sandálias: CRYSALIS.

58

CAFTÃ
Molde 038
Tamanho 58
Página 144

Brincos: EXIA ACESSÓRIOS. Colar: CLÁUDIA MARISGUIA. Caftã: MAMÔ. Calça: MARISA. Bolsa: QUEENS PARA PASSARELA.COM. Sandálias: BEBECÊ.

48 50 52

VESTIDO
Molde 039
Tamanho 48
Página 144

VESTIDO
Molde 040
Tamanho 50
Página 145

VESTIDO
Molde 041
Tamanho 52
Página 145

Colar: LE CHARM. Vestido: MARISA. Bolsa: CESARETTI PARA PASSARELA.COM. Peep toes: BOTTERO.

Colar: LE CHARM. Anel: SABRINA JOIAS. Vestido: FASHION CLINIC. Sapatilhas: BEIRA RIO.

Brincos: OLHA QUE LINDA!. Colar: DIVINÍSSIMA ACESSÓRIOS. Vestido: NAMINE. Sandálias: BEBECÊ.

54 | 56 | 58

VESTIDO
Molde 042
Tamanho 54
Página 145

BLUSA
Molde 043
Tamanho 56
Página 146

MACACÃO
Molde 044
Tamanho 58
Página 146

Pulseira: KORPUSNU. Vestido: PROGRAM. Bolsa: RAFITTHY. Sandálias: CRYSALIS.

Colar: MORANA. Anel: SABRINA JOIAS. Camisa e saia: PALANK. Scarpins: VIZZANO.

Brincos: LE CHARM Colar: EXIA ACESSÓRIOS. Macacão: PROGRAM. Sandálias: USAFLEX.

48 | 50 | 52

VESTIDO
Molde 045
Tamanho 48
Página 146

CASAQUETO
Molde 046
Tamanho 50
Página 147

VESTIDO
Molde 047
Tamanho 52
Página 147

Brincos: FABIANA HAVERROTH. Anel: KORPUSNU. Vestido: NAMINE. Sandálias: MOLECA.

Brincos: MIRELLE WENDLING. Anel: KORPUSNU. Regata: NAMINE. Casaqueto: FASHION CLINIC. Calça: AVANZZO. Scarpins: BEBECÊ.

Brincos: MIREILLE WENDLING. Pulseira: OLHA QUE LINDA!. Vestido: MAMÔ. Sandálias: PICCADILLY.

54

VESTIDO
Molde 048
Tamanho 54
Página 147

Anel e brincos: MIREILLE WENDLING. Vestido: CLEO. Sandálias: CRYSALIS.

56

QUINOMO
Molde 049
Tamanho 56
Página 148

Brincos e pulseira: PALHAS DA TERRA. Blusa: NAMINE. Quimono: MARISA. Calça: AVANZZO. Sapatos: VIZZANO.

58

VESTIDO
Molde 050
Tamanho 58
Página 148

Brincos: LE CHARM. Colar: LÁZARA DESIGN. Vestido: PROGRAM. Peep toes: BOTTERO.

48 | 50 | 52

CAMISA
Molde 051
Tamanho 48
Página 148

SAIA
Molde 052
Tamanho 50
Página 149

VESTIDO
Molde 053
Tamanho 52
Página 149

Colar: ÉXIA ACESSÓRIOS. Anel: OLHA QUE LINDA!. Regata: SAWARY. Camisa: ANGEL. Calça: SAWARY. Mocassim: VIZZANO.

Brincos: ROMMANEL. Bracelete: MÃOS DA TERRA. Camisa: LEVI'S. Saia: FASHION CLINIC. Cinto: ANGEL. Peep toes: VIZZANO.

Anel e pulseira: OLHA QUE LINDA!. Vestido: MAMÔ. Sandálias: BOTTERO.

54 | 56 | 58

VESTIDO
Molde 054
Tamanho 54
Página 149

MACAQUINHO
Molde 055
Tamanho 56
Página 150

VESTIDO
Molde 056
Tamanho 58
Página 150

Brincos: KORPUSNU. Pulseira: LÁZARA DESIGN. Vestido: CONSCIÊNCIA JEANS. Sapatilhas: MOLECA.

Anel e brincos: KORPUSNU. Macaquinho: KAUÊ. Sandálias: PICCADILLY.

Anel e brincos: ROMMANEL. Vestido com cinto: PALANK FASHION. Sandálias: VIZZANO.

48 | 50 | 52

VESTIDO
Molde 066
Tamanho 48
Página 153

VESTIDO
Molde 067
Tamanho 50
Página 154

COLETE
Molde 068
Tamanho 52
Página 154

Brincos: ÉXIA ACESSÓRIOS. Colar: LÁZARA DESIGN. Vestido: MIROA. Sapatos: BEBECÊ.

Brincos: OLHA QUE LINDA!. Vestido: LASCIVITÉ. Pulseira: DIVINÍSSIMA ACESSÓRIOS. Sapatos: BOTTERO.

Brincos: LE CHARM. Camiseta: PALANK. Colete e calça: KAUÊ. Pulseira: OLHA QUE LINDA!. Botas: MOLECA.

54

BLUSA
Molde 069
Tamanho 54
Página 154

Anel e brincos: OLHA QUE LINDA!. Blusa e calça: KAUÊ. Botas: MODARE.

56

TÚNICA
Molde 070
Tamanho 56
Página 155

Brincos: OLHA QUE LINDA!. Anel: BALONÈ. Túnica: MAISON SPA. Calça: PALANK. Peep toes: VIZZANO.

58

BLAZER
Molde 071
Tamanho 58
Página 155

Óculos: LOUGGE. Anel: OLHA QUE LINDA!. Echarpe e calça: PALANK. Camiseta: KAUÊ. Blazer: PALANK. Botas: MODARE.

15

48 | 50 | 52

VESTIDO
Molde 089
Tamanho 48
Página 161

CALÇA
Molde 090
Tamanho 50
Página 161

VESTIDO
Molde 091
Tamanho 52
Página 161

Brincos: SABRINA JOIAS. Anel: MÃOS DA TERRA. Vestido de suede: AVANZZO. Sandálias: MARIOTTA.

Brincos e anel: AIRAM. Bata: CONY GREEN. Calça de suede: NAMINE. Slippers: AZALÉIA.

Brincos: HERREIRA. Óculos: LOUGGE. Vestido de suede: MARILETI. Scarpins: BEBECÊ.

54

PONCHO
Molde 092
Tamanho 54
Página 162

56

COLETE
Molde 093
Tamanho 56
Página 162

58

SAIA
Molde 094
Tamanho 58
Página 162

Brincos e anel: HERREIRA. Blusa e calça: MELINDE. Poncho de suede: ROSA LOUCA. Sandálias: LARA PARA PASSARELA.

Anel e colar: HERREIRA. Blusa, colete e minissaia de suede: PROGRAM. Sapatilhas: CARMEM STEFFENS.

Anel: SABRINA JOIAS. Colar: HERREIRA. Blusa e saia de suede: MAISON SPA. Sandálias: BEIRA RIO.

48 | 50 | 52

VESTIDO
Molde 095
Tamanho 48
Página 162

VESTIDO
Molde 096
Tamanho 50
Página 163

VESTIDO
Molde 097
Tamanho 52
Página 163

Brincos: RUDÁ ACESSÓRIOS. Anel: SABRINA JOIAS. Vestido: NAMINE. Espadrilles: KIPLING.

Brincos e anel: SABRINA JOIAS. Vestido: MELINDE. Peep toes: AZALEIA.

Brincos e pulseira: RUDÁ ACESSÓRIOS. Vestido: KAUÊ. Sapatos: CAPODARTE.

54 | 56 | 58

VESTIDO
Molde 098
Tamanho 54
Página 163

VESTIDO
Molde 099
Tamanho 56
Página 164

VESTIDO
Molde 100
Tamanho 58
Página 164

Brincos: RUDÁ ACESSÓRIOS. **Anel:** SABRINA JOIAS. **Vestido:** PROGRAM. **Sandálias:** AZALEIA.

Brincos: SABRINA JOIAS. **Anel:** RUDÁ ACESSÓRIOS. **Vestido:** PALANK. **Sandálias:** BEIRA RIO.

Brincos: RUDÁ ACESSÓRIOS. **Anel:** SABRINA JOIAS. **Vestido:** KATANI. **Scarpins:** BEBECÊ.

48 | 50 | 52

VESTIDO
Molde 105
Tamanho 48
Página 165

VESTIDO
Molde 106
Tamanho 50
Página 166

VESTIDO
Molde 107
Tamanho 52
Página 166

Brincos: FANE'S JOIAS CONTEMPORÂNEAS. Pulseira: OLHA QUE LINDA. Vestido: MARISA. Sandálias: BEIRA RIO.

Brincos e colar: SABRINA JOIAS. Vestido: MARISA. Peep toes: BEIRA RIO.

Brincos e anel: OLHA QUE LINDA. Vestido: PROGRAM. Sandálias: AZALEIA.

54 | 56 | 58

VESTIDO
Molde 108
Tamanho 54
Página 166

VESTIDO
Molde 109
Tamanho 56
Página 167

VESTIDO
Molde 110
Tamanho 58
Página 167

Brincos e anel: LE CHARM. Vestido: PROGRAM. Sandálias: BEIRA RIO.

Brincos e anel: FANE'S JOIAS CONTEMPORÂNEAS. Sandálias: RAMARIM.

Brincos e anel: MARIA CEREJA. Vestido: KAUÊ. Sandálias: RAMARIM.

48 50 52

VESTIDO
Molde 124
Tamanho 48
Página 171

VESTIDO
Molde 129
Tamanho 50
Página 173

CALÇA
Molde 128
Tamanho 52
Página 173

Brincos: JOSEFINA ROSACOR. Vestido de crepe com mangas longas e com cinto de tecido: PROGRAM. Scarpins: VIZZANO.

Brincos: THAIS SANTORO. Vestido de seda estampada e cinto de couro: PALANK. Scarpins: BOTTERO.

Brincos: LE CHARM. Camisa de crepe com laço: PALANK. Calça de crepe: MAISON SPA. Scarpins: BEIRA RIO.

54

VESTIDO
Molde 127
Tamanho 54
Página 172

Colar: THAIS SANTORO. Vestido de malha estampada: MELINDE. Scarpins: MODARE.

56

BATA
Molde 126
Tamanho 56
Página 172

Brincos: MARIA CEREJA. Bata de crepe azul-marinho e calça de malha: KAUÊ. Sapatilhas: BEIRA RIO.

58

VESTIDO
Molde 125
Tamanho 58
Página 172

Brincos: MY GLOSS. Vestido de malha estampada: KAUÊ. Sapatilhas: MODARE.

48 | 50 | 52

CALÇA	VESTIDO	SAIA
Molde 130	Molde 131	Molde 132
Tamanho 48	Tamanho 59	Tamanho 52
Página 173	Página 173	Página 174

Colar: MORANA ACESSÓRIOS. Blusa de viscose estampada: KAUÊ. Pantacourt de viscose off-white: TALENTO MODAS. Mocassins: BEIRA RIO.

Brincos: OLHA QUE LINDA!. Vestido de malha off-white com detalhe de renda no decote: MELINDE. Sandálias: VEROFATTO.

Anel: FANE'S JOIAS. Regata de malha branca com bordado floral: KAUÊ. Saia evasê de malha vermelha: MELINDE. Sandálias: MOLECA.

54

Brincos: THAIS SANTORO. **Vestido de malha vermelho com detalhe de renda no decote:** PALANK. **Sandálias:** MODARE.

VESTIDO
Molde 133
Tamanho 54
Página 174

56

Anel: BALONÈ. **Vestido com corte evasê de seda estampada:** TALENTO MODA. **Scarpins:** ANZETUTTO.

VESTIDO
Molde 134
Tamanho 56
Página 174

58

Colar: OLHA QUE LINDA!. **Kafta de crepe com bordado de vidrilhos, regata de malha e pantalona de linho:** MAISON SPA. **Sapatilhas:** VIZZANO.

KAFTA
Molde 135
Tamanho 58
Página 175

CAPA PERFIL

Gaby
AMARANTOS

Ao escutar as batidas de Ex mai love, canção que marcou a abertura da novela *Cheias de charme*, em 2012, não há como não se empolgar e cair no ritmo. No entanto, Gaby vai muito além desse hit de sucesso. Sua história de vida é surpreendente e pode ser um exemplo para cada um de nós

TEXTO: **ALINE RIBEIRO** | FOTOS: **PRISCILA PRADE** | STYLIST: **MURILO MAHLER** | BELEZA: **EDU HYDE** | ARTE E TRATAMENTO DE IMAGEM: **ANGELA C. HOUCK**

Exuberante. Certamente, o melhor adjetivo para classificar o estilo de Gaby Amarantos. Brilho, paetês e mix de estampas – tudo faz parte de seu figurino. "Sem muita pretensão, acho que ajudei muitas mulheres a usarem glitter na unha e a investir mais em brilho e cor nos looks. A mulher brasileira é tropical. Não pode usar apenas preto simplesmente porque a moda dita isso!", ressalta ela que hoje faz parte do time do programa Saia Justa, do GNT. Apesar de ter um estilo exuberante dentro dos palcos, longe dos holofotes, por incrível que pareça, ela é básica. "No dia a dia, não abro mão do conforto. Gosto de tênis e de um vestido bem confortável. Amo turbantes, eles dão um up no visual. Misturo uma peça mais casual e um turbante, e fica totalmente fashion", dá a dica. É verdade que, desde criança, ela sempre foi apaixonada por brilhos e por maquiagem. "Quando via a Xuxa, queria usar botas!", relembra. Contudo, atualmente, Gaby está sofisticando seu estilo. Estampas sempre, porém hoje é importante saber combiná-las. Ou seja, o verbo exagerar não faz mais parte de seu dicionário fashion. "Não tenho medo de mudar um pouco meu estilo, pois acho que hoje ele ficou mais próximo da mulher brasileira. Antes era: 'Nossa, adorei essa roupa da Gaby, mas não usaria'. Hoje, escuto: 'Está a cara da Gaby e eu usaria'. Estou em um momento mais de beleza, de estar feliz com o meu corpo e quero mostrar isso para o público."

"O mercado plus size ainda é muito carente"

Gaby conheceu de perto a dificuldade para encontrar roupas mais ousadas e diferentes em tamanhos maiores. "Quando eu usava manequim maior, era difícil encontrar algo acima do 42. Então, comecei a desenhar e fazer minhas próprias roupas. O mercado plus size é muito carente. A indústria quer oprimir, ela quer te enquadrar em um padrão", enfatiza a cantora que ainda incentiva: "Não se deixe oprimir. Se expresse, ouse! Não é porque você veste 50 e tanto que você não vai ser gostosa, linda. A beleza tem muito a ver com estado de espírito. Quando estava acima do peso, eu sentava em frente ao espelho e falava para mim mesma: 'Acredite que você é bonita'".

Após chegar a 100 quilos, ela decidiu emagrecer por uma questão de saúde. "Eu me alimentava muito mal e tinha refluxo, o que 'queimava' as cordas vocais. Tinha show que eu não tinha voz nenhuma. Também tinha problema de colesterol, o joelho era problemático e tinha dor na lombar por conta do peso. Assim, fiquei um tempo afastada me cuidando", explica. Por esse motivo, a cantora decidiu participar do quadro Medida certa, do Fantástico, em 2013, o que lhe trouxe muitos resultados. "Já vesti 46, 48. Hoje, uso 38 a 40; é uma grande diferença. E isso é confortável para mim. Eu sou super a favor de quem quer levar uma vida mais saudável". Gaby ainda faz um alerta sobre quem usa a "gordofobia" para não cuidar da saúde. "Está certo se aceitar do jeito que é, claro. Mas tenho certeza de que você ficará ainda mais feliz se você se cuidar. Tenho certeza de que você vai se aceitar ainda mais por conta de sua saúde", destaca ela que, para manter a boa forma, faz exercícios físicos e tratamentos estéticos sempre que pode. "Não acredite no padrão que a sociedade quer te impor, acredite na sua beleza", conclui.

BLUSA
Molde 113
Tam(s). 48 a 52
Página 168

CALÇA
Molde 114
Tamanho 50
Página 168

Joias: KALU.
Calça e blusa: LETAGE. Sapatos: Jorge Alex.

CAPA PERFIL

Fluvia LACERDA

A modelo internacional prova que a verdadeira beleza da mulher vai muito além do que a fita métrica e a balança podem marcar

TEXTO: **ISABELLA DELBUCIO** | FOTOS: **ANDRE SCHNEIDER** | EDIÇÃO DE MODA: **MARCELO ULTRA**

Foi ao som contagiante de Madonna e de Beyoncé que Fluvia Lacerda posou para este ensaio exclusivo. Sim, essa carioca de 37 anos – que é conhecida mundialmente como a Gisele Bündchen tamanho GG – em nada fica devendo para as divas pop no que diz respeito à beleza, sensualidade e autoconfiança. E pasme: tudo isso no alto de seu manequim 48. O peso? Ela não sabe... "Para mim, isso é só um número que aprisiona a mente das pessoas. Enquanto estiver tudo bem com a minha saúde, não vejo a necessidade de me pesar", conta.

As curvas acentuadas e a autoestima elevada sempre estiveram presentes na vida da modelo, que há mais de 10 anos é uma das mais requisitadas quando o assunto é moda plus size. Ela faz parte de um vasto número de mulheres que contradizem a ditadura imposta pelo universo fashion, de que, para estar bonita, é preciso estar magérrima.

Assim como ela, as mais cheinhas provam também que são sofisticadas, sensuais, saudáveis e, acima de tudo, felizes com o seu próprio corpo.

E por sempre ter sido argumentadora, Fluvia estranha quem se deixa levar pela opinião alheia. "Eu acho até hoje muito estranho como as mulheres entram nessa, como elas não se questionam. Na minha cabeça, eu nunca consegui me olhar no espelho e ver alguma coisa de errado não. A minha saúde estando intacta... meu corpo produziu dois filhos maravilhosos, eu acho que é um ato incrível do corpo da mulher. Eu nunca consegui ver nada de errado com a minha aparência física porque fulano ou beltrano dita que eu deva ter uma aparência x, y ou z. Eu sempre achei isso meio louco", diz ela, que é mãe de Lua, de 17 anos, e de Pedro, de 3 anos.

E é justamente abrindo os olhos para as imposições que Fluvia vê a chave para que as mulheres se sintam melhores com elas mesmas. "Eu acho que a base de tudo é questionamento mesmo. Sempre defendi isso. Eu não acredito que seja um processo que você acorda e pensa: 'Hoje eu vou me amar e reverter todo o processo de negatividade que eu fui bombardeada a vida inteira, hoje eu vou dar marcha à ré nesse processo em um piscar de olhos'. Eu acho que isso é uma ilusão. É um processo – levou tempo para ser construído, leva tempo para você pedalar em marcha à ré", diz ela, que completa: "A vida é muito curta para você desperdiçar sentado, no automassacre, enquanto quem está te criticando está lá fora vivendo."

VESTIDO
Molde 007
Tamanho 48
Página 134

Pulseira: OTÁVIO GIORA.
Vestido: JES COUTURE.

CAPA PERFIL

Fabiana KARLA

A atriz tem muitos anos experimentando figurinos de personagens de TV, teatro e cinema, além de campanhas publicitárias e ensaios fotográficos. Com toda essa bagagem, Fabiana sabe o que lhe veste bem ou não, mas está sempre aberta às novidades!

TEXTO: **ANA IOSELLI** | FOTOS: **FAYA** | PRODUÇÃO DE MODA: **ANDERSON ALVES** | BELEZA: **DIEGO MASSAN** | ARTE: **ANGELA C.HOUCK** | TRATAMENTO DE IMAGEM: **BÁRBARA MARTINS**

"As minhas palavras-chave para moda são conforto e elegância. Não sou adepta de roupas muito coladas. Sou uma pessoa incapaz de estar numa festa com um figurino que está me deixando desconfortável, com um sapato apertado a ponto de eu não estar feliz, de não poder desenvolver um papo com alguém ou de não poder ficar até mais tarde. Não curto. Tenho que estar confortável, estar feliz, porque não adianta eu estar linda e mal-humorada", declara a atriz.

O guarda-roupa de Fabiana é variado. "Curto estampas, porque adoro cores alegres. Procuro ter peças básicas. Tenho sempre um jeans bom e um vestido cachecoeur, porque me favorecem muito. Também tenho sempre um pretinho básico e um vermelho fatal. Gosto muito do inverno, porque a estação traz elegância. Mas o verão também tem cores lindas! Já a primavera me traz alegria, parece que você fica com uma licença para "ser flor". Todas as estações são bem-vindas quando você brinca com elas a seu favor, aposta.

A atriz também gosta de cores mais sóbrias. "Gosto muito dos tons nude. Gosto do preto e do branco. Para mim não tem essa do gordo não poder usar. Eu é que tenho que olhar e gostar. É o olhar de cada um mesmo. A pessoa tem que respeitar o seu gosto, saber o que cai e não cai bem, mas também observar o que fica bom no seu corpo, começar a experimentar. É muito bacana você abrir uma revista de moda, observar e conhecer um olhar novo. É importante estar com um olhar atento para as novidades, mas saber o que lhe cai bem", ensina.

Moda: "É uma linha tênue de gostos que pode agradar ou não, mas que fica à exposição, a serviço de um coletivo".
Estilo: "É um segmento com o qual você se identifica. Cada um tem o seu estilo próprio. Quando você consegue combinar o seu estilo à moda, acho legal, porque eles estão sempre de mãos dadas".
Uma cor: "Sou uma pessoa de muitas cores, mas gosto muito do azul, que me faz muito feliz. E do vermelho, uma cor que me acende, me deixa viva". Uma estampa: "Gosto do geométrico, dos florais, do animal print, das listras. É injusto falar uma estampa só, porque curto muito". Uma peça-chave: "Vestido cachecoeur. Fico bem vestida para qualquer ocasião".
Tecido predileto: "Gosto muito de seda. Deixa a mulher chique. E linho também".
Peça que nunca usaria: "Acho que um vestido muito colado ao corpo. Não me sentiria à vontade. Não me sentiria elegante".
Clássico ou moderno: "Tudo é bem-vindo, depende do meu dia e do meu humor".
Acessórios: "Adoro sapatos e bolsas. Às vezes, você tem uma roupa há não sei quanto tempo no armário, aí joga um acessório bacana e fica linda".

Anel: FISZPAN. Pulseiras: ESTELA GEROMINI. Macacão: LEADER. Blazer: CARLOTA. Sapatos: VIZZANO.

BLAZER
Molde 141
Tamanho GG
Página 177

MACACÃO
Molde 142
Tamanho GG
Página 177

BLAZER
Molde 029
Tamanho 48
Página 141

VESTIDO
Molde 032
Tamanho 50
Página 142

Vamos passear?

Pode ser um jantar especial, um passeio em família ou aquele encontro entre amigas. Siga nossas dicas e encontre a roupa ideal para se sentir linda em qualquer ocasião

TEXTO: EVELYN MORETO | FOTOS: MANOEL CARVALHO (ESTÚDIO MOITA MARIA) | PRODUÇÃO: ELAINE SIMONI | ASSISTENTE DE PRODUÇÃO: BETE CAMPOS | ARTE: ANGELA C. HOUCK | TRATAMENTO DE IMAGEM: BÁRBARA MARTINS | BELEZA: LARIANE SALES (CABELO) E ANA LOPES (MAQUIAGEM) | MODELO: VIVIAN DIAS

Duas peças que são clássicas do guarda-roupa feminino: blazer e vestido tubinho. E para combinar com o frescor da estação, aposte em estampas alegres e coloridas.

△
Brincos e colar: LE CHARM. Regata e blazer: MAISON SPA. Calça: KAUÊ.

◻
Brincos e colar: LE CHARM. Vestido: KAUÊ. Bolsa: LINEA BELLA. Sandálias: acervo pessoal.

SAIA
Molde 031
TAM(S). 48 A 54
Página 142

CALÇA
Molde 030
Tamanho 48
Página 142

Não pense que apenas deve usar tons sóbrios. As flores podem, sim, fazer parte de suas produções. Basta colocá-las nas partes que mais valorizam o seu corpo. Se o seu quadril não for muito largo, por exemplo, elas ficam ótimas em calças e saias.

◻
Brincos e pulseiras: LE CHARM. Blusa e saia: PALANK FASHION. Sandálias: VIZZANO.

▽
Brincos: MÃOS DA TERRA. Pulseira: LE CHARM. Blusa e calça: VICKTTORIA VICK.

MODA PLUS SIZE

BLAZER
Molde 062
Tamanho 50
Página 152

Quando o inverno chegar...

Você deve estar preparada, desde já, para receber a estação de baixas temperaturas! Descubra quais são as peças que não podem faltar em seu guarda-roupa

TEXTO: **EVELYN MORETO** | FOTOS: **VIVI PELISSARI**
PRODUÇÃO: **ELAINE SIMONI** | ASSISTENTE DE PRODUÇÃO: **BETE CAMPOS** | BELEZA: **BRUNO GALDINO (CABELO)** E **ELAINE RADO (MAQUIAGEM), DO BACKSTAGE ESPAÇO DA BELEZA** | ARTE: **ANGELA C. HOUCK** | TRATAMENTO DE IMAGEM: **BÁRBARA MARTINS** | MODELO: **MÁRCIA SAAD**
AGRADECIMENTO: **ATELIÊ DONA FORMIGA**

O blazer é uma peça indispensável para os dias com temperatura mais amena. Para valorizar o corpo plus size, ele deve ser alongado e com caimento reto, mais afastado da silhueta. Assim, ele disfarça o quadril e qualquer outro volume indesejado da região. Quando bem usadas, sobreposições valorizam cada curva do corpo com aquele toque fashion! É este o caso do colete alongado, com o comprimento sempre abaixo da cintura. Camisas e batas são curingas dentro do guarda-roupa de toda mulher. Com a capacidade de ir do chique ao casual em dois tempos, são ideais para seguir do trabalho ao happy hour.

△
Camisa: PROGRAM. **Blazer e calça:** PALANK. **Bolsa:** ADRIANE GALISTEU. **Scarpins:** BEIRA RIO.

⧗
Brincos e colar: OLHA QUE LINDA!. **Camisa e colete:** PROGRAM. **Calça:** MAISON SPA. **Sapatilhas:** MOLECA.

TÚNICA
Molde 063
Tam(s). 54/56/58
Página 153

COLETE
Molde 061
Tam(s). 48, 50 e 52
Página 152

⧗
Brincos: OLHA QUE LINDA!. **Colar:** LÁZARA DESIGN. **Anel:** ÉXIA ACESSÓRIOS. **Túnica:** MAISON ZANK. **Calça:** MAISON SPA. **Sapatilhas:** CRYSALIS.

VESTIDO
Molde 065
Tamanho 58
Página 153

Os vestidos são mais do que bem-vindos nas produções desta temporada. Durante o dia, opte por um modelo confortável, soltinho, porém com mangas ¾ ou até mesmo longas. E, quando a temperatura cair, não pense em abandoná-lo! Escolha um maxicardigã, seguindo as mesmas regras do blazer para alongar a silhueta. Prefira, também, os modelos estampados. Assim, eles roubam toda a atenção sobre si. E, para aquecer ainda mais o corpo, use um par de botas. Só não se esqueça da harmonia que deve haver entre o comprimento da saia e a altura do cano do calçado, ok?

❑

Brincos: EXIA ACESSÓRIOS. Anel e pulseira: LE CHARM. Vestido: PROGRAM. Sandálias: DIVALESI.

O

Brincos: EXIA ACESSÓRIOS. Colar: LE CHARM. Vestido: KAUÊ. Cardigã: PROGRAM. Botas: acervo pessoal.

CARDIGÃ
Molde 064
Tam(s). 50 a 54
Página 153

MODA PLUS SIZE

BLAZER
Molde 075
Tamanho 46
Página 156

Jeans
TODO DIA

Conforto e versatilidade fazem parte de seu DNA, mas foi com uma pitada de estilo que ele ganhou as ruas e agora está pronto para ser vestido de domingo a domingo

TEXTO: **EVELYN MORETO** | FOTOS: **FERNANDA VENÂNCIO** | PRODUÇÃO: **ELAINE SIMONI** | ASSISTENTES DE PRODUÇÃO: **BETE CAMPOS E MYLENA AYANCAN (ESTAGIÁRIA)** | BELEZA: **ALEX SAFRA (MAQUIAGEM) E RÉGIS MARCILIANO (CABELO), DO BLESSED HAIR** | MODELO: **MURIEL SEGOVIA (ELO MANAGEMENT)** | ARTE: **ANGELA C. HOUCK** TRATAMENTO DE IMAGEM: **BÁRBARA MARTINS**

▽

Para resolver qualquer drama de seu guarda-roupa, invista na calça flare. Com a cintura mais alta e a boca larga, ela passeia pelo corpo desenhando suas curvas e dando a ilusão ótica de uma silhueta alongada.

Brincos: HERREIRA. Colar: LÁZARA DESIGN. Blazer: MELINDE. Calça: ELEGANCE. Scarpins: BEIRA RIO.

⌛

Versátil, prático e democrático. É também fácil de vestir e de combinar. Estas qualidades, sempre atribuídas ao jeans, são multiplicadas quando ele é o tecido escolhido na confecção de um chemisier, o vestido curinga.

Brincos: OLHA QUE LINDA!. Colar: LE CHARM. Anel: LETÍCIA SARABIA. Vestido chemisier: SAWARY JEANS.

VESTIDO
Molde 74
Tamanho 52
Página 156

BLUSA
Molde 073
Tamanho 52
Página 156

Jeans com jeans? Está liberado! Se a lavagem for a mesma, melhor ainda. Assim, darão a sensação de uma peça só. Aproveite e dê o seu toque pessoal com o seu acessório favorito. Nesta proposta, é o lenço colorido que dá vida e cor à produção.

Óculos: LOUGGE. Brincos: BALONÈ ACESSÓRIOS. cada. Lenço: LE CHARM. Pulseiras: OLHA QUE LINDA!. Camisete e calça: SAWARY JEANS. Peep toes: BOTTERO.

Nem pantacourt, nem bermuda. O modelo que fica "no meio do caminho" é sinônimo de estilo e conforto, provando ser a peça ideal para curtir o fim de semana sem sair da moda e, o melhor: abusando da praticidade do jeans.

Brincos: OLHA QUE LINDA!. Bata: MELINDE. Calça pantacourt: CONSCIÊNCIA JEANS. Cinto: DAFITI. Peep toes: RAMARIM.

PANTACOURT
Molde 072
Tamanho 50
Página 155

MODA PLUS SIZE

SAIA
Molde 076
Tamanho 54
Página 157

Conheça as peças-chave que você tem que ter para garantir um guarda-roupa versátil e elegante. Afinal, a sua imagem pode lhe garantir uma promoção!

PRONTA PARA O *trabalho*

TEXTO: ALINE RIBEIRO | FOTOS: FERNANDA VENÂNCIO | PRODUÇÃO: ELAINE SIMONI | ASSISTENTES DE PRODUÇÃO: BETE CAMPOS E MYLENA AYANCAN (ESTAGIÁRIA) | BELEZA: LUCAS STOCCO (MAQUIAGEM) E FERNANDO SANTOS (CABELO), DO HOMA ELITE SALON | MODELO: MONICA CASARREGIO | AGRADECIMENTOS: HOMA ELITE SALON

△

Não pense que você não pode ousar com estampas diferenciadas. Nestas produções, por exemplo, estampas geométricas e até de pássaros garantem um toque todo especial aos looks.

Brincos e pulseira: OLHA QUE LINDA. Camisa de seda com pássaros e saia verde: MAISON SPA. Scarpins: LARA PARA PASSARELA.

▢

No guarda-roupa de trabalho, uma peça é fundamental. Qual? O blazer! Sinônimo de seriedade e sofisticação, ele vai bem em diversas produções. Nesta da página ao lado, por exemplo, deu um toque elegante ao vestido floral. E veja como ele é capaz de acinturar, valorizando ainda mais a sua silhueta.

Brincos: MORANA ACESSÓRIOS. Colar: LE CHARM. Blazer e vestido: PROGRAM. Scarpins, acervo da produção.

BLAZER
Molde 079
Tamanho 50
Página 158

BLUSA
Molde 078
Tamanho 56
Página 157

△

A calça preta reta é uma peça que você tem que ter, afinal ela permite diversas combinações. Nesta produção, fez uma união ideal com a busa animal print colorida. A combinação é perfeita para quem quer disfarçar o tamanho do quadril. Já a bolsa preza pela versatilidade: possui duas faces, uma preta e outra vinho. Uma graça!

Brincos: LE CHARM. Bolsa: RAFITTHY. Blusa e calça: PROGRAM. Peep toes: AZALÉIA.

⌛

Se for abusar de um look estampado, aposte em tons neutros. No trabalho, o clássico sempre é bem-vindo. Com mangas ¾, a modelagem deste vestido também é perfeita para valorizar ainda mais as formas de seu corpo. Por fim, no dia a dia, não dispense o conforto: saltos baixos são as melhores opções.

Brincos e colar: OLHA QUE LINDA!. Óculos: LOUGGE. Vestido: PALANK. Sapatos: AZALÉIA.

VESTIDO
Molde 077
Tamanho 52
Página 157

MODA PLUS SIZE

COMBO
perfeito

Blusas + calças = combinação que dá certo! No entanto, é preciso conhecer as curvas de seu corpo e apostar nas sugestões que mais favorecem você. Prepare-se, então, para anotar todas as dicas!

CALÇA
Molde 087
Tamanho 58
Página 160

TEXTO: **ALINE RIBEIRO** | FOTOS: **FERNANDA VENÂNCIO**
PRODUÇÃO: **ELAINE SIMONI** | ASSISTENTES DE
PRODUÇÃO: **BETE CAMPOS E MYLENA AYANCAN
(ESTAGIÁRIA)** | BELEZA: **SUELEN SANTOS PARA
MONICA GUERRA** | MODELO: **BABI MONTEIRO** |
AGRADECIMENTOS: **MONICA GUERRA** | ARTE: **ANGELA C.
HOUCK** | TRATAMENTO DE IMAGEM: **BÁRBARA MARTINS**

BATA
Molde 085
Tamanho 56
Página 160

O

No jogo do "esconde-mostra", é possível ser sensual sem nenhuma vulgaridade. Na produção da página ao lado, a bata de crepe com leve transparência nas mangas faz perfeita combinação com a pantalona de crepe com barrado de renda de mesmo tom. Um look preto nada básico!

Brincos e anel: DULCE BELLATO. Camisete, bata e pantalona: MAISON SPA. Peep toes: CRYSALIS.

O

Apostar em um look de uma tonalidade apenas é um truque para alongar a silhueta. O caimento das peças também é fundamental para atingir esse objetivo. Aqui, a bata de musseline e a calça de crepe criam uma união harmoniosa. Nos pés, dê um toque de cor sem medo de ousar!

Brincos: OLHA QUE LINDA. Bata: MELINDE. Calça: MAISON SPA. Peep toes: BEIRA RIO.

CALÇA
Molde 088
Tam(s). 48 a 58
Página 161

▽

Tem a parte do cima do corpo mais sobressalente do que os quadris? Se esse é o seu caso, abuse da calça estampada em composição com uma bata de crepe de tom neutro. Com isso, você atrai todos os olhares para a região de seu corpo que mais a favorece!

Brincos: FABIANA HAVERROTH. Anel: OLHA QUE LINDA!. Bata: PERNAMBUCANAS.Calça: MELINDE.Scarpins: CRYSALIS.

O

Cansada do pretinho básico? Então, aposte no azul-marinho, pois o tom imprime elegância e, ao mesmo tempo, foge do óbvio. Na produção da página ao lado, a camisa de viscose ainda ganha um toque especial com a estampa de andorinhas e o decote com laço. Além disso, faz perfeita união com a calça de crepe também marinho.

Brincos e anel: OLHA QUE LINDA! Camisa: KAUÊ. Calça: PALANK. Sandálias: BEIRA RIO.

CAMISA
Molde 086
Tamanho 52
Página 160

BLUSA
Molde 084
Tamanho 52
Página 159

Para afinar a silhueta, uma grande aliada é a blusa com transpasse lateral. Além de valorizar o colo, ela ajusta a cintura sem deixar marcas. Para compor a produção, aposte na calça de jacquard – e sempre tente harmonizar os tons entre as peças para adquirir um visual mais elegante.

Brincos: BALONÉ. Anel: OLHA QUE LINDA!. Blusa e calça: MELINDE. Scarpins: BEIRA RIO.

Quer outro combo perfeito? Anote aí: bata de seda estampada + calça skinny de sarja + scarpins = look elegante na medida certa. Mais uma dica: veja como deixar o peito do pé à mostra é um segredo para alongar ainda mais a silhueta!

Brincos: MORANA. Anel: OLHA QUE LINDA. Bata: MAISON SPA. Calça: PROGRAM. Scarpins: CRYSALIS.

MODA PLUS SIZE

ESTAMPAS? Sim!

VESTIDO
Molde 102
Tamanho 52
Página 165

Quem disse que a mulher plus size não pode usar looks estampados? Com alguns truques infalíveis, diferentes padronagens favorecem a silhueta. Pode acreditar!

TEXTO: **ALINE RIBEIRO** | FOTOS: **CARLA PARAIZO** | PRODUÇÃO: **ELAINE SIMONI** | ASSISTENTES DE PRODUÇÃO: **BETE CAMPOS E MYLENA AYANCAN (ESTAGIÁRIA)** | BELEZA: **ELAINE PRADO, DO BACKSTAGE ESPAÇO DE BELEZA** | MODELO: **DENISE GIMENEZ** | ARTE: **ANGELA C. HOUCK** | TRATAMENTO DE IMAGEM: **BÁRBARA MARTINS**

Pensa que a silhueta GG não pode usar estampa em todo o look? Engano seu! O truque está na modelagem e no tecido escolhidos. Ou seja, basta eleger um tecido soltinho e um modelo que favoreça seu corpo. O vestido estilo ciganinha da página ao lado traz outro truque: um cinto que modela ainda mais a cintura. Uma graça!

Brincos e bracelete: OLHA QUE LINDA!. **Vestido:** PROGRAM. **Cinto:** PALANK. **Sandálias:** AZALEIA.

Se a parte de cima de seu corpo é mais proeminente, use a estampa em calças, saias ou shorts. Nesta produção, a calça skinny de estampa étnica e floral faz perfeita harmonia com a blusa de malha preta. Ou seja, você usa a estampa a favor de seu corpo, destacando a região que mais lhe favorece!

Brincos e anéis: SABRINA JOIAS. **Óculos:** EVOKE. **Blusa:** MAISON ZANK. **Calça:** PALANK. **Sapatilhas:** CAPODARTE.

CALÇA
Molde 104
Tamanho 50
Página 165

⌛

As estampas também têm vez nos vestidos mais curtos. Quando a ideia é favorecer a silhueta, o efeito abstrato é um dos melhores. Para completar, o decote V valoriza o colo e o cinto modela a cintura.

Brincos: BALONÈ. Anel: LE CHARM. Vestido: MARISA. Cinto: ELEGANCÊ. Sandálias: RAPHAELLA BOOZ.

△

Está em dúvida de como combinar cores com a estampa? A dica é simples: basta usar um tom presente na padronagem na segunda peça. Por exemplo, da blusa de viscose de estampa geométrica da página ao lado, foram utilizados o salmon na calça. Fica show!

Brincos e pulseira: BALONÈ. Blusa: PROGRAM. Calça: CRISTINA SÊNEDA. Sandálias: CRAVO & CANELA.

VESTIDO
Molde 101
Tamanho 56
Página 164

BATA
Molde 103
Tamanho 54
Página 165

MODA PLUS SIZE

a BELEZA dos longos

Vestidos e saias longas, sem esquecer do macacão, compõem o guarda-roupa ideal para as mulheres que querem ser elegantes com uma dose de sensualidade na medida certa

TEXTO: **ALINE RIBEIRO** | FOTOS: **ADRIANA BARBOSA** | PRODUÇÃO: **ELAINE SIMONI** | ASSISTENTE DE PRODUÇÃO: **MYLENA AYANCAN** | BELEZA: **FRAN JR. (THE LOOK)** / MODELO: **MARCIA SAAD** | ARTE: **ANGELA C. HOUCK** | TRATAMENTO DE IMAGEM: **BÁRBARA MARTINS**

○

O vestido de viscose com detalhes de jeans atua como uma capa, já que a modelo usa uma bermudinha jeans de mesmo tom. Os tamancos seguem o estilo denim e prova que a mulher plus size é sensual na medida certa!

Gargantilha: PALHAS DA TERRA. Vestido: TALENTO MODA MINAS. Tamancos: MOLECA.

○

A saia de viscose com estampa geométrica cria perfeita harmonia com a regata de tom verde-claro. Para deixar o look mais confortável, aposte na sobreposição do colete de jacquard branco. Uma produção impecável para aquele evento...

Colar: OLHA QUE LINDA. Anel: AULORE. Regata, colete e saia: MELINDE. Sandálias: BOTTERO.

SAIA
Molde 111
Tamanho 54
Página 167

57

△

Além dos vestidos longos, uma ótima aposta é o macacão. Este modelo, por exemplo, é de viscose mescla estampa com listras, criando um efeito simplesmente exuberante.

Brincos e colar: LE CHARM. Macacão: TALENTO MODA MINAS. Sandálias: BOTTERO.

⧖

É de parar o trânsito o vestido longo ao lado com estampa de arabescos azul e branco. O jogo dos desenhos é capaz de disfarçar qualquer possível gordurinha. Acompanhe o look com acessórios pontuais e elegantes.

Colar e pulseira: PALHAS DA TERRA, preços sob consulta e R$ 26,40, respectivamente. Vestido: PROGRAM, preço sob consulta. Sandálias: BOTTERO.

VESTIDO
Molde 112
Tamanho 60
Página 168

MODA PLUS SIZE

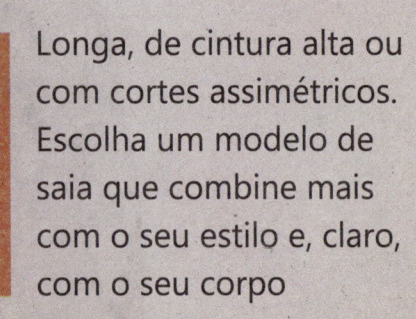

Longa, de cintura alta ou com cortes assimétricos. Escolha um modelo de saia que combine mais com o seu estilo e, claro, com o seu corpo

Saia
PARA
todas

TEXTO: ALINE RIBEIRO | FOTOS: FERNANDA VENÂNCIO | PRODUÇÃO: ELAINE SIMONI | BELEZA: ELAINE PRADO BY BACKSTAGE ESPAÇO DA BELEZA | MODELO: DENISE GIMENEZ | ARTE: ANGELA C. HOUCK | TRATAMENTO DE IMAGEM: BÁRBARA MARTINS

◻

Exuberante na medida certa. É exatamente assim que podemos definir o look da página ao lado. A saia longa de malha preta faz o par ideal com a camisa de seda listrada. Para acinturar, lance mão de um cinto que tenha uma cor harmoniosa com os outros acessórios da produção.

Camisa e saia: MAISON ZANK. Peep toes: RAMARIM.

▽

Com cortes assimétricos, esta saia listrada é ideal para ocasiões mais formais. Sendo de cintura alta, garante a segurança necessária para mulher plus size sentir mais conforto ao caminhar. Para completar o look, a aposta é em uma blusa preta de babados, mesclando os tons da produção.

Brincos e anel: SILVIA DORING. Blusa e saia: TALENTO MODAS. Sandálias: BEBECÊ.

SAIA
Molde 119
Tamanho 56
Página 169

SAIA
Molde 117
Tam(s).50/54/56
Página 169

▽

Uma saia preta de malha é uma peça que você tem que ter no guarda-roupa, pois irá conseguir fazer diversas combinações e de diferentes estilos. Na página ao lado, ela cai como uma luva com o blazer amarelo, formando um look ideal para ocasiões mais formais.

**Brincos: LÁZARA DESIGN.
Colar: SILVIA DORING.
Blusa: TALENTO MODAS.
Blazer: PROGRAM. Saia:
KAUÊ. Scarpins: CRYSALIS.**

⌛

Já nesta produção, a saia preta tem corte de sino e faz uma bela composição com a camisa branca de seda com renda preta. Um figurino que pode ser usado no ambiente de trabalho sem receios. O duo p&b garante o tom clássico do look.

**Brincos: SILVIA DORING.
Braceletes: JOSEFINA
ROSACOR. Camisa: TALENTO
MODAS. Saia: MARISA.
Peep toes: CRYSALIS.**

SAIA
Molde 118
Tamanho 58
Página 169

SAIA
Molde 116
Tamanho 52
Página 169

⌛

Que tal combinar uma saia de linho preta com botões laterais dourados a uma camisa de seda estampada? Sinônimo de elegância, este figurino é ideal para arrasar nas mais diferentes ocasiões. Para mais estilo, invista em um par de scarpins, que deixam o peito dos pés à mostra e alongam mais a silhueta.

**Brincos: LE CAHRM.
Anel: OLHA QUE LINDA!.
Camisa e saia: PALANK.
Scarpins, acervo
da produção.**

▽

Na página ao lado: saia de jacquard preta e branca + blusa preta com decote degagê = look perfeito para um jantar! O tecido da saia é perfeito para não marcar a pele, garantindo assim mais elegância à produção.

**Brincos: LE CHARM.
Anel: FANE`S JOIAS.
Blusa: MAISON SPA. Saia:
PROGRAM. Peep toes:
FLORENTINA.**

SAIA
Molde 115
Tam(s). 50/52/58
Página 168

65

MODA PLUS SIZE

Preto & branco

TÚNICA
Molde 122
Tamanho 54
Página 170

CALÇA
Molde 121
Tamanho 58
Página 170

Eternizada por Coco Chanel, uma das maiores estilistas do mundo, a dupla p&b cai bem em qualquer tipo de corpo. Comprove!

TEXTO: ALINE RIBEIRO | FOTOS: VIVI PELISSARI (ESTÚDIO MOITA MARIA) | PRODUÇÃO: ELAINE SIMONI
ASSISTENTE DE PRODUÇÃO: BETE CAMPOS
ARTE: ANGELA C.HOUCK | MODELO: JULIANA BERNARDINI
BELEZA: ELAINE PRADO (ESPAÇO DA BELEZA) |
TRATAMENTO DE IMAGEM: BÁRBARA MARTINS

△

Na página ao lado, veja como as listras verticais podem valorizar o corpo plus size. No look, elas aparecem em uma túnica de crepe preto e branco. Com modelagem soltinha, a peça ainda tem o poder de alongar a silhueta. Para compor, uma calça sequinha e um colar mais comprido – truques infalíveis para favorecer também a produção de tamanhos grandes.

Brincos: MY GLOSS. Colar: MARIA CEREJA ACESSÓRIOS. Túnica: TALENTO MODA. Calça preta: MELINDE. Sapatos: VIZZANO.

▢

"As mulheres pensam em todas as cores, exceto na ausência da cor. Eu sempre digo que preto tem tudo o que se precisa. Branco também. A beleza deles é absoluta. É a harmonia perfeita", ressaltou Coco Chanel. Prova de que ela estava mais do que certa é este vestido de crepe, ideal para passear por diversas ocasiões sem medo de errar!

Brincos e anel: FANE'S JOIAS. Vestido: TALENTO MODA. Sapatos: BOTTERO.

JAQUETA
Molde 120
Tamanho 48
Página 170

Quem disse que mulher plus size não pode usar pantacourt? O look da página ao lado é a prova que esse estilo de calça cai muito bem na silhueta GG. Para completar, uma jaqueta bomber com estampa floral p&b. Um look para arrasar em qualquer ocasião!

Brincos e pulseira: SORAYA CAMPOS. Regata: MAISON SPA. Jaqueta bomber: PROGRAM. Pantacourt: TALENTO MODAS. Sapatos: CONSTANCE.

Olha que vestido de seda estampada maravilhoso na página ao lado! Ideal para um coquetel ou uma ocasião que precisa ir mais elegante, o modelo na altura dos joelhos conta com um corte A, ideal para valorizar a silhueta GG.

Anel: THAIS SANTORO ACESSÓRIOS. Vestido: PROGRAM. Scarpins: acervo pessoal.

VESTIDO
Molde 123
Tamanho 50
Página 171

MODA PLUS SIZE

PRETINHO (nada) básico!

VESTIDO
Molde 058
Tamanho 54
Página 151

O clássico da moda foi atualizado e ganha a silhueta plus size com fendas, recortes e detalhes que fogem do óbvio sem perder a elegância

TEXTO: EVELYN MORETO | FOTOS: VIVI PELISSARI | PRODUÇÃO: ELAINE SIMONI | ASSISTENTES DE PRODUÇÃO: BETE CAMPOS E NAYDA RODRIGUES | BELEZA: BRUNO GALDINO (CABELO) E ELAINE PRADO (MAQUIAGEM), DO BACKSTAGE | MODELO: DENISE GIMENEZ | ARTE: ANGELA C. HOUCK | TRATAMENTO DE IMAGEM: BÁRBARA MARTINS

CASACO
Molde 059
Tamanho 52
Página 151

✗

Uma fenda poderosa, corpo bem estruturado, acessórios de peso dos pés à cabeça e muita atitude são capazes de transformar o entediante longo preto em uma produção impecável para noites de festa.

**Brincos: LE CHARM.
Colar: MÃOS DA TERRA. Carteira: CARMEN STEFFENS. Vestido: PROGRAM. Sandálias: VIZZANO.**

O

Naqueles dias frios e cinzentos, não há nada mais elegante do que sair de casa toda vestida de preto. Atente-se às cores: não parece, mas existem vários tons de preto, que devem ser bem alinhados para que nenhuma das peças pareça desbotada.

**Casaco: KAUÊ.
Calça: PROGRAM. Bolsa: MACADÂMIA. Sapatilhas: SERRA BELLA.**

BLUSA
Molde 060
Tamanho 50
Página 152

⧖

Para tirar a obviedade da combinação saia + camisa, aposte em tecidos com recursos como a transparência. Sutil, mistura-se ao tom da pele e dá início ao velho jogo de esconde-esconde com muita delicadeza.

Anel e brincos: EXIA ACESSÓRIOS. Camisa e saia: MAISON SPA.

▯

A estamparia chegou ao modelos mais básicos não só para dar personalidade à peça, mas principalmente para valorizar o corpo. Colocados em lugares estratégicos, os motivos florais destacam o colo e afinam a cintura!

Brincos: LÁZARA DESIGN. Anel: CLÁUDIA MARISGUIA. Vestido: PROGRAM.

VESTIDO
Molde 057
Tamanho 48
Página 150

VALORIZE SEU

TEXTO: **LUCIANA ALBUQUERQUE** | FOTO: **FERNANDA VENÂNCIO** | PRODUÇÃO: **ELAINE SIMONI E ANA CLÁUDIA ROMARO (ASSISTENTE)** | ARTE: **ANGELA C. HOUCK** | TRATAMENTO DE IMAGEM: **BÁRBARA MARTINS** |BELEZA: **LINDSAY SOUSA (ESPAÇO K CABELEIREIROS)** | MODELO: **DENISE GIMENEZ**

Inspire-se neste editorial repleto de produções contemporâneas, perfeitas para você desfilar no seu dia a dia

VESTIDO
Molde 011
Tam(s). 48/52/56
Página 135

O conforto é primordial, mas perder a elegância, jamais. Por isso, você pode abusar de leggings, blusões, camisas e vestidos soltinhos, que deixarão você à vontade para aproveitar e fazer o que quiser. Porém, dê sempre preferência às peças com um bom caimento e de tecidos mais encorpados, pois os finos marcam demais o corpo. Isso fará toda a diferença no seu look!

◯
**Brincos: LÁZARA DESIGN.
Anel: BAZAR DA BIJOUX.
Blusa e calça: PALANK.
Sapatilhas: VIZZANO.**

◻
Brincos: KORPUSNU. Colar: LÁZARA DESIGN. Vestido: VICKTTORIA VICK.

75

Os bichos invadem a cidade e deixam as produções cheias de charme. Não tenha medo de usar a estampa animal: é só escolher peças que favoreçam a sua silhueta. Aqui, as listras pretas nas laterais da calça clara e no centro da camisa são ótimos truques para afinar o corpo, além de deixar as peças mais moderninhas. Já o vestido com corte império é capaz de disfarçar a barriguinha saliente.

O
Brincos: TURPIN. Camisa: KAUÊ. Calça: PALANK. Peep toes: CRYSALIS.

X
Colar e brincos: BAZAR DA BIJOUX. Vestido: KAUÊ. Scarpins: CRYSALIS.

CAMISA
Molde 012
Tamanho 50
Página 135

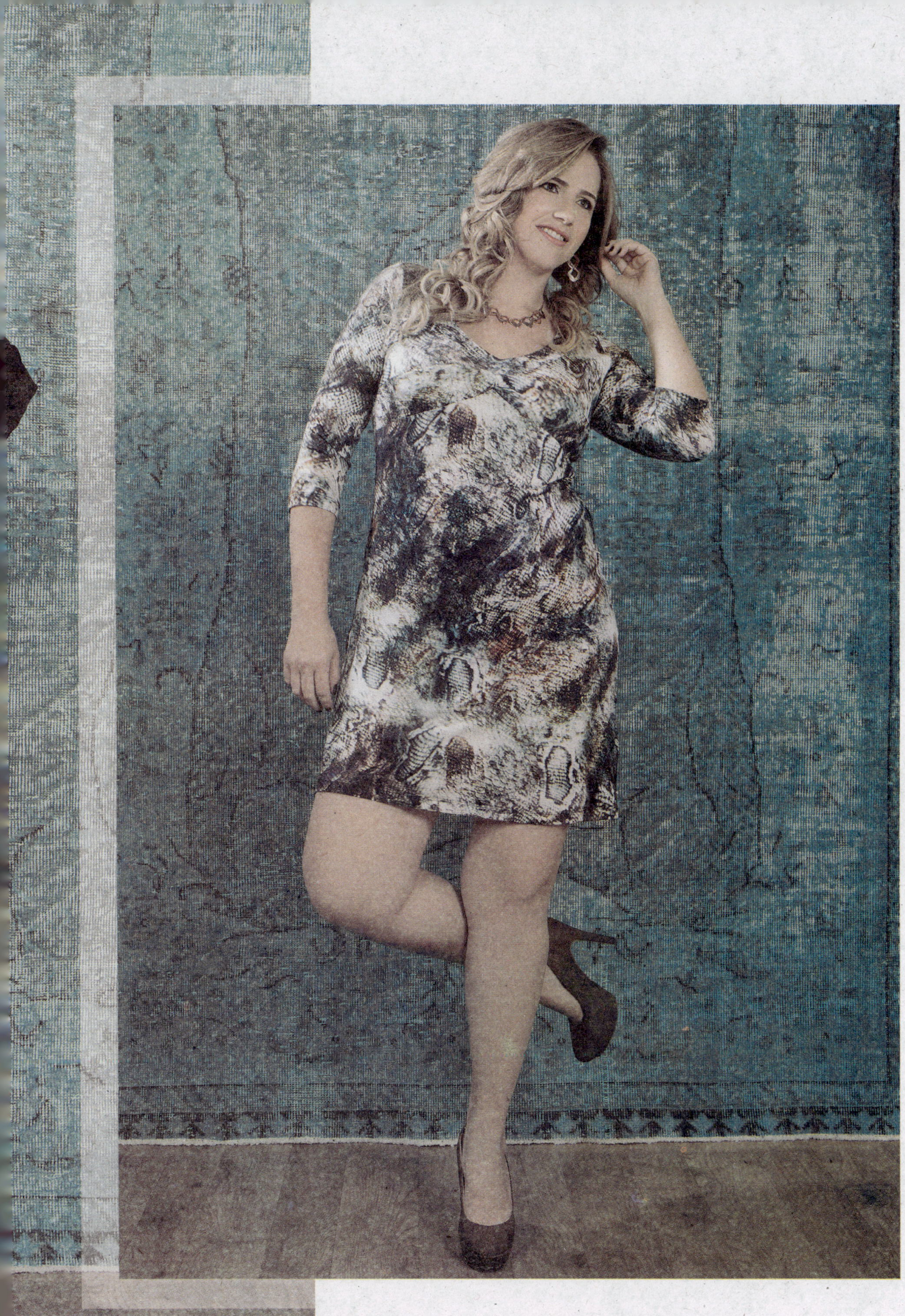

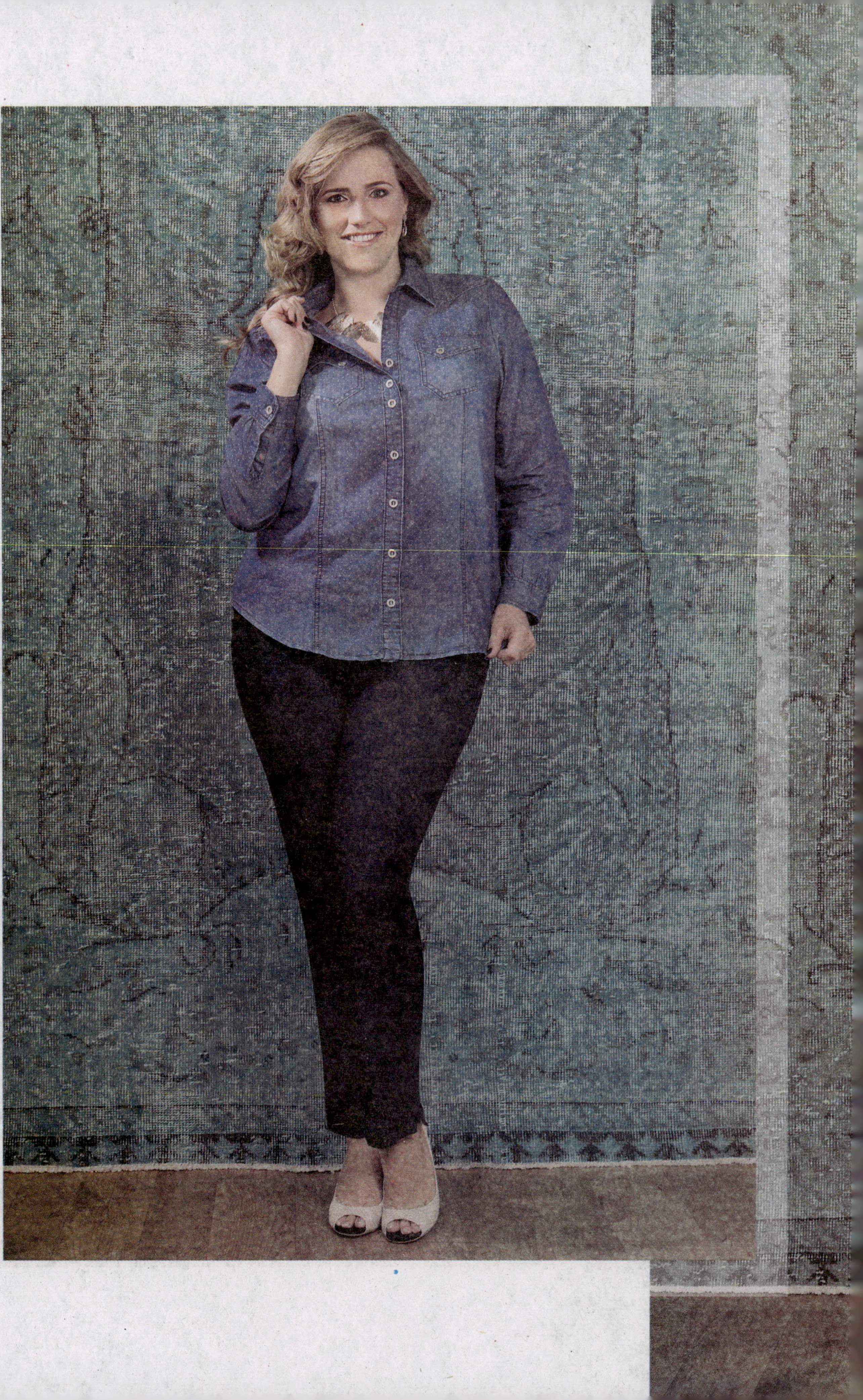

SAIA
Molde 009
Tam(s). 48/50/52
Página 134

Tem algo mais prático e versátil do que o jeans? A dica é apostar em camisas e jaquetinhas que destaquem sua matéria-prima, o denim. Nesta proposta, vale mesclar com estampas, peças lisas ou até jeans com jeans. E se quiser causar a impressão de uma silhueta mais fina, use a camisa ou a jaqueta abertas, pois, desse modo, elas criam linhas verticais e dão a ideia de afinar o corpo.

△
Brincos: MELISSA AYACH. Colar: TURPIN. Calça: KAUÊ. Peep toes: MASIERO.

▢
Colar e brincos: TURPIN. Blusa e saia: VICKTTORIA VICK. Jaqueta: PERNAMBUCANAS. Peep toes: CRYSALIS.

79

Com a vida corrida nas grandes cidades e as temperaturas que vivem em uma montanha-russa, os casacos são itens obrigatórios nas produções diárias. Esquentou? O clássico cardigã é leve e pode ser carregado nos ombros. Já a jaqueta de couro confere aquele ar moderno e poderoso no visual e, se precisar, você pode levá-la nas mãos para não perder o requinte.

△
Brincos: MELISSA AYACH. **Blusa e calça:** VICKTTORIA VICK. **Jaqueta:** KAUÊ. **Sapatilhas:** BOTTERO.

◻
Brincos: TURPIN. **Blusa e cardigã:** PALANK. **Calça** VICKTTORIA VICK. **Open boots:** BEIRA RIO.

JAQUETA
Molde 010
Tamanho 5
Página 135

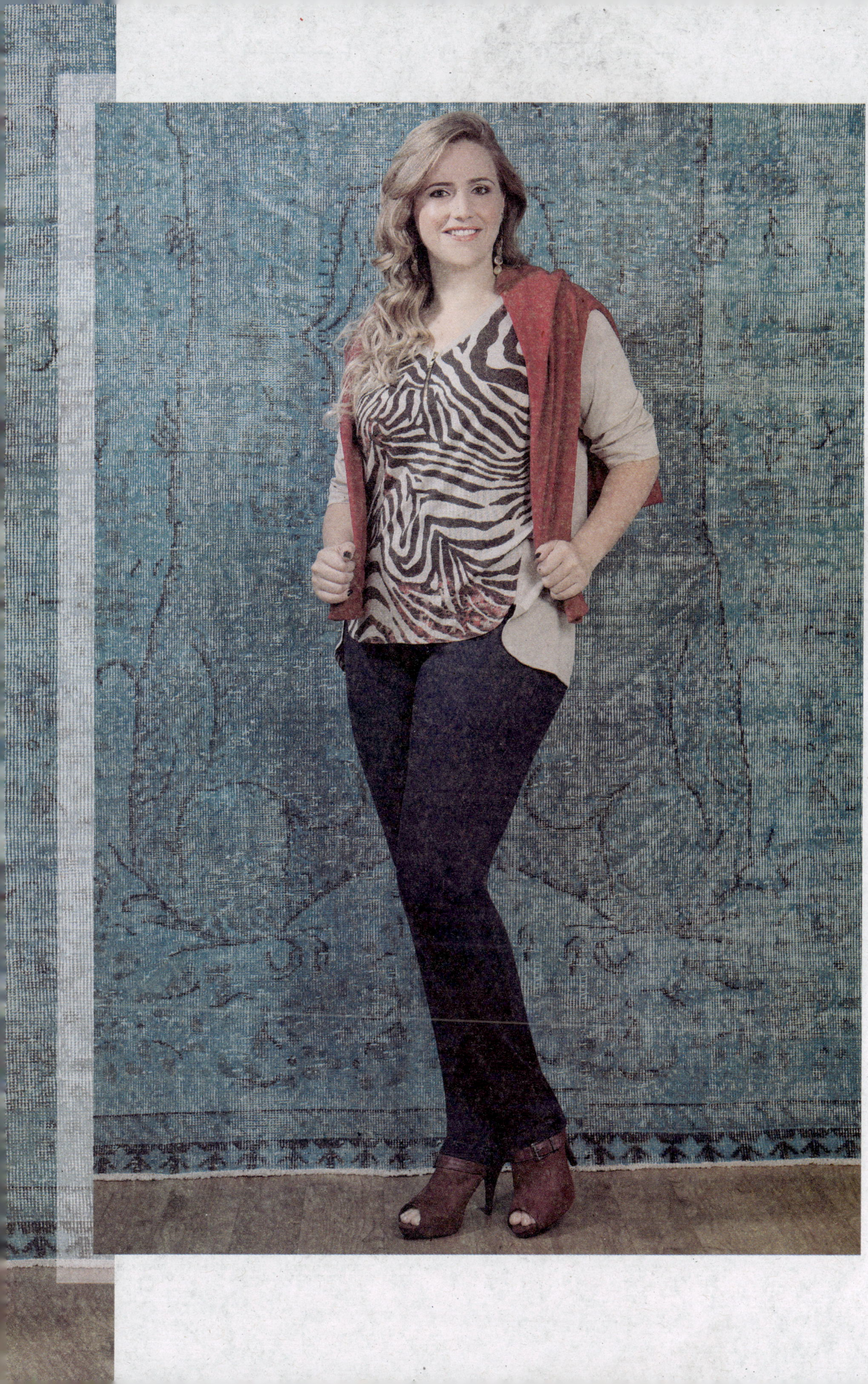

— MODA PLUS SIZE —

ÍCONES DE
ESTILO

À frente de seu tempo, as mulheres que apresentamos nas páginas seguintes usaram as peças de roupa para deixar o seu legado no mundo da moda e eternizar sua imagem

TEXTO: **EVELYN MORETO** | FOTOS: **MANOEL CARVALHO** | PRODUÇÃO: **ELAINE SIMONI** | ASSISTENTE DE PRODUÇÃO: **BETE CAMPOS** | ARTE: **ANGELA C. HOUCK** | TRATAMENTO DE IMAGEM: **BÁRBARA MARTINS** | BELEZA: **GUSTAVO ALMEIDA (CABELO) E BETE BEZERRA (MAQUIAGEM), DO ESPAÇO BÊ** | MODELO: **MARCIA SAAD** | AGRADECIMENTOS: **DÉCOR MAX (PAPEL DE PAREDE)**

MARILYN MONROE

Quando se pensa em sensualidade divertida parece impossível não lembrar da icônica cena de Marilyn Monroe: a saia do vestido branco, ao vento, teimando em descobrir o corpo e acentuar suas características marcantes – curvas acentuadas, lábios carnudos e cabelos impecáveis – com um quê de mistério e atrevimento. Mesmo após 51 anos de sua morte, ela segue como inspiração de mulheres por todo o mundo.

**Brincos: LE CHARM.
Colar: JULIANA GALVÃO.
Vestido: MAISON SPA.**

VESTIDO
Molde 026
Tamanho 48
Página 140

AUDREY HEPBURN

Bonequinha de luxo nas telas de Hollywood e com a mesma postura delicada na vida real, a atriz é reconhecida, até os dias de hoje, pelo seu estilo feminino e sofisticado. A atitude ladylike acentuava tais características e, para ela, os acessórios, tinham um papel tão importante quanto a peça de roupa. Por isso, Audrey Hepburn imortalizou o uso das luvas + colar de pérolas com o pretinho básico.

**Brincos, colar e pulseira: OLHA QUE LINDA!. Vestido: PALANK FASHION.
Scarpins: VIZZANO.**

BLAZER
Molde 028
Tamanho 52
Página 141

COCO CHANEL

Se não fosse pela ousadia da francesa Gabrielle Bonheur Chanel, a moda não teria tomado o mesmo rumo. Prezando pelo conforto da mulher, foi ela que, na década de 1920, introduziu ao mercado feminino o tailleur, o pretinho básico – do vestido ao casaqueto – e peças com perfume masculino, como as de alfaiataria reta. Eternos clássicos, são símbolos de sua elegância. Inspire-se em seu legado fashion por meio da produção da página ao lado.

Boina: GRACIELLA STARLING. **Brincos:** OLHA QUE LINDA!. **Colar:** RINCAWESKY. **Vestido:** MAISON SPA. **Blazer:** KAUÊ. **Scarpins:** VIZZANO.

GRACE KELLY

Minimalista, quando ainda era apenas uma atriz, Grace Kelly já tinha porte de princesa. Ao se casar com o príncipe de Mônaco Rainier III, alcançou o tão cobiçado título e aproveitou para difundir o seu estilo em todo o mundo. Cortes delicados e cintura marcada são características fortes de seu estilo e, longe da realeza, costumava vestir lenços amarrados ao pescoço e a bolsa Hermès que tem o seu nome.

Anel e brincos: LE CHARM. **Colar:** JULIANA GALVÃO. **Vestido:** KAUÊ. **Sandálias:** CRYSALIS.

VESTIDO
Molde 025
Tamanho 54
Página 140

O

ELIZABETH TAYLOR

Ou, simplesmente, Liz Taylor, como ficou conhecida. Seu estilo incomparável é carregado de peças exuberantes, como vestidos rodados, adornos cheios de brilho e joias, que adornavam o corpo e valorizavam sua silhueta mignon. As estampas também sempre estiveram presentes nos looks da atriz inglesa, sobretudo nas décadas de 60 e 70. Gostou do estilo? Então, invista no modelo da página ao lado.

Brincos: OLHA QUE LINDA. **Anel:** KORPUSNU. **Vestido:** MAISON SPA. **Cinto:** PALANK FASHION. **Scarpins:** BEIRA RIO.

△

MARLENE DIETRICH

A força da mulher alemã fica evidente em cada linha das peças usadas por Marlene Dietrich. Na época, a atriz chocou ao aparecer com roupas masculinas em uma cena interpretada em 1930 mas, anos mais cedo, ela já havia provocado os conservadores da época ao vestir, publicamente, uma calça comprida. Sua valentia na moda foi inspiração para Yves Saint Laurent levar às passarelas o primeiro smoking feminino e, assim, eternizar o estilo da senhora Dietrich.

Chapéu: Graciella Starling. **Anel e brincos:** MÃOS DA TERRA. **Camisa e calça:** PALANK FASHION. **Peep toes:** DIVALESI (acervo da produção).

CAMISA
Molde 027
Tamanho 50
Página 141

MODA PLUS SIZE

ESPECIAL
VESTIDOS

| De diferentes estilos e modelagens, encontre aqui aquele perfeito para valorizar o seu corpo

TEXTO: **ALINE RIBEIRO** | FOTOS: **CARLA PARAIZO** | PRODUÇÃO: **ELAINE SIMONI** | ASSISTENTE DE PRODUÇÃO: **BETE CAMPOS** | ARTE E TRATAMENTO DE IMAGEM: **ANGELA C.HOUCK** | MODELO: **MÔNICA CASARREGIO** | BELEZA: **WELL CARVALHO**

O

Querendo um modelo mais soltinho com um leve decote? Este vestido de viscose estampada é o modelo ideal. Combine-o com pulseiras, brincos e bolsa e estará pronta para aquele passeio incrível com as amigas!

Brincos e pulseira: MÃOS DA TERRA. Bolsa: LINEA BELLA. Vestido: MAISON SPA.

☐

O vestido de malha estampada com decote transpassado da página ao lado também é perfeito para valorizar a silhueta GG. Quem não quer um modelo alegre como este para curtir os dias de calor?

Brincos: MÃOS DA TERRA. Gargantilha: BALONÈ. Vestido: MELINDE.

VESTIDO
Molde 137
Tamanho 52
Página 175

VESTIDO
Molde 139
Tamanho 54
Página 176

O
Vestidos com fundo escura e estampa colorida sempre são interessantes. Veja como este modelo longo de viscolycra estampada valoriza a silhueta de forma elegante. De passeios durante o dia até eventos à noite, este vestido cai bem!

Brincos: MÃOS DA TERRA. **Colar:** OLHA QUE LINDA. **Vestido:** PALANK. **Sandálias:** VEROFATTO.

▽

Olha este vestido de seda verde com barrado estampado! Mesclando animal print e arabesco que remetem à bandana, o modelo é ideal para quem quer chamar atenção para a parte de baixo do corpo, deixando a região de cima mais sequinha. Peça ideal para aqueles passeios de domingo!

Brincos e anel: OLHA QUE LINDA!. Vestido: MELINDE. Tamancos: BEIRA RIO.

▯

Nos dias mais quentes, não tenha receio de usar estampas! Para valorizar o corpo, você precisa ficar atenta à modelagem do look. Este vestido de crepe estampado com fenda lateral, por exemplo, possui decote V para valorizar o busto e ainda deixa a região da cintura modelada, favorecendo a silhueta como um todo.

Brincos: MORANA. Colar: MÃOS DA TERRA. Vestido: KAUÊ. Sandálias: BEIRA RIO.

VESTIDO
Molde 136
Tamanho 50
Página 175

VESTIDO
Molde 138
Tamanho 52
Página 175

Quer uma peça-chave que favoreça sempre a silhueta plus size? Então, aposte no vestido estilo cachequer. Como se fosse um envelope, o modelo transpassado acintura e ainda deixa o look soltinho, sem nenhuma marcação indesejável.

Brincos e anel: OLHA QUE LINDA!.Gargantilha: THAIS SANTORO.Vestido: TALENTO MODA. Scarpins: BOTTERO.

Uau! Que vestido dos sonhos! Mesclando viscolycra estampada e jeans, o look ainda modela a silhueta pelo efeito transpassado. Seja para um passeio ou um evento mais formal, invista nesta peça. Basta eleger os acessórios ideais para cada ocasião.

Brincos e gargantilha: MÃOS DA TERRA. Vestido: TALENTO MODA. Sandálias: BEBECÊ.

VESTIDO
Molde 140
Tamanho 48
Página 176

Com um mix de estampas grandes e miúdas, este vestido longo – que ainda conta com fenda lateral! – possui uma faixa que delineia a cintura. Perfeito para ocasiões que pedem um toque mais sofisticado!

Brincos: FANE'S JOIAS. **Pulseira:** BALONÈ. **Vestido:** TALENTO MODA. **Sandálias:** AZALÉIA.

Aproveitando peças que foram hits no verão, é possível criar looks incríveis para o outono/inverno. Afinal, o consumo consciente também é tendência de moda!

TEXTO: **LUCIANA ALBUQUERQUE** | FOTO: **MONICA ANTUNES** | PRODUÇÃO: **LUCIANA PISSINATE** | ARTE: **ANGELA C. HOUCK** | TRATAMENTO DE IMAGEM: **BÁRBARA MARTINS** |MODELO: **MARIA LUIZA** | BELEZA: **RICARDO INACIO (CABELO) E LUCIANO LOPES (MAQUIAGEM), DO RITZ CABELO E ESTÉTICA**

CAMISA
Molde 001
Tamanho 50
Página 132

REPAGINE SEU
visu

⌛ ----------------------

As camisas são peças clássicas que não saem de moda. Independentemente da estampa, elas passeiam por qualquer estação. Esquentou? É só dobrar as mangas e continuar cheia de charme. A dica para ter um look alegre sem ficar colorida demais é escolher a calça de uma cor que apareça na estampa da camisa.

Colar: MAFÊ MURAD. Regata: KAUÊ. Camisa: VICKTTORIA VICK. Calça: PROGRAM. Peep toes: STEPHANIE CLASSIC.

⌂ ----------------------

No inverno, o jeans aparece mais escuro, o que deixa seu visual mais sofisticado. A combinação com tons vibrantes faz o contraponto certeiro para a sua produção esbanjar charme, mesmo quando a temperatura do termômetro cair. Deixe o plush do casaquinho se encarregar de esquentar você!

Colar: ROMANNEL. Camisa e casaco: VICKTTORIA VICK. Saia: KABENE JEANS.

SAIA
Molde 002
Tamanho 48
Página 132

95

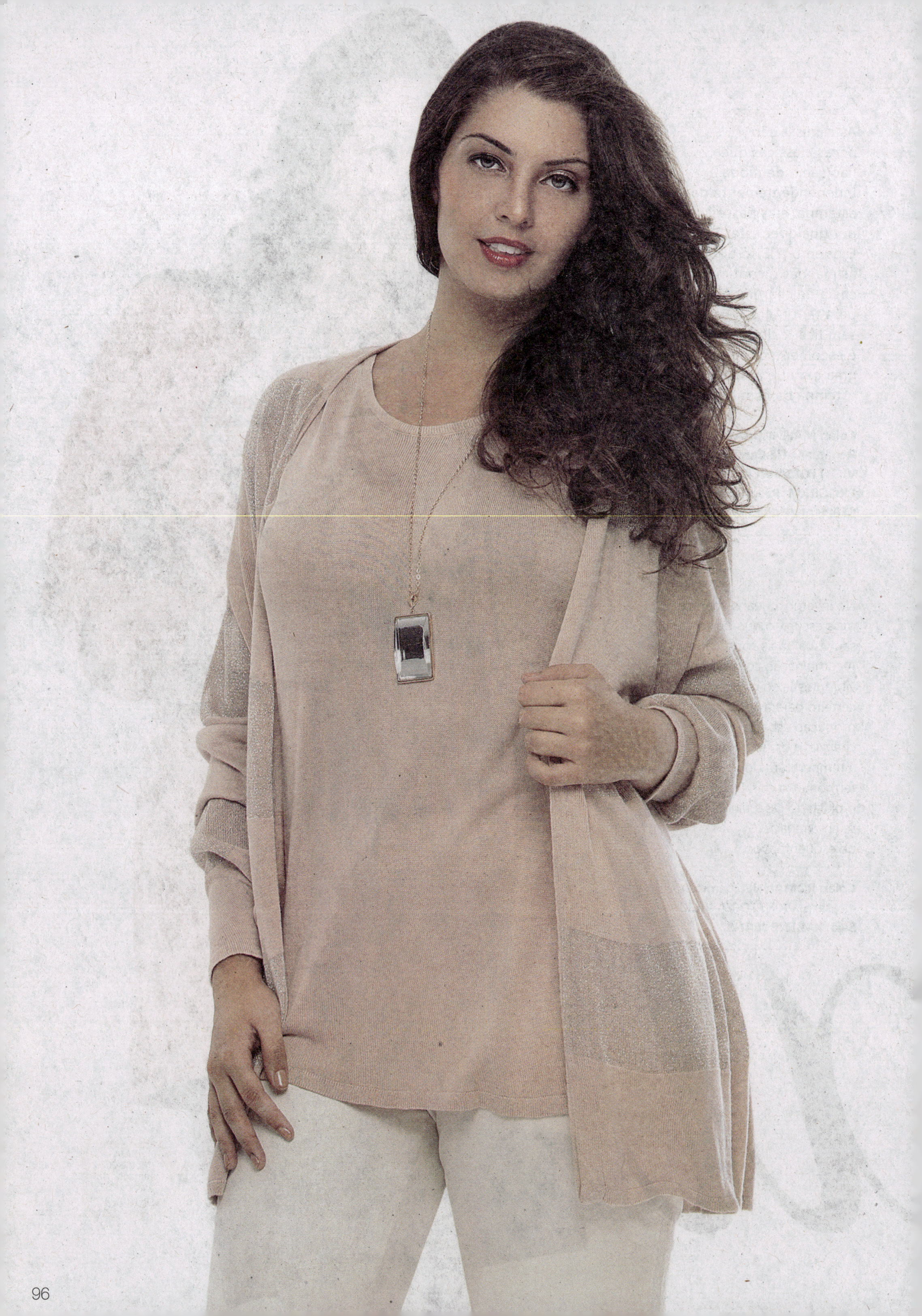

▽

Entregue-se de vez ao branco, o novo preto. Pelo menos, por enquanto! Então, nada de achar que a cor só passeia pelos dias quentes. Quer usar aquela calça que tanto desfilou no último verão? Case-a com peças quentinha como o twin-set de tricô.

Colar: ROMANNEL. Twin-set e calça: MAISON SPA.

О

Este inverno será das flores. Sim, elas aparecerão sozinhas ou acompanhadas de alguma outra estampa da estação, como o xadrez. Então, aproveite aquela calça florida que foi hit no calor e combine a com um blazer marinho, que deixará seu figurino mais sóbrio e também elegante.

**Brincos: JULIANA MANZINI.
Blusa: CIA DE MODA.
Blazer: MISS VICTORIA.
Calça: PROGRAM. Peep toes: BEBECÊ.**

BLAZER
Molde 003
Tamanho 50
Página 132

97

CALÇA
Molde 004
Tamanho 54
Página 133

△

Os looks total jeans dominaram as produções de verão. Como o tecido é daqueles clássicos e está presente em qualquer temporada, você pode continuar usando as peças, mas que tal a camisa apenas com alguns detalhes do denim? Assim, fica repaginada e mais atual.

Camisa: KABENE JEANS. Calça: MAISON SPA. Colar: JULIANA MANZINI. Sleepers: CRAVO & CANELA.

⌛

Para aqueles dias em que o frio está ameno, você pode apostar em tecidos mais leves, peças soltinhas e mangas ¾, sem abrir mão de se agasalhar. Ah, mas mantenha os pés aquecidos com sapatos fechados. O oxford é uma ótima escolha para ficar mais estilosa!

Brincos: ROMANNEL. Blusa e calça: CIA DE MODA. Oxfords: BOTTERO.

NEW vintage

Básica, porém glamourosa. Essa é a proposta da tendência chamada de film noir, que busca resgatar direto dos anos 1940 toda a elegância e feminilidade da mulher. No entanto, o ar retrô fica apenas como inspiração, pois os looks são superatuais

TEXTO: **LUCIANA ALBUQUERQUE** | FOTO: **FERNANDA VENÂNCIO** | PRODUÇÃO: **ELAINE SIMONI E ROSANGELA ALBUQUERQUE (ASSISTENTE)** | ARTE: **ANGELA C. HOUCK** | TRATAMENTO DE IMAGEM: **BÁRBARA MARTINS** | BELEZA: **REGIS MARCILIANO (ÔNIX HAIR)** | MODELO: **SYLVIA BARRETO**

⧗

Se antes havia restrição de tecidos para a costura de roupas, no pós-guerra, o luxo e a sofisticação estavam de volta. E foi Christian Dior, com sua coleção batizada de "New Look", um dos responsáveis por essa tendência, que exaltava a vaidade feminina, apostando em cinturas marcadas, saias rodadas, salto alto e o que mais pudesse valorizar a mulher.

Brincos: OSMOSE. Túnica: MAISON SPA. Calça: KAUÊ.

⧗

Após a guerra, a feminilidade veio à tona com destaque para modelagens ajustadas ao corpo, saias retas e lápis, e muita sensualidade. Hoje, o preto e o cinza ganham estampas poderosas e, mesmo em peças mais clássicas, conseguem dosar a seriedade com um toque de sedução.

**Anel: RING LOVERS.
Brincos: BAZAR DA BIJOUX.
Camisa e saia: PALANK.
Meia-calça: LUPO. Scarpins: STÉPHANIE CLASSIC.**

VESTIDO
Molde 005
Tamanho 56
Página 133

▽

A alfaiataria é tendência forte nesta época do ano e, para não ficar com um look muito parecido com o dos homens, os trench coats com a cintura marcada e os tailleurs acinturados entram em cena, assim como os xales e lenços, que dão um toque de glamour e elegância ao figurino.

Colar: MINI BOUTIQUE FASHION. Regata e calça: MAISON SPA. Trench coat: KAUÊ.

△

Nos anos 1940, a influência da Segunda Guerra Mundial trouxe para a moda uma pegada militar e ares masculinos. Os casacos eram muitos usados e as roupas, sempre de tons sóbrios – em respeito às tantas mortes ocorridas no período. Apostar em casaco acinturado e adicionar combinações clarinhas deixam a produção mais feminina e delicada.

Anel: RING LOVERS. Brincos: OSMOZE. Blusa: VICKTTORIA VICK. Casaco e calça: MAISON SPA. Scarpins: BRENDA LEE PARA PASSARELA.COM.

TRENCH COAT
Molde 008
Tamanho 54
Página 134

CASACO
Molde 006
Tamanho 52
Página 133

Paixão por VESTIDOS

TEXTO: **LUCIANA ALBUQUERQUE** | FOTO: **FERNANDA VENÂNCIO** | PRODUTORA: **ELAINE SIMONI** |
ASSISTENTE DE PRODUÇÃO: **JÉSSICA AMORIM (ESTAGIÁRIA)** | ARTE: **ANGELA C. HOUCK** |
TRATAMENTO DE IMAGEM: **BÁRBARA MARTINS** | MODELO: **TALITA KOBAL BELEZA: KELI CRISTINA CHERUTI**

Eles levam você do trabalho à festa com charme, feminilidade e, claro, aquela elegância que toda mulher quer esbanjar. Saiba como escolher o modelo ideal para cada ocasião e arrase por onde passar

CHEMISE
Molde 015
Tamanho 52
Página 136

Casamento

Tem um casamento para ir e não quer errar? Aposte na renda! Em diversas cores e versões, ela dá vida a modelos pra lá de elegantes, perfeitos para casamentos a qualquer horário. As manguinhas em transparência disfarçam os braços gordinhos e a modelagem soltinha não marca, deixando a produção com muita sofisticação.

Anel: Ring Lovers. Vestido: MAISON SPA. Bolsa-carteira: LINEA BELLA. Scarpins: BEIRA RIO.

Passeio

As chemisies são confortáveis, elegantes e a cara do verão. Então, tenha sempre uma no seu guarda-roupa. Quando surge aquele passeio inesperado, ela será uma escolha certeira para fazer bonito. Se quiser afinar a cintura, já que a modelagem é larguinha, aposte em um cinto fininho e de tom claro.

Colar e chemisie: VICKTTORIA VICK. Cinto: PALANK. Sandálias: BEIRA RIO.

Balada

O tubinho preto é aquela peça que não tem erro, já que a deixa sempre bem--vestida. Na hora da balada, brilhos ou pedrarias estão mais do que liberados. Quanto à modelagem, prefira decotes e comprimentos que não sejam nem muito caretas, nem mostrem demais, deixando-a à vontade para dançar e se divertir.

**Anel: JULIANA GALVÃO.
Brincos: RING LOVERS.
Vestido: KAUÊ.
Sandálias: VIZZANO.**

Baile

Para uma formatura ou um baile de gala que exija um toque de glamour, aposte em vestidos com brilhos ou bordados. Aqui, o modelo brinca com o truque das faixas opacas nas laterais para afinar o corpo. E, claro, traz o bom e velho preto, que, além de ser chique, também dá aquela emagrecida visualmente, sendo uma ótima pedida.

**Brincos e bracelete: JULIANA GALVÃO.
Vestido: PALANK. Peep toes: DIVALESI.**

VESTIDO
Molde 013
Tamanho 48
Página 136

VESTIDO
Molde 014
Tamanho 50
Página 136

VESTIDO
Molde 016
Tam(s). 48/52/56
Página 137

Cinema

Na hora de curtir um filminho, aposte em modelos confortáveis e mais soltinhos para não ficar incomodada durante seu lazer. Porém, conforto não quer dizer desleixo, portanto escolha um vestido que tenha um bom caimento e um bom tecido. E, claro, um toque fashion, como a estampa P&B, que nunca sai de moda!

Brincos e pulseira: JULIANA GALVÃO. Cinto: PALANK. Vestido: VICKTTORIA VICK. Sandálias: BEIRA RIO.

Trabalho

O tubinho vinho é pura sofisticação. Os detalhes de couro nas manguinhas e na cintura afinam e equilibram a silhueta, além de dar aquele toque fashion ao modelo. Discreto e elegante ao mesmo tempo, ele tem a cara da mulher contemporânea, que não abre mão da moda na hora de trabalhar.

Brincos: JULIANA GALVÃO. Vestido: PALANK. Peep toes: CRYSALIS.

code

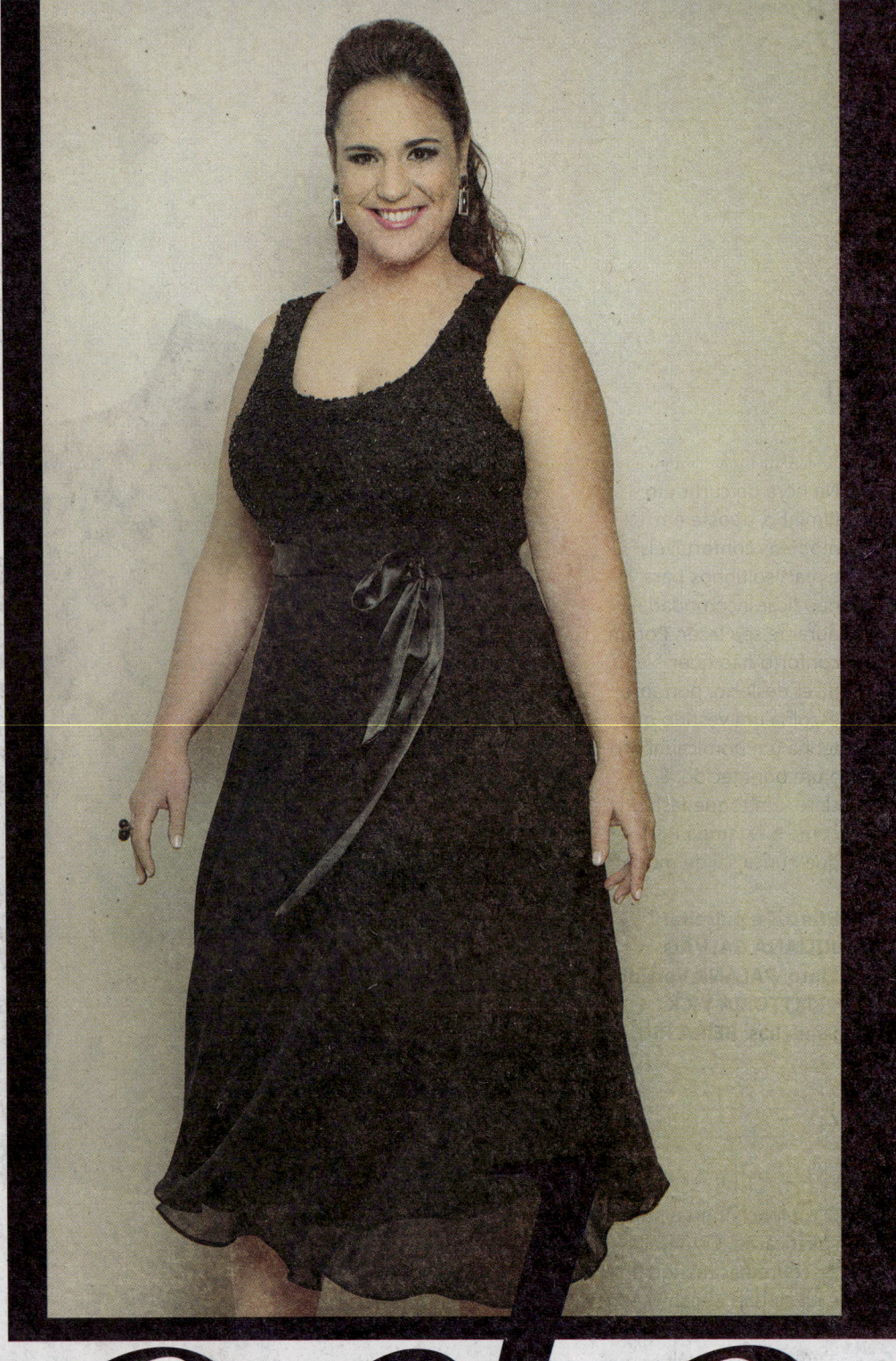

TEXTO: **LUCIANA ALBUQUERQUE** | FOTO: **FERNANDA VENÂNCIO** | PRODUÇÃO: **ELAINE SIMONI** | ASSISTENTES DE PRODUÇÃO: **JÉSSICA AMORIM E THALYTA ROCHA (ESTAGIÁRIAS)** | ARTE: **ANGELA C. HOUCK** | TRATAMENTO DE IMAGEM: **BÁRBARA MARTINS** | CAMAREIRA: **BETE CAMPOS** | BELEZA: **ELIANE AMORIM (ESPAÇO KA)** | MODELO: **PAULA SHIMENNE**

O Natal está chegando e você, claro, vai querer estar impecável nesse dia tão especial. Fique de olho nas dicas a seguir para fazer bonito em diferentes comemorações

Para eventos mais requintados, na casa de familiares, amigos ou em um clube ou hotel, invista nos vestidos, pois eles sempre passam um ar mais chique e feminino. Aposte em detalhes que os destaquem, como o drapeado do modelo azul e os bordados do preto. Você pode usar brilho, mas, se não for um evento muito glamouroso, dispense os comprimentos longos.

△
Brincos: FANE'S. **Anel:** Mônica Di Creddo. **Vestido preto:** Loja Juliana.

▢
Brincos e pulseira: Palhas da Terra. **Vestido azul:** Le Vestito. **Peep toes:** Vizzano.

VESTIDO
Molde 020
Tamanho 52
Página 138

VESTIDO
Molde 017
Tamanho 50
Página 137

O Natal também pode ser festejado com muito glamour, em grandes eventos de gala, e até mesmo em cruzeiros. Nesses casos, não abra mão do vestido longo. Você pode apostar em cores que remetam à data, como as tradicionais vermelho e verde. Quanto à modelagem, escolha a que cai bem em você: se está em boa forma, o modelo pode ser mais justo; se tem uma barriguinha saliente, opte pelos fluidos.

Ο
Brincos: Fane's. Anel: Rommanel. Vestido vermelho: Loja Juliana.

⏳
Anel e brincos: Lázara Design. Vestido verde: Le Vestito.

VESTIDO
Molde 018
Tamanho 50
Página 138

114

Final de ano sempre tem aquele happy hour e amigo secreto com o pessoal do trabalho. Nesses casos, escolha um look que você possa usar tanto durante o dia quanto à noite. Modelos bicolores são sempre uma boa pedida. Tanto o macacão como o vestido são leves e confortáveis para os dias quentes, porém a estampa P&B os deixa também muito elegantes. E não se esqueça de caprichar nos acessórios!

⌛
Brincos e anéis Le Charm. Vestido: Kauê.

⌛
Brincos: Le Charm Bijoux. Conjunto de pulseiras: Mônica Di Creddo. Macacão: Kauê. Sandálias: Crysalis.

MACACÃO
Molde 019
Tamanho 48
Página 138

A seu FAVOR

Vestidos, blazers e camisas... Ok, calças e saias, também. Com essas peças, é fácil estar sempre bem-vestida. Assim, aprenda a usá-las sem erro

TEXTO: **EVELYN MORETO** | FOTO: **MANOEL CARVALHO** | PRODUÇÃO: **ELAINE SIMONI** | ASSISTENTE DE PRODUÇÃO: **JÉSSICA AMORIM (ESTAGIÁRIA) E BETE CAMPOS** | ARTE: **ANGELA C. HOUCK** | TRATAMENTO DE IMAGEM: **BÁRBARA MARTINS** | BELEZA: **WELL CARVALHO** | MODELO: **CAROLINE FERREIRA**

O VESTIDO

O shape amplo, levemente acinturado, ajuda a valorizar o que a silhueta plus size tem de mais bonito: as curvas. Suave, a manga 7/8 ajuda a disfarçar, com suavidade e elegância, o volume dos braços. Já o comprimento, sempre na altura dos joelhos, ajuda a deixar o corpo mais alongado.

⌛
Brincos: LÁZARA DESIGN.
Colar: MÃOS DA TERRA.
Chemise: PALANK FASHION.
Sandálias: CASA EURICO.

O
Anel e brincos: LE CHARM. **Colar:** MÃOS DA TERRA. **Vestido:** PALANK FASHION.

VESTIDO
Molde 024
Tamanho 48
Página 140

EFEITO TRANSPASSADO

Pode ser na saia também, mas, por ser uma peça única, o vestido sempre será a melhor opção para valorizar o seu corpo. O motivo? Ele não o divide em duas partes, muito pelo contrário. Pode ajudá-lo a ter uma aparência mais alongada e, com o efeito transpassado do tecido por toda a parte de baixo do corpo, cria cintura e movimento.

◻
Brincos: LE CHARM. **Colar:** LÁZARA DESIGN. **Vestido:** KAUÊ. **Cinto:** ROSANA MATTUÁ. **Scarpins:** CASA EURICO.

◻
Brincos e colar: LE CHARM. **Vestido:** VICKTTORIA VICK.

VESTIDO
Molde 022
Tamanho 50
Página 139

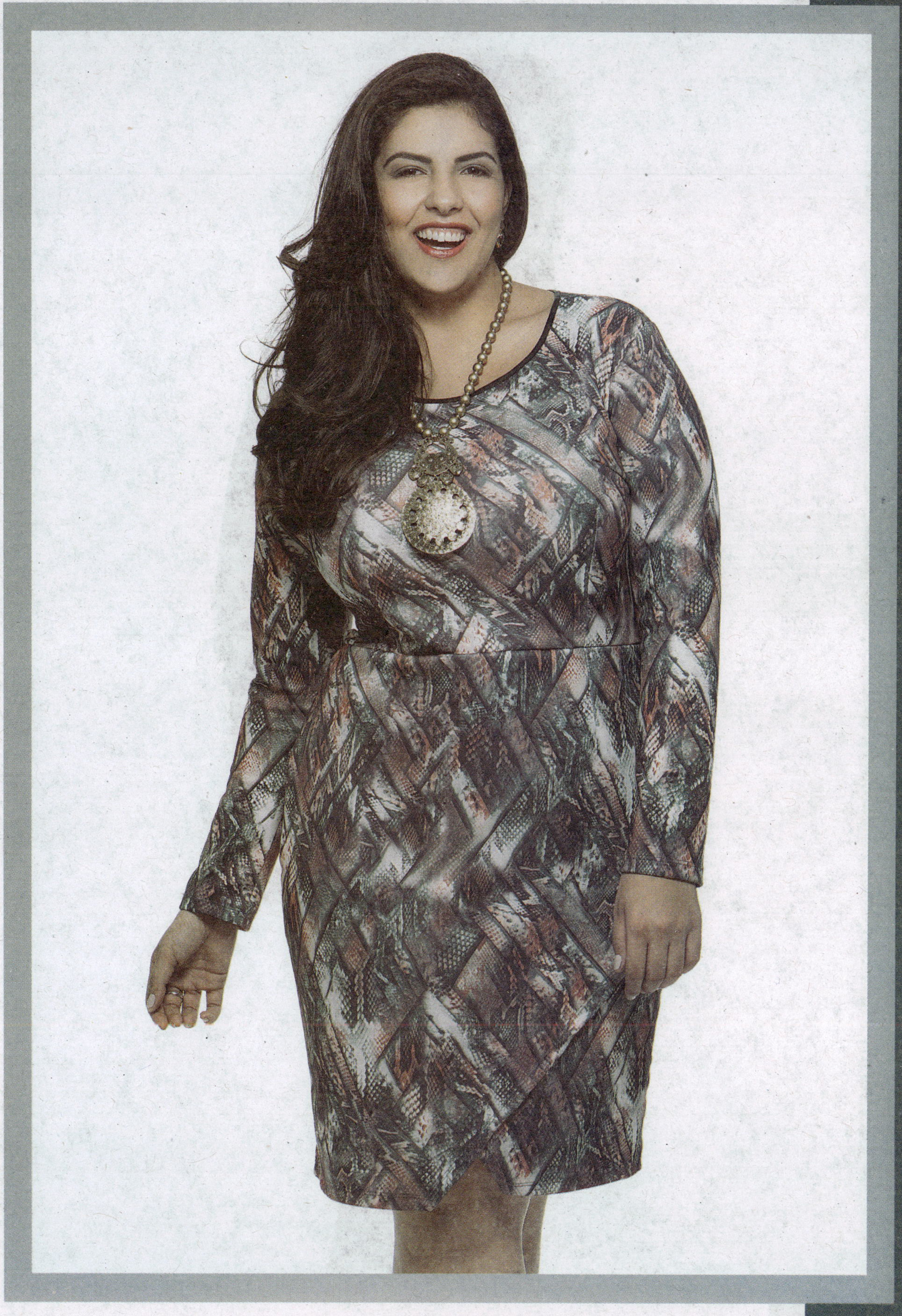

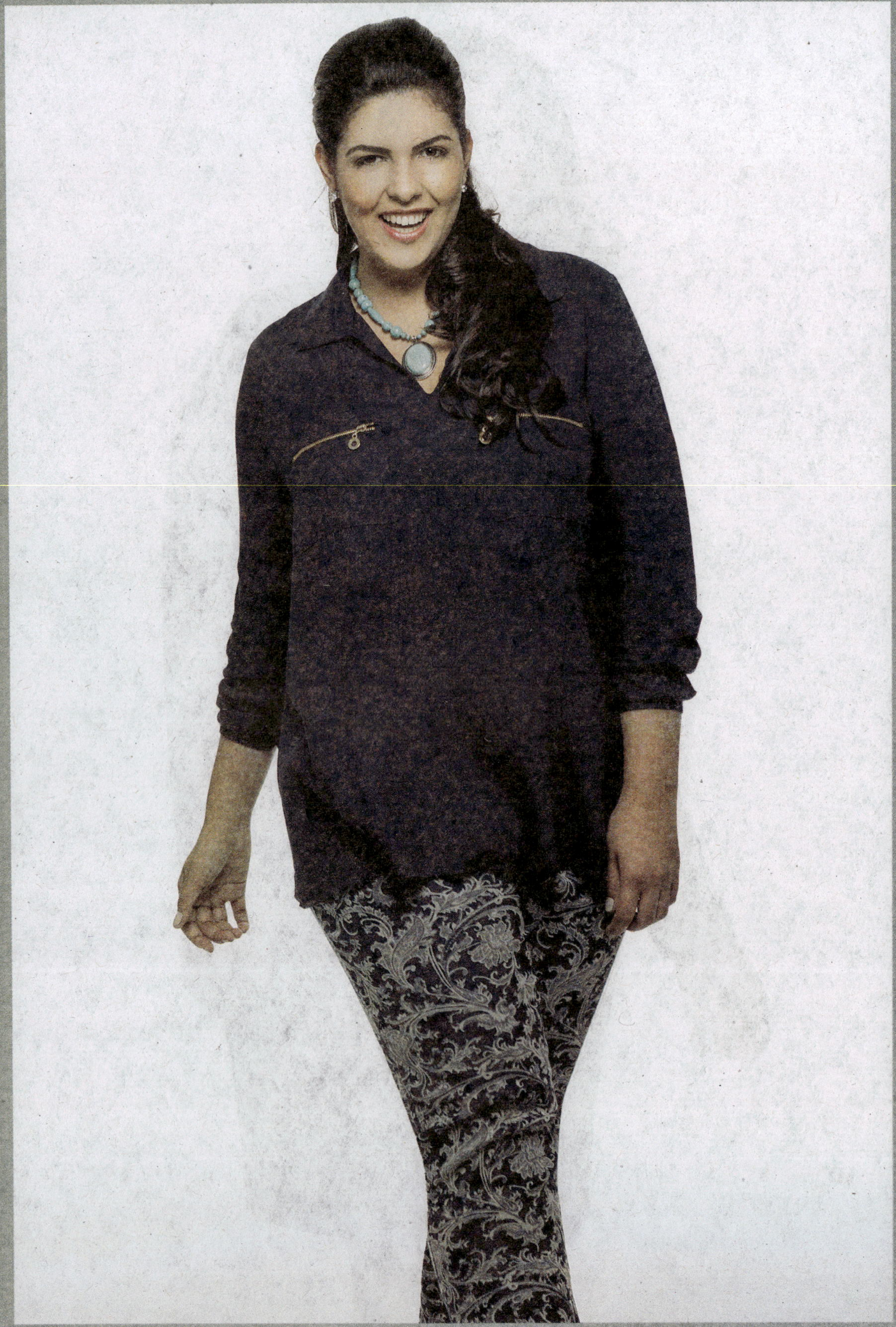

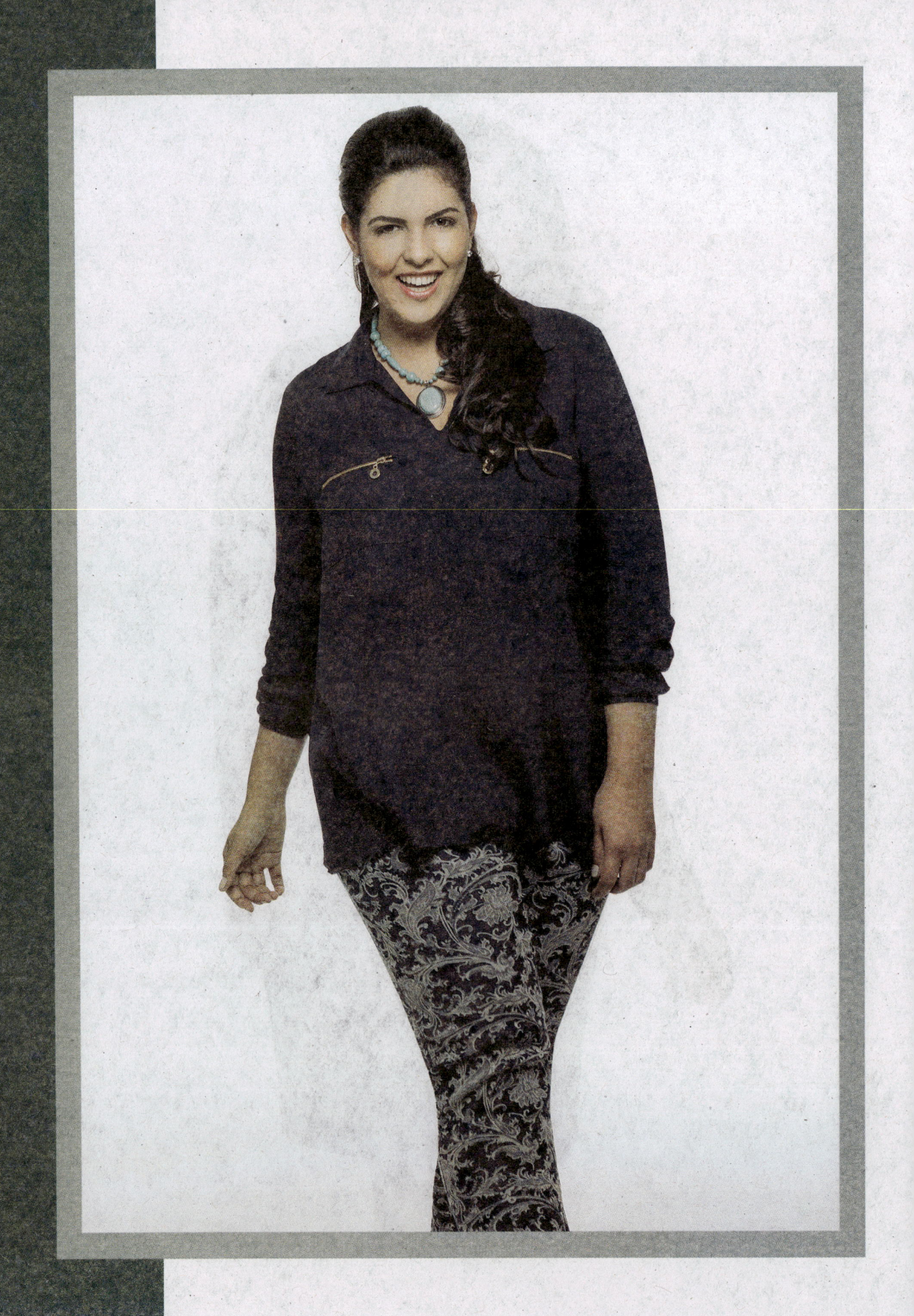

BLUSA
Molde 021
Tamanho 54
Página 139

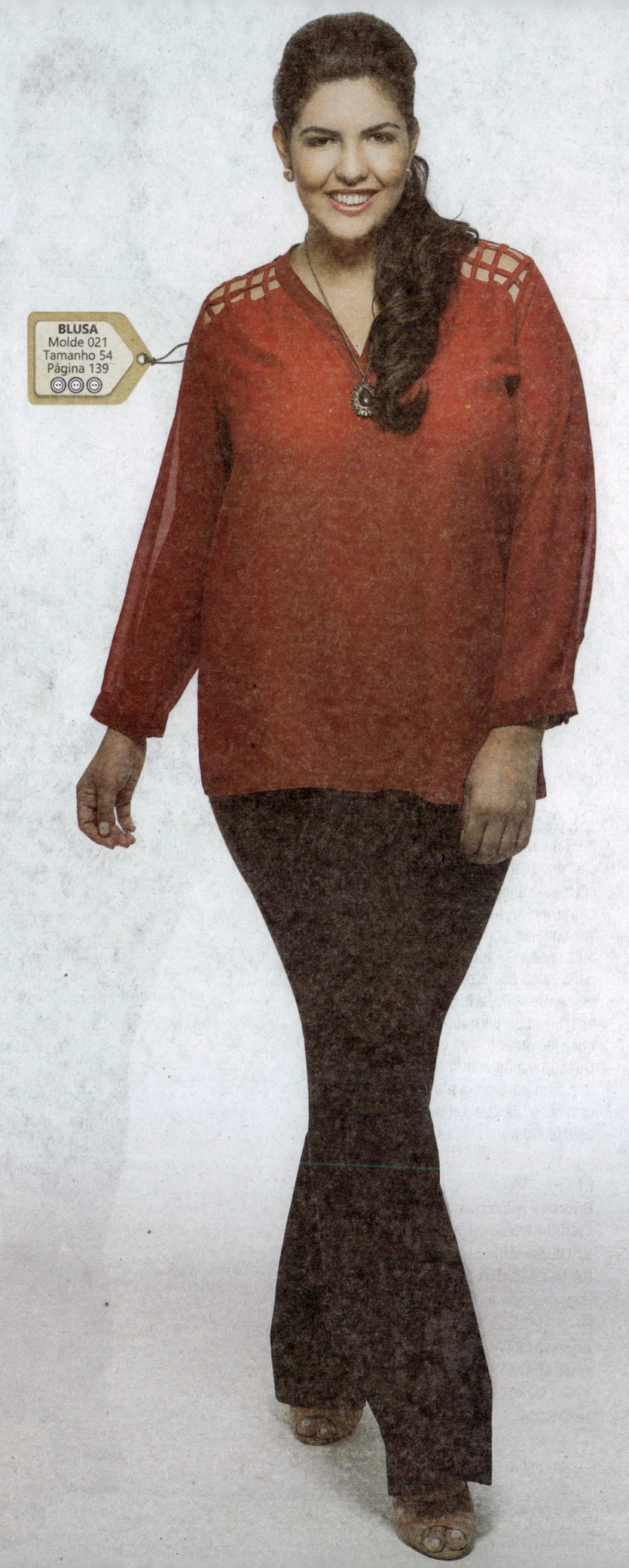

CAMISA SEM BOTÕES

Prática e confortável, a camisa deve ter tecidos leves para garantir um caimento delicado sobre o corpo. Pequenos detalhes fazem a diferença, como recortes nos ombros ou zíperes nos bolsos. Na dúvida de como combinar o look, siga esta regra: camisa de cor forte pede calça de tom neutro!

▽
Brincos: LE CHARM. Colar: LE DIAMONDS. Camisa e calça: PALANK FASHION.

△
Brincos e colar: LE CHARM. Camisa: MAISON SPA. Calça: KAUÊ. Peep toes: PICCADILLY.

BLAZER

Com a capacidade de sofisticar qualquer visual, o blazer carrega consigo o poder de afinar a cintura e disfarçar aquelas gordurinhas indesejadas. A altura certa para o seu uso é sempre no centro do quadril, tendo abertura que permita qualquer movimento dos braços. Quando usado com a saia, fica bom para o dia a dia no escritório. Já com o jeans, é despojado na medida certa.

O
Brincos e maxicolar: LE CHARM. **Blusa, calça e blazer:** KAUÊ. **Sandálias:** LARA PARA PASSARELA.COM.

☐
Brincos: LÁZARA DESIGN. **Anel:** LE CHARM. **Camisa:** VICKTTORIA VICK. **Blazer e saia:** KAUÊ.

BLAZER
Molde 023
Tamanho 52
Página 139

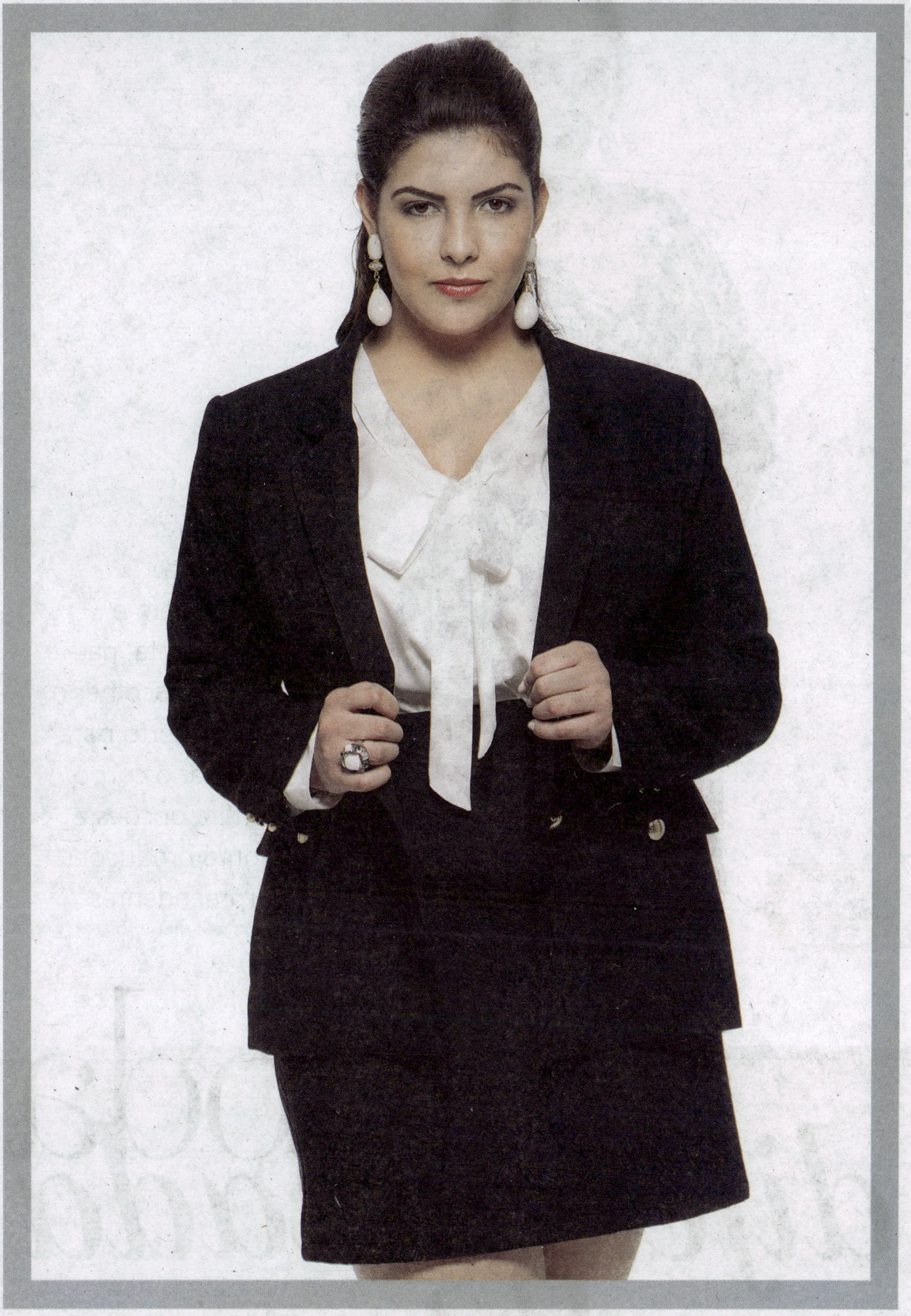

MODA PLUS SIZE

VESTIDO
Molde 081
Tamanho 50
Página 158

Considerar o tecido e a modelagem é fundamental na hora de escolher o vestido certo para valorizar o corpo. Confira opções e monte produções surpreendentes

Moda
diferenciada

TEXTO: ANDRESSA LARA | FOTOS: FERNANDA VENÂNCIO | PRODUÇÃO: ELAINE SIMONI | BELEZA: IRAN JÚNIOR (CABELO) E JURANDIR HOLANDA (MAKE) | MODELO: JULIANA BERNARDINI | ARTE: ANGELA C. HOUCK | TRATAMENTO DE IMAGEM: BÁRBARA MARTINS | AGRADECIMENTOS: THE LOOK HAIR

VESTIDO
Molde 083
Tamanho 52
Página 159

▽

É difícil encontrar uma mulher que resista ao poder do vestido com um decote transpassado. O modelo ao lado, feito de crepe, é indicado para definir as curvas do corpo.

Brincos: BALONÊ. Bracelete: JOSEFINA ROSACOR. Vestido: PALANK. Scarpin: AZALÉIA.

△

O elegante vestido de crepe traz o diferencial no decote tomara que caia, que ganhou a sustentação da transparência de tule, que segue pelas mangas.

Brincos: HERREIRA. Anel, HERREIRA. Vestido: MAISON ZANK. Scarpin: CRAVO & CANELA.

VESTIDO
Molde 082
Tamanho 54
Página 159

▽

Pegando carona nas tendências de moda, o chamois é um tecido similar ao suede. Ele aparece nesta composição mais soltinha, que imprime movimento e descontração.

Brincos: BALONÈ. Pulseira: MORANA ACESSÓRIOS. Vestido: PROGRAM. Botas: DAFITI.

△

O chemise de seda estampada é pedida mais do que certa para montar uma produção elegante, confortável e versátil.

Brincos: OLHA QUE LINDA!. Colar: OLHA QUE LINDA!. Chemise: MAISON ZANK.

VESTIDO
Molde 080
Tamanho 56
Página 158

INSTRUÇÕES! *como copiar os moldes*

Para tirar o molde de uma das roupas da folha, é fundamental saber que ele é composto por peças distintas (frente, costas, mangas) e que cada uma delas tem um número próprio, indicado no texto explicativo referente ao modelo escolhido. Para facilitar a localização na folha, o conjunto de peças que formam cada modelo tem uma cor e um tracejado diferenciado.
O exemplo abaixo vai ajudá-la a entender melhor a folha de moldes:

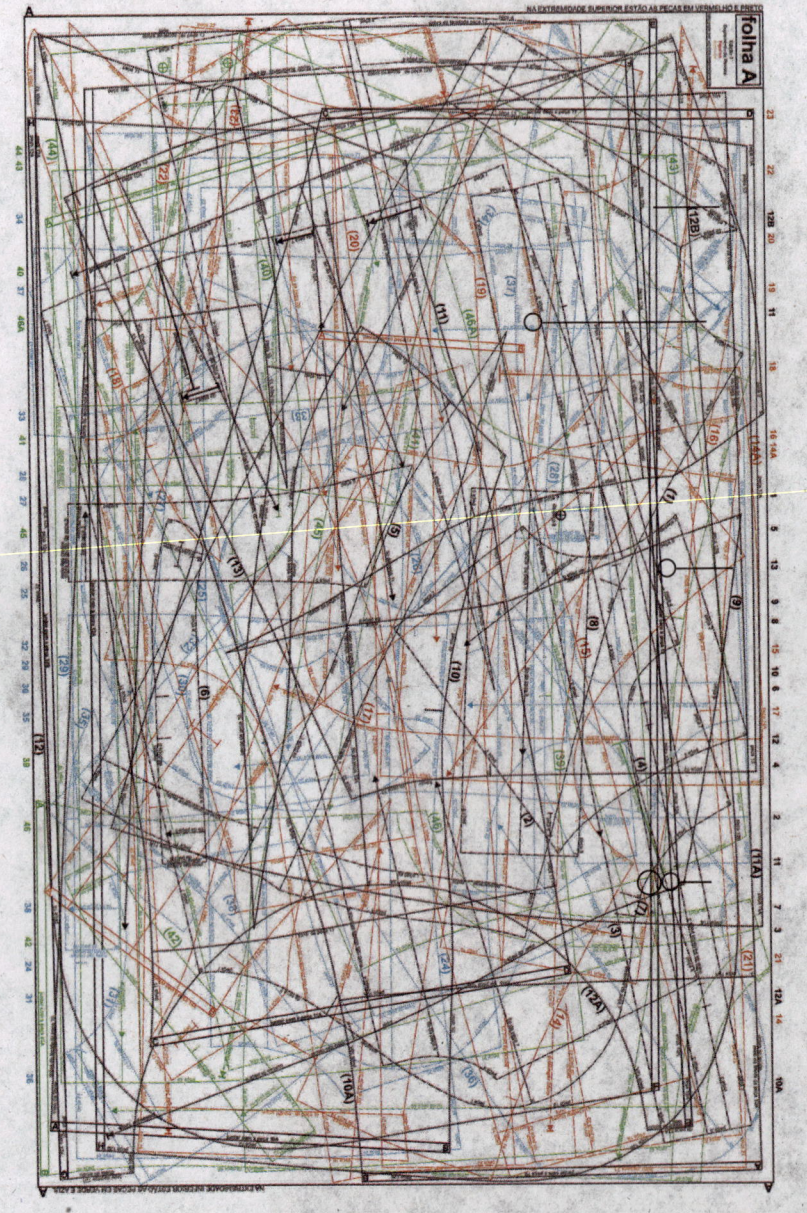

A folha de moldes é identificada por uma letra.

Confira o tracejado e a cor das peças que formam o molde. Copie as peças em folhas separadas, usando papel-manteiga ou carbono. Assinale também as marcações internas.

Na borda superior da folha, você encontrará números pretos e vermelhos e, na parte inferior, números verdes e azuis. Eles se referem ao número das peças que formam cada molde.

Circule os números das peças que formam o molde escolhido. Coloque uma régua em posição vertical sobre a folha, na direção do número assinalado. Percorra com o dedo até encontrar o mesmo número dentro da folha de moldes.

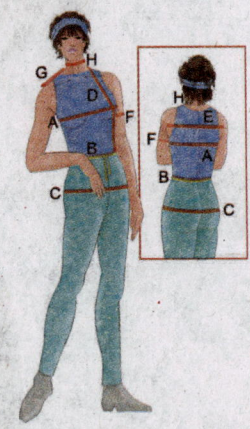

CADERNO EXPLICATIVO

A escolha do modelo

Antes da escolha do modelo, identifique o seu tamanho na tabela, tomando como base as próprias medidas. Importante: nunca compare suas medidas com as do molde, pois elas já estão com as folgas do próprio figurino. Caso tenha alguma dúvida, faça uma prova antes de cortar o molde no tecido definitivo.

Veja qual é o seu manequim

As medidas devem ser tiradas justas, sem apertar, e com a fita métrica na posição horizontal (a fita não deve ficar torta). As medidas do busto, do quadril e do braço devem ser tiradas na parte mais larga. Já a cintura, na mais estreita, logo acima do umbigo. Cuidado com a barriguinha: quando houver, tire a medida dos quadris deixando uma folga na fita métrica, que deverá ter a mesma proporção da barriga.

A – Busto, passando sobre os mamilos
B – Cintura
C – Quadril
D – Altura do corpo, do ombro, ao lado do pescoço, passando pelo mamilo, até a linha da cintura
E – Costado: com os braços cruzados na frente, meça a distância entre as axilas, nas costas
F – Braço, na parte mais larga que fica logo abaixo do músculo do ombro
G – Ombro, do final do pescoço até o início do braço
H – Pescoço, na parte mais larga

INSTRUÇÕES | *marcações internas*

São marcações feitas dentro das peças e servem para facilitar a montagem. Marque as indicações internas no tecido com piques, alinhavos ou carretilha sobre carbono.

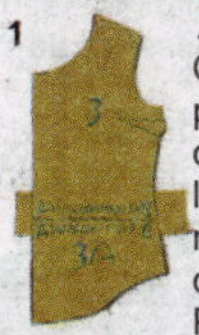

1. Peças com números e letras
Quando a peça é dividida em uma ou mais partes. Cada parte cortada aparece na folha de moldes com o número da peça original com uma letra ao lado deste número. As linhas onde será feita a união das peças têm pequenas letras nas extremidades. As peças deverão ser unidas, sempre coincidindo as letras dos cantos (A com A, B com B etc.). Para que o molde não fique torto, procure colocar uma linha sobre a outra com exatidão.

2. Prolongamento do molde
As medidas do prolongamento estão marcadas nas linhas laterais do molde. Prolongue estas linhas, a partir do traço que fica na ponta da seta (a), até chegar à medida desejada. Para completar o molde, una os finais das linhas prolongadas (b).
Para garantir um prolongamento correto, use uma régua apoiada na linha a ser prolongada.

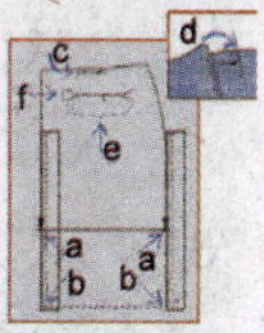

Prega
Duas linhas paralelas marcam a profundidade da prega (c). A prega deve ser vincada na direção da seta, colocando uma linha sobre a outra (d).

Abertura para bolsos
O comprimento do bolso (e) termina nos finais dos piques enviesados. Tenha todo o cuidado com a largura da abertura (f).

3. Modelo com mais de um tamanho
As marcações internas, no geral, são as mesmas para todos os tamanhos. Cada tamanho é riscado na folha de moldes com um traçado diferente. As peças são riscadas uma dentro da outra. Algumas vezes, o mesmo risco de um dos tamanhos serve para a borda dos outros tamanhos (a). Junto ao traçado da peça estão as indicações referentes a cada tamanho.

4. Farpas de união
São pequenos traços marcados nas linhas dos moldes. Servem para auxiliar a união das peças (a). As farpas devem coincidir durante a montagem. Às vezes, estas farpas são acompanhadas de números de montagem (b), indicam uma abertura (c), o final da abertura para a montagem de um zíper ou o início da costura de união das peças (d).

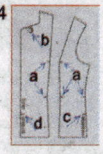

5. Casas para o abotoamento
A marcação da abertura da casa é interrompida por linhas menores. A casa pode ser horizontal (a), ou vertical (b).

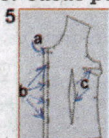

Pences
Como fechar - Costure as pences, unindo as linhas marcadas. Termine a costura nas pontas das pences suavemente dando alguns pontos bem rentes à borda do tecido.

6. Botões, pressões ou ilhoses
Um círculo com uma cruz (a) indica onde será preso o botão, pressão ou ilhós. Bolsos (b), acabamentos (c), aplicações etc. devem ser copiados. Depois de cortados no tecido, deverão ser montados sobre o lugar em que estão desenhadas na peça.

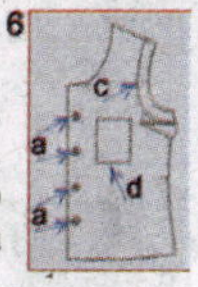

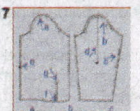

7. Embeber
É a diminuição suave de um determinado trecho do tecido.
A marcação é indicada por pequenos traços (a).
Embeber entre os traços – Significa que o trecho para embeber será apenas aquele entre um traço e outro.
Como embeber – Alinhave ou costure com pontos grandes o trecho que deverá ser embebido, alguns milímetros acima e abaixo da linha de costura. Prenda o início do alinhavo com um nó. Vá puxando as pontas soltas do alinhavo, distribuindo com os dedos as pregas que surgirem. Puxe até o trecho chegar à medida desejada, sem deixar pregas ou rugas.

Franzir
A marcação é apresentada por uma linha ondulada (b). Franzir significa reduzir consideravelmente um trecho até alcançar uma medida determinada, causando pregas. O procedimento para franzir é o mesmo que se faz para embeber.

Esticar
É indicada com uma linha em zigue-zague (c). Como esticar – Trechos em viés e tecidos com tramas mais abertas poderão ser esticados com as mãos, durante a costura. Em tecidos com trama mais fechada, é necessário umedecê-los e esticar com o ferro de passar. Faça uma prova em um retalho do próprio tecido. Cuidado: caso estique demais, será necessário embeber o tecido.

Fio do tecido
A marcação do fio é representada por uma linha com uma seta na ponta (d) ou por uma seta marcada numa linha reta qualquer da peça (e). O fio deve ficar paralelo à ourela do tecido.

Abertura a partir da borda do molde
Começa na borda do molde (f) e termina com piques enviesados (g).

8. Dobra do tecido
A linha da dobra do tecido é representada por uma linha contínua traçada na linha do centro da peça (a). Indica que a peça deverá ser revirada sobre a mesma linha (b) ou colocada sobre a dobra do tecido (c), ou seja, não haverá costura unindo os dois lados. Desta maneira, tudo que estiver marcado num dos lados deverá ser marcado no outro lado, de acordo com o modelo.

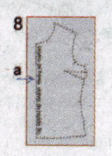

9. O que é linha e o que é folga de costura
Linha de costura é o contorno do molde (a), ou seja, onde será feita a costura, e folga de costura ou bainha é tudo que for riscado para fora do contorno do molde (b). Para marcar as folgas no molde ou no tecido o procedimento é o mesmo. Marque a folga medindo a largura a partir da linha de costura. Prolongue as farpas até a borda da folga (c), com a ajuda de uma régua. Nas pences, a régua deverá ficar apoiada sobre as marcações das linhas, desde o bico (d) até a borda do molde (e). Corte a peça na linha da folga (f).

10. Número de junção
São marcados nos cantos das peças ou junto à uma farpa. Para a união das peças, os números devem coincidir. Por exemplo: um n° 1 deve coincidir com outro canto ou com uma farpa onde esteja um outro n° 1. Marque estes números em pequenas etiquetas coladas no avesso do tecido.

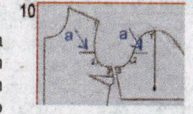

Linha guia
São linhas traçadas a partir da borda do molde (a). Servem para coincidir os desenhos das listras de um tecido listrado, xadrez ou estampas com listras. Devem ficar sempre sobre o mesmo tipo de listra ou na mesma proporção do desenho.

Não se esqueça das folgas de costura e bainhas
Geralmente, os moldes das revistas especializadas não possuem folga e elas devem ser marcadas diretamente no tecido. Deixe de 1 a 2 cm de folga nas laterais. No restante, convém deixar 1 cm. Para as bainhas, deixe a folga de acordo com o modelo.

Cuidados ao cortar no tecido
Planeje o corte observando a planilha de corte, seguindo o texto explicativo do modelo. Para riscar a peça, prenda o molde sobre o avesso do tecido. Use giz de alfaiate. Em tecidos claros, use o giz na cor mais próxima à cor do tecido e faça as marcações suavemente, para que o traço não apareça pelo direito. Distribua as peças, uma a uma, marcando somente os cantos (não esqueça de deixar espaço para as folgas e bainhas). Em cada canto, marque o número correspondente à peça. Confira o risco, para ver se todas as peças estão distribuídas de acordo com a planilha de corte e com o mesmo número de vezes recomendado no texto. Tudo certo? Finalize o risco, fazendo as marcações suavemente.

GRAU DE DIFICULDADE

Iniciante ✂   Fácil ✂✂   Requer prática ✂✂✂
Requer muita prática ✂✂✂✂

TABELA DE MEDIDAS INFANTIS (m = meses, a = anos)

TAMANHOS	3m	6m	9m	1a	2a	3a	4a	5a	6a	7a	8a	9a	10a	12a	14a	16a
A. BUSTO	46	48	50	52	54	56	58	60	61	64	67	70	73	76	82	86
B. CINTURA	47	48	49	50	51	52	53	54	55	56	57	58	59	60	62	65
C. QUADRIS	49	51	53	55	57	59	61	63	67	71	73	76	79	82	88	92
D. COMPR. BLUSA	21	22	23	25	27	28	30	31	32	33	35	36	37	38	40	41
E. LARG. COSTAS	15	16	17	18	20	21	22	23	24	25	26	27	28	30	33	35
F. LARG. BRAÇO	15	16	17	19	19,5	20	20,5	21	21,5	22	22,5	23	23,5	25	26	26
G. OMBRO	8	8	8,5	9	9,5	9,5	10	10	10,5	10,5	11	11	11,5	11,5		

TABELA DE MEDIDAS FEMININAS

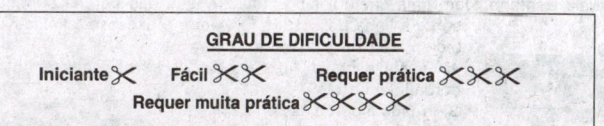

TAMANHOS	PP		P		M		G		GG		EG		EGG	
MANEQUINS	36	38	40	42	44	46	48	50	52	54	56	58	60	62
A. BUSTO	82	86	90	94	98	102	106	110	114	118	122	126	130	134
B. CINTURA	66	70	74	78	82	86	90	94	98	102	106	110	114	118
C. QUADRIS	88	92	96	100	104	108	112	116	120	124	128	132	136	140
D. COMPR. BLUSA	40	41	42	43	44	45	47	48	49	50	51	52	53	
E. LARG. COSTAS	34	35	36	37	38	39	39	40	40	41	42	43	44	45
F. LARG. BRAÇO	26	26	27	28	29	32	34	36	38	39	40	41	42	43
G. OMBRO	11.5	11.5	12	12.5	13	13.5	14	14.5	15	15.5	16	16.5	17	17.5

INSTRUÇÕES| *dicas de costura*

Colarinho simples

Observação: caso não tenha prática, treine antes em um retalho, de preferência do próprio tecido. Costure sempre unindo direito com direito do tecido, seguindo os números de junção dos moldes e os "tracinhos". Passe as costuras a ferro logo após unir as peças.
Entretele uma das peças do colarinho e um dos pés do colarinho.

1. Una as peças do colarinho com uma costura pelas bordas externas. Apare as pontas (a) e as sobras de tecido até bem próximo às costuras (b). Vire a colarinho para o direito. Pesponte rente às costuras ou conforme o modelo escolhido.

2. Junte as peças do pé do colarinho e, entre elas, a gola, de tal forma que as peças entreteladas fiquem juntas. Observe que a borda do decote do pé do colarinho ficará para cima. Coincida o centro das costas (a) e os números de junções (b). Inicie e finalize a costura rente ao decote (c). Corte as sobras quase quase rentes à costura(d).

3. Costure o pé de colarinho não entretelado no decote, a partir da ponta da peça (a).

4. Corte a folga de tecido da montagem rente à costura (a). Bata as folgas de tecido da montagem com o ferro de passar sobre o avesso do pé de colarinho. Embainhe o pé de colarinho entretelado sobre o avesso da montagem (b). Pesponte rente à bainha (c). Torne a pespontar o pé de colarinho rente ao primeiro pesponto, prendendo a folga de tecido internamente (d). Pesponte rente à borda externa (e), de acordo com o modelo.

Arremate de viés em rolo

Atenção: caso não tenha prática, antes do trabalho definitivo, treine um pouco num retalho, de preferência, do próprio tecido do modelo.

1. Dobre o viés ao meio, avesso com avesso, coincidindo as bordas maiores (a). Costure as bordas do viés no avesso do lugar de montagem (b). Corte o excesso de tecido junto à costura (c). Caso prefira um rolo mais redondo, não é necessário aparar o excesso do tecido.

2. Revire a tira para o direito sobre a costura inicial (a) e prenda com pespontos junto à borda dobrada (b). Pelo avesso, esta costura deve passar junto à montagem da tira (c).

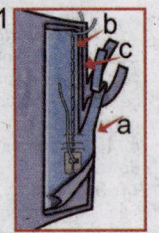

Montagem do punho

Há vários tipos de punho. Os mais comuns são: com bordas retas (A), vincados ou não: os de bordas chanfradas (B) e os de bordas curvas (C). Basicamente a montagem é a mesma, para todos os tipos. Os gráficos abaixo, a partir da fig. 1, mostram um punho de bordas retas.

A – Borda reta – Dobre a peça sobre a linha marcada (a), direito sobre direito. Costure as bordas laterais, começando a costura na borda inferior (b), indo até a linha de costura da borda superior (c). Retire o excesso de tecido junto à costura (d) e elimine bem o excesso dos cantos. Embainhe uma das bordas superiores vincando sobre a linha de costura (e).

B – Borda chanfrada – Junte as peças do punho, direito com direito. Costure as bordas laterais e inferior, iniciando e terminando na linha de costura da borda superior (a). Nos cantos, (b) pare a costura com a agulha enfiada, levante a sapatilha e posicione a peça para prosseguir com a costura. Abaixe a sapatilha e prossiga. Corte o excesso de tecido próximo à costura, (c) cortando bem rente aos cantos. Embainhe uma das bordas superiores vincando a peça sobre a linha de costura (d).

C – Borda curva – Junte as peças do punho, direito com direito, e una as bordas laterais e inferior com uma costura (a). Embainhe uma das bordas superiores sobre a linha de costura (b). Corte o excesso, eliminando o tecido até bem próximo à costura (c).

1. Revire o punho (a). Alinhave as bordas laterais (b) e a borda inferior (c).

2. Prenda a borda não embainhada do punho no avesso da boca da manga, coincidindo os números de junção dos punhos e da abertura da manga (a).

3. Vire o punho para baixo. Bata as folgas de tecido da costura de mon-tagem sobre o avesso do punho (a). Coloque a borda embainhada do punho no direito da manga, sobre a costura de montagem (b). Prenda a borda com uma costura rente (c) à bainha e com pespontos a 0,5 cm, aproximadamente.

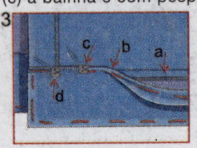

4. Abra a casa na borda do punho presa sobre a carcela, de acordo com a marcação (a). No outro lado, pregue o botão (b). Faça outros pespontos, quando houver.

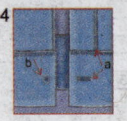

Arremate de uma fenda com uma tira

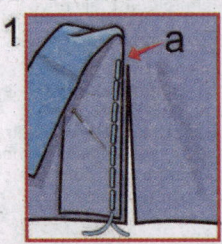

1. Depois de cortar a fenda, costure o direito da tira do arremate sobre o avesso da borda da fenda, indo com a costura o mais próximo possível do final do corte (a).

2. Prossiga com a costura até a outra borda da fenda (a). Embainhe a folga de costura da outra borda do arremate (b).

3. Coloque a borda embainhada sobre a primeira costura (a). Pesponte rente.

4. Una as bordas da tira, pelo avesso, com uma costura enviesada (a).

5. Caso a fenda seja na manga, faça um traspasse interno com o arremate no lado mais próximo da borda lateral da peça (a) e dobre o outro lado para o avesso (b).

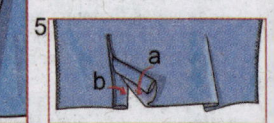

Cós curvo

Observação: caso não tenha prática, treine antes num retalho, de preferência do próprio tecido. Costure sempre colocando o tecido direito com direito, seguindo os números de junção dos moldes e os "tracinhos". Passe as costuras a ferro logo após unir as peças.

1. Cole a entretela no avesso das peças que servirão de parte externa do cós. Faça um pique para marcar a linha do centro da frente do lado esquerdo (a). Quando o cós tiver costura no centro das costas, junte as peças, duas a duas, e faça a costura central (b).

2. Junte as peças do cós, direito com direito. Costure a borda superior. Quando houver costura no meio das costas, abra as folgas antes da costura de união das peças (a).

3. Bata as folgas de tecido sobre as peças não entreteladas. Prenda as folgas com pespontos junto à costura de união das peças (a).

4. Coloque o direito da tira não entretelada do cós no avesso da peça. Note que o pique (a), de acordo com o número de junção, deve coincidir com o meio da frente (b) e que haverá uma sobra de tecido de pelo menos 1 cm, após o traspasse (observe a fig. 5, seta a). Costure (c).

5. Abra a costura de montagem do cós com o ferro de passar (b).

6. Dobre a peça entretelada do cós sobre o direito da peça não entretelada do cós (a). Prenda as bordas laterais do cós com uma costura paralela. Inicie a costura na borda superior (b) e termine na borda inferior da peça não entretelada (c). Corte o excesso de costura, observe na fig. 7 as setas "d", "e", "f".

7. CÓS COM TRASPASSE – Comece a costura na borda superior do traspasse (a), desça até o canto inferior e pare a costura (c) com a agulha enfiada. Neste ponto, levante o calcador. Gire a peça para prosseguir com a costura reta. Abaixe o calcador e prossiga com a costura até o início do traspasse (d). Corte o excesso de tecido, próximo à costura (d) fazendo um pique enviesado na borda superior (e) e outro no final da costura (f).

8. Rebata o cós para o direito do modelo. A costura superior do cós ficará alguns milímetros para dentro (a). Bata a folga de tecido da costura de montagem sobre o avesso do cós (b). Quando o modelo tiver passadores, prenda os passadores nos lugares indicados (c). Embainhe a borda do cós sobre a costura de montagem (d). Arremate o cós com alinhavos, prendendo a bainha inferior (f).

9. Prenda a bainha inferior com pespontos (a) rentes à costura feita pelo direito. Faça outros pespontos, quando houver. O pesponto superior poderá prender o passador (b), caso haja passador. Se preferir, prenda o passador com "moscas" na borda superior e inferior (c). O passador também poderá ser preso com pontos à mão na borda superior.

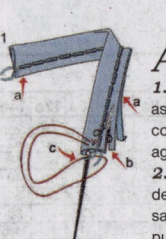

Alça de rolo

1. Vinque a tira ao meio no comprimento, direito com direito, coincidindo as bordas maiores (a). Costure pela linha de costura.. Corte rente a costura(b). Prenda uma agulha com linha na borda da alça e introduza a agulha pela abertura da alça(c).

2. Vá introduzindo por dentro da alça até que ela saia do outro lado (a), vá puxando-a até ela sair por completo.

Bolso americano (faca ou navalha)

Esta montagem é para bolso com abertura curva (bolso americano) ou reta (faca ou navalha). Caso você não tenha experiência, treine antes da montagem, utilizando retalho do mesmo tecido.

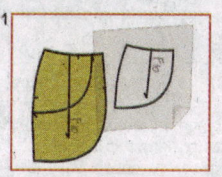

Com bolso de níquel - Quando houver bolsinho, prepare-o antes da montagem. Faça a bainha da abertura e pesponte-a, se houver pespontos. Embainhe a borda lateral que ficará mais próxima a lateral do modelo. Pesponte a borda da abertura, quando houver pespontos.

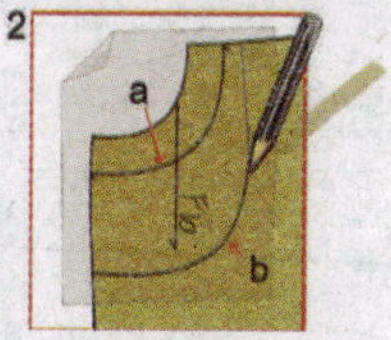

1. Espelho - Quando houver espelho marcado no fundo maior do bolso, copie-o com ajuda de um papel fino. Não esqueça de copiar o fio.

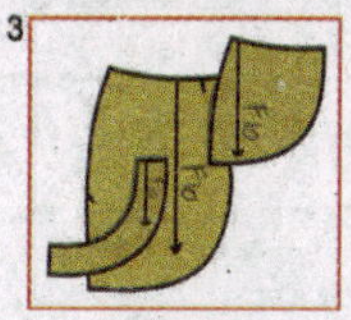

2. Fundo menor do bolso– Vem marcado na peça. Copie o arremate (a), caso haja arremate na borda da abertura, e o fundo menor do bolso (b), sem esquecer de copiar o fio da peça original.

3. Passe os moldes copiados no papel fino para o papel e corte-o no tecido.

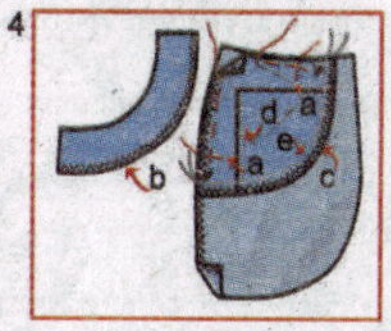

4. Chuleie a borda externa do arremate (a). Monte o avesso do bolso níquel no direito do espelho do lado direito. Costure rente à borda lateral (b). Chuleie a borda externa do espelho (c), prendendo o bolsinho. Prenda o avesso do espelho sobre o direito do fundo do bolso externo, com alinhavos pelas bordas superior e lateral e uma costura junto à borda externa (d). Marque com alinhavos (e), os números de junção que irão auxiliar na montagem.

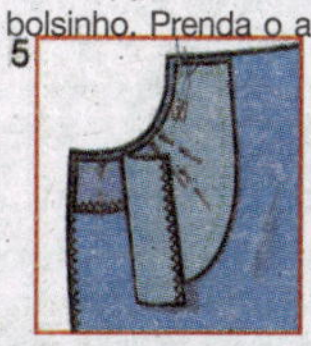

5. Coloque o direito do arremate (quando houver) sobre o direito da abertura. Logo em seguida, coloque o direito do fundo menor do bolso sobre o arremate. Una as peças com uma costura, prendendo o arremate e fundo do bolso.

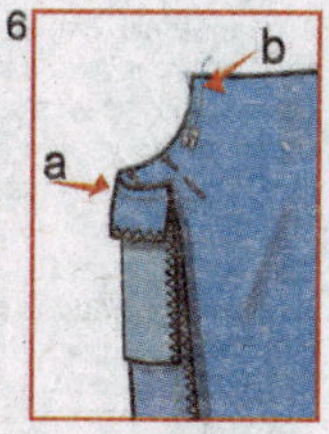

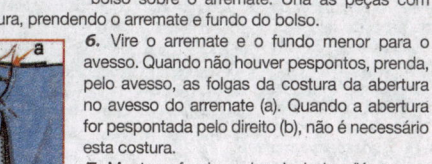

6. Vire o arremate e o fundo menor para o avesso. Quando não houver pespontos, prenda, pelo avesso, as folgas da costura da abertura no avesso do arremate (a). Quando a abertura for pespontada pelo direito (b), não é necessário esta costura.

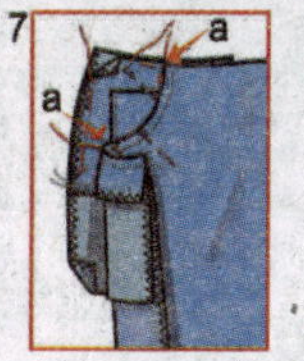

7. Monte o fundo maior do bolso (já preparado) sobre a abertura, coincidindo os números de junção marcados com alinhavos (a).

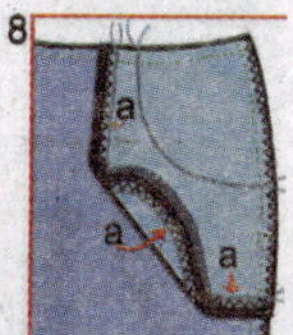

8. Una as bordas dos fundos do bolso com uma costura (a). Chuleie as bordas, unindo-as.

9. Quando o fundo do bolso vai até o centro da frente – Monte o bolso normalmente, conforme as explicações acima. O trecho do fundo que vai até o meio da frente (a), num dos lados será preso simultaneamente com a montagem da braguilha e, no outro lado, com a montagem do zíper, ficando por debaixo da folga do meio da frente. Alinhave o fundo maior sobre o menor (b) e prenda com uma costura (c).

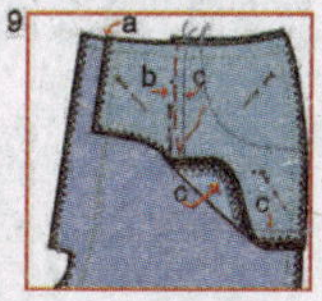

Chuleando – Chuleie as bordas unindo os fundos dos bolsos.

Finalizando - Finalize a montagem do bolso terminando a calça.

Carcela reta ou com ponta

Observação: Caso não tenha prática, treine antes num retalho, de preferência do próprio tecido. Costure sempre colocando o tecido direito contra direito. Passe a ferro as costuras logo após unir as peças.

A carcela pode ter a sua borda superior em ponta ou reta à escolha e sua, a montagem e a mesma.

Cuidado ao costurar os cantos: Para com a costura bem no canto, com a agulha enfiada no tecido. para continuar a costura, suspenda a sapatilha e posicione a peça . Baixe a sapatilha e prossiga com a costura.

1. Corte a abertura pela linha indicada (a). Embainhe, com uma bainha fina, dupla (b, c) presa com uma costura à máquina, na borda da abertura mais próxima a lateral da manga (c).

2. Carcela de borda reta –Dobre a tira ao meio (a), direito contra direito. Costure a borda superior e a lateral com uma costura de 3cm (b). Corte a folga de tecido rente à costura.

3. Carcela de borda em ponta –Dobre a tira ao meio, direito contra direito (a). Costure a borda superior formando um bico de 1cm (b) e a borda lateral com uma costura de 2cm(c). Corte o folga de tecido rente à costura.

4. Vire a carcela para o direito. Passe a ferro. Há modelos e que a carcela será pespontada rente a borda vincada e, às vezes até; com um outro pesponto paralelo. Faça esses pespontos ser for necessário. Costure a carcela sobre o direito da lateral não embainhada da abertura.(a) Costure até o final da abertura.

5. Embainhe a outra borda da carcela sobre a costura de montagem.

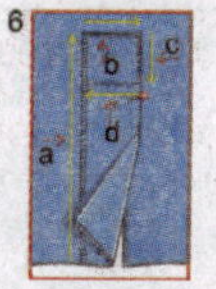

6. Pesponte começando na borda inferior e seguindo as setas amarelas: a borda lateral (a) prendendo a bainha por dentro. Pesponte também a borda superior (b) a lateral com 3cm(c) e faça um pesponto horizontal(d), para finalizar.

7. Proceda da mesma forma com a carcela em ponta.

Quando houver abotoamento na carcela, Abra a casa (e) e pregue o botão (f) no meio da carcela.

Montagem do zíper invisível

Use a sapatilha própria para montagem de zíper invisível. Caso você não tenha experiência, treine antes da montagem, utilizando retalho do mesmo tecido.

1. Faça a costura de união das peças onde será montado o zíper (tecido e forro, se o modelo tiver forro), direito com direito. Costure até 2 cm acima da marcação da abertura (a). Abra as folgas com o ferro, vincando-as exatamente sobre a linha de costura. Una as bordas vincadas com alinhavos.

2. Alinhave o zíper fechado sobre as folgas, tendo o cuidado de colocar os dentes do zíper sobre as bordas vincadas da abertura. O cursor do puxador deve ficar na direção da linha de costura da borda superior e o puxador virado para fora.

3. Abra totalmente o zíper. Inicie a montagem prendendo o zíper em uma das laterais da abertura, da seguinte forma: coloque os "dentes" do zíper no túnel esquerdo da sapatilha e costure a partir da borda superior até chegar ao cursor do zíper.

4. Prenda o zíper na outra lateral, colocando os "dentes", desta vez, no túnel direito da sapatilha.

5. Para reforçar a montagem, troque a sapatilha especial pela comum e prenda as bordas laterais com uma costura sobre a folga de tecido(a).

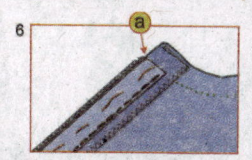

6. Quando a borda superior da abertura for arrematada por uma limpeza do próprio tecido ou por um forro (por exemplo, saias ou calças sem cós; vestidos sem gola etc.), apare a borda superior rente à linha de costura de montagem (a).

Zíper com braguilha

O texto abaixo foi feito para montagem de roupa feminina. Para a roupa masculina, inverta os seguintes termos: onde se lê lado direito, leia esquerdo, e onde se lê esquerdo, troque para direito.

Deixe 1 cm de folga de tecido no trecho da abertura e na costura de união das peças. Marque as linhas do centro das peças com alinhavos. Durante a montagem, use sapatilha especial para zíper.

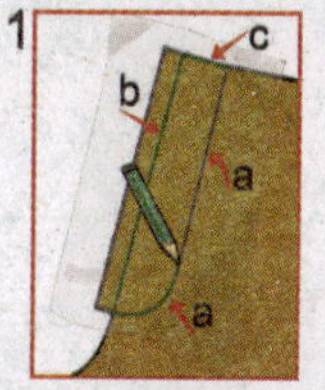

Caso não tenha prática, antes de trabalho definitivo, treine um pouco num retalho, de preferência do próprio tecido do modelo.

1. Faça uma peça-guia (bitola), para facilitar a marcação dos pespontos da braguilha no tecido. Observe que, nos modelos com mais de um tamanho, os pespontos estão marcados na peça do tamanho menor. Para fazer a bitola: copie a linha dos pespontos (a), a linha do centro (b) e a borda superior (c). Transfira as marcações do papel para uma cartolina. Corte a cartolina, contornando as linhas marcadas.

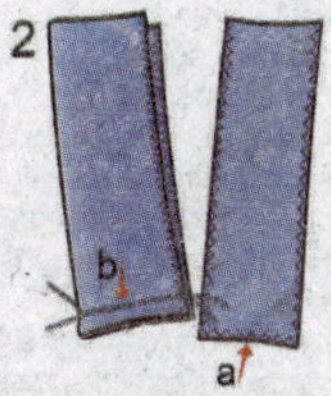

2. Chuleie as bordas laterais da tira da braguilha e do arremate; no arremate, chuleie também a borda inferior (a). Dobre a braguilha ao meio, direito com direito, e costure as bordas inferiores (b). Revire a braguilha para o direito e bata a ferro.

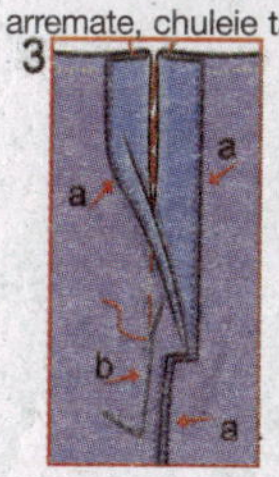

3. Chuleie as bordas externas (a). Faça uma costura unindo um pequeno trecho das peças da frente, a partir da marcação do final da abertura (b).

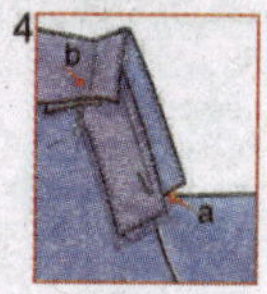

4. Costure o arremate sobre a marcação da linha central da peça do lado direito. Inicie a costura na borda inferior da abertura (a) e termine na borda superior (b).

5. Prenda as folgas no avesso do arremate com uma costura, rente à montagem (a). Vinque o arremate para o avesso, passe a ferro e prenda com alfinetes ou alinhavos.

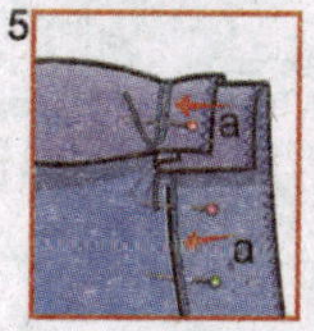

6. Dobre a folga da peça do lado esquerdo para o avesso e bata a ferro. Prenda o zíper com alfinetes na folga de costura da peça do lado esquerdo do modelo. Note que o carrinho do zíper deve ficar na altura da linha de costura da borda superior da peça (a) e quase rente à linha do centro (b) da peça. Nota: nos modelos sem cós, quando o acabamento da borda superior é feito com um arremate, o carrinho do zíper deve ficar abaixo da marcação feita por uma farpa com seta no ponta. Prenda a braguilha com alfinetes por detrás do zíper. Abra o zíper para iniciar a costura rente à borda dobrada da peça, partindo da borda superior. Torne a fechar o zíper e prossiga com a costura, indo até o final da abertura.

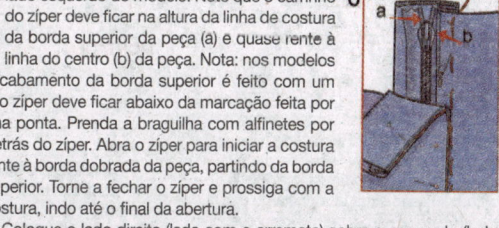

7. Coloque o lado direito (lado com o arremate) sobre o esquerdo (lado com a braguilha), coincidindo as linhas do centro das peças (a). Bata a ferro e prenda com alfinetes

8. Prenda o zíper com alfinetes ou alinhavos somente no arremate. Logo em seguida, costure.

9. Bata o arremate para o avesso. Marque o tecido com um alfinete na direção do final abertura (a). Coloque a bitola sobre o direito da peça, de forma que a parte inferior ultrapasse o alfinete (b) e a borda reta fique rente ao centro da frente (c). Pesponte rente à bitola, prendendo, por dentro, o arremate. Nota: caso fique uma sobra do zíper pelo avesso do modelo, corte-a.

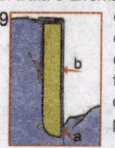

MOLDE 001

CAMISA 
TAMANHO 50
PEÇAS: 29 a 37
LINHA DO MOLDE EM AZUL

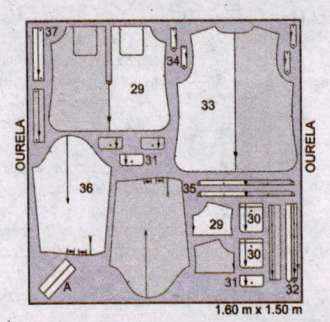

FOLHA L
SUGESTÃO DE TECIDO: tricoline.
METRAGEM: 1,60 m x 1,50 m.
AVIAMENTOS: onze botões de pressão de 1,2 cm; 20 cm de entretela.
COMO CORTAR: distribua as peças no tecido, observando a planilha de corte. Camisa com 75 cm de comprimento.
PEÇAS: 29. FRENTE: separe a peça na linha marcada. Corte a pala duas vezes. Corte o trecho inferior uma vez com o tecido dobrado na linha do centro. 30. BOLSO. 36. MANGA: corte as peças duas vezes. 31. ABA. 34. ALÇA: corte as peças quatro vezes no tecido e duas vezes na entretela. 32. CARCELA. 37. PUNHO: corte cada peça duas vezes no tecido e na entretela, sendo a carcela do lado esquerdo dobrada com os pespontos até a linha marcada. 33. COSTAS uma vez com o tecido dobrado na linha do centro. 35. GOLA: corte duas vezes com o tecido e uma vez com a entretela dobrados na linha do centro. A. ACABAMENTO DA ABERTURA: 22 cm x 4 cm, duas vezes.

MONTAGEM:
• Vire as bainhas superiores dos bolsos para o avesso, embainhe a borda e prenda com pespontos. Embainhe as bordas laterais e inferiores dos bolsos. Aplique os bolsos nos lugares indicados nas peças da frente com pespontos duplos pelas bordas laterais e inferiores.
• Una as abas e as peças das alças, duas a duas, direito sobre direito, com uma costura pelas bordas externas, deixando livres as bordas de montagem. Revire as abas e alças. Faça pespontos duplos nas bordas costuradas.
• Costure as palas nas bordas superiores da frente, prendendo as abas. Vire as folgas das costuras sobre o avesso das palas e prenda com pespontos duplos.
• Vinque a carcela maior (lado direito), direito sobre direito. Una as bordas do trecho inferior de aplicação da carcela com uma costura. Revire a carcela, avesso sobre avesso.
• Costure o direito das bordas das partes internas das carcelas sobre o avesso da frente. Vinque as carcelas, avesso sobre avesso.
• Embainhe as bordas da parte externa da carcela menor sobre o direito da costura de montagem, bata a ferro e prenda com pespontos duplos.
• Costure as bordas inferiores da carcela menor pelo avesso da borda inferior da abertura.
• Embainhe a borda da parte externa da carcela maior sobre o direito da costura de montagem, bata a ferro e prenda com pespontos duplos.
• Faça o traspasse da carcela maior sobre a carcela menor. Prenda o trecho inferior de aplicação da carcela com pespontos duplos pelas bordas.
• Junte frente e costas com uma costura pelos ombros e laterais.
• Alinhave as alças dos ombros nas cavas.
• Una as peças da gola, direito sobre direito, com uma costura pelas bordas, deixando livres as bordas de decote. Revire a gola.
• Costure o direito da borda da parte interna da gola pelo avesso do decote. Embainhe a borda da parte externa da gola no direito do decote, bata a ferro e prenda com pespontos duplos. Pesponte rente às bordas laterais e superior da gola.
• Arremate as aberturas das mangas com as tiras dos acabamentos.
• Vinque as pregas das mangas, direito sobre direito, na direção das setas. Bata as pregas a ferro e prenda com alinhavos.
• Feche as laterais das mangas. Monte as mangas nas cavas.
• Monte os punhos nas mangas, conforme as explicações de Dicas de Costura.
• Faça as bainhas inferiores.
• Prenda as pressões.

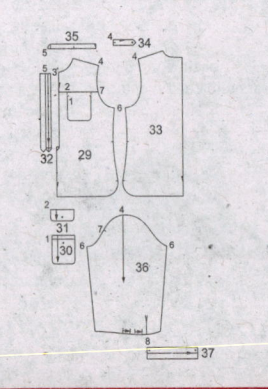

MOLDE 002

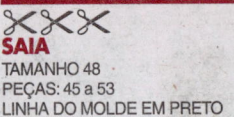

SAIA 
TAMANHO 48
PEÇAS: 45 a 53
LINHA DO MOLDE EM PRETO

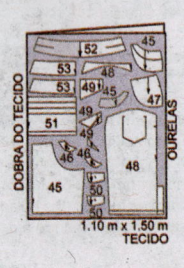

FOLHA N
SUGESTÃO DE TECIDO: jeans stretch índigo com avesso marrom.
METRAGEM: 1,10 m x 1,50 m. Molde para tecido com 20% de alongamento (veja em Dicas de Costura como calcular o alongamento).
AVIAMENTOS: um zíper metálico de 18 cm; cinco botões de 2 cm; 20 cm de entretela.
COMO CORTAR: distribua as peças no tecido, observando a planilha de corte. Saia com 64 cm de comprimento.
PEÇAS: 45. FRENTE. 47. BOLSO MAIOR DA FRENTE: 48. COSTAS. 49. BOLSO DAS COSTAS: copie o acabamento da abertura da frente. Separe a frente, o bolso das costas e a peça das costas nas linhas marcadas. Corte todas as peças duas vezes. 46. ABA DA FRENTE. 50. ABA DAS COSTAS: corte as peças quatro vezes. 51. BARRA DA FRENTE: corte uma vez com o tecido dobrado na linha do centro. 52. CÓS DA FRENTE: corte duas vezes com o tecido e uma vez com a entretela dobrados na linha do centro. 53. CÓS DAS COSTAS: corte quatro vezes com o tecido e duas vezes com a entretela.

MONTAGEM:
• Una as abas, duas a duas, direito sobre direito, com uma costura pelas bordas, deixando livres as bordas de montagem. Revire as abas. Pesponte a 0,7 cm das bordas costuradas.
• Faça as costuras de união das peças cortadas dos bolsos das costas. Pesponte rente às costuras, prendendo as folgas no avesso.
• Costure o direito dos acabamentos pelo direito das bordas das aberturas dos bolsos menores da frente e dos bolsos das costas, prendendo as abas. Vire os acabamentos para o avesso. Pesponte a 0,7 cm das bordas das aberturas.
• Prenda o avesso do bolso menor pelo direito do bolso maior, coincidindo a numeração de montagem.
• Embainhe as bordas de montagem dos bolsos nas peças da frente. Aplique o direito das bordas embainhadas da frente com pespontos duplos sobre o direito das bordas inferiores dos bolsos.
• Para fazer as preguinhas da barra da frente, vinque a peça nas linhas marcadas, avesso sobre avesso. Pesponte, pelo direito, a 0,4 cm das bordas vincadas.
• Prenda a barra com uma costura pelo direito da borda inferior da frente.
• Feche as pences das costas. Pesponte rente às costuras das pences.
• Embainhe as bordas laterais e inferiores dos bolsos. Aplique os bolsos nos lugares marcados nas peças da frente com pespontos duplos pelas bordas laterais e inferiores.
• Prenda as palas nas bordas superiores das costas. Vire as folgas sobre o avesso das costas e prenda com pespontos duplos.
• Faça as costuras do centro da frente e das costas, deixando livres as aberturas superiores e inferiores das costas.
• Junte frente e costas com uma costura pelas laterais, prendendo as peças externas e internas, separadamente.
• Junte as peças externas e internas do cós, direito sobre direito, com uma costura pelas bordas superiores.
• Faça uma bainha presa com pespontos na borda da parte interna do cós. Costure o direito da parte externa do cós pelo direito das bordas superiores da frente e das costas.
• Prenda o direito das bordas da abertura superior pelo direito das folgas do zíper. Costure o direito das bordas da parte interna do cós pelo avesso das folgas do zíper. Revire o cós, avesso sobre avesso. Pesponte, pelo direito, rente às bordas superior e inferior do cós, prendendo a borda da parte interna o avesso. Em seguida, pesponte a 0,7 cm das bordas da abertura superior das costas.
• Embainhe a borda do traspasse interno da abertura inferior para o avesso e prenda com pespontos.
• Vinque o acabamento do traspasse externo para o avesso, embainhe a borda e prenda com pespontos.
• Faça a bainha inferior.

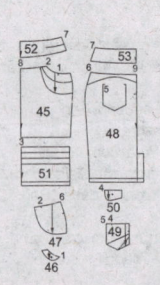

MOLDE 003

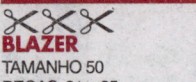

BLAZER 
TAMANHO 50
PEÇAS: 31 a 35
LINHA DO MOLDE EM VERDE

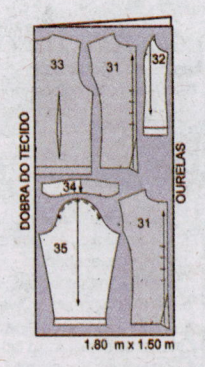

FOLHA M
SUGESTÃO DE TECIDO: viscose mista.
METRAGEM: 1,80 m x 1,50 m.
AVIAMENTOS: Quatro botões forrados de 2 cm; 10 cm de entretela.
COMO CORTAR: distribua as peças no tecido, observando a planilha de corte. Blazer com 72 cm de comprimento.
PEÇAS: 31. FRENTE CENTRAL: corte quatro vezes. 32. FRENTE LATERAL. 35. MANGA: corte as peças duas vezes. 33. COSTAS: corte uma vez com o tecido dobrado na linha do centro. 34. GOLA: corte duas vezes com o tecido e uma vez com a entretela dobrados na linha do centro.

MONTAGEM:
• Feche as pences.
• Costure as peças laterais da frente na peça das costas.
• Faça uma bainha fina presa com pespontos nas bordas internas da frente interna.
• Una a frente central, duas a duas, direito sobre direito, com uma costura pelas bordas dos traspasses. Revire as peças, avesso sobre avesso. Vinque o trecho da aba inferior da frente para o direito da peça externa, coincidindo o número 6 de montagem. Alinhave a aba pelo direito da borda inferior peça externa.
• Prossiga com a costura de união das peças da frente, direito sobre direito, pelas bordas inferiores, prendendo a aba.
• Junte frente e costas com uma costura pelos ombros, sem prender a frente central interna.
• Una as peças da gola, direito sobre direito. Costure as bordas superiores e laterais. Revire a gola. Costure o direito da borda da parte externa da gola pelo direito do decote.
• Faça um pique na borda da parte interna da gola, na direção dos ombros.
• Vire a frente central interna para o direito, sobre a gola, e prenda com uma costura no decote. Revire a frente interna para o avesso e prenda com uma costura sobre as folgas dos ombros.
• Embainhe a borda da parte interna da gola no avesso do decote, bata a ferro e prenda com pespontos rentes.
• Costure as bordas das peças externas e internas centrais da frente nas peças laterais da frente, prendendo o direito da borda da bainha inferior pelo avesso da costura. Revire a bainha inferior para o avesso.
• Embeba as bordas superiores das mangas no trecho marcado. Feche as laterais das mangas. Monte as mangas nas cavas.
• Vire as bainhas das mangas para o avesso. Bata a ferro.
• Prenda as bainhas das mangas e a borda inferior com pontos à mão.
• Abra as casas e pregue os botões.

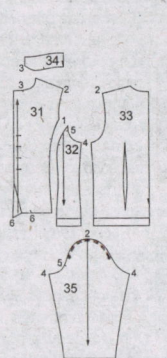

MOLDE 004

CALÇA
TAMANHO 54
PEÇAS: 29 a 33
LINHA DO MOLDE EM VERMELHO

FOLHA A
SUGESTÃO DE TECIDO: jeans stretch.
METRAGEM: 1,70 m x 1,50 m. Molde para tecido com 20% de alongamento (veja em Dicas de Costura como calcular o alongamento).
AVIAMENTOS: um zíper metálico de 18 cm; dois botões de 2 cm; linha para pesponto; rebites.
COMO CORTAR: copie o bolsinho e o acabamento da falsa abertura. Distribua as peças no tecido, observando a planilha de corte. Calça com 1,10 m de comprimento e 35 cm de altura de gancho.
PEÇAS: 29. FRENTE. 30. FALSO FUNDO DO BOLSO. 31. BOLSO DAS COSTAS. 32. COSTAS: separe a pala das costas na linha marcada. Corte todas as peças duas vezes. 33. CÓS: corte uma vez com o tecido dobrado na linha do centro, sendo a borda do lado esquerdo da frente somente até a linha marcada. A. BRAGUILHA: 21 cm x 13 cm, uma vez. B. ACABAMENTO: 20 cm x 6 cm, uma vez. C. PRESILHA: 40 cm x 4,5 cm, uma vez.

MONTAGEM:
• Costure o direito dos acabamentos pelo direito das bordas das falsas aberturas dos bolsos. Vire os acabamentos para o avesso da frente.
• Embainhe as bordas laterais e superior do bolsinho. Prenda a bainha superior do bolso com pespontos duplos. Prenda o bolsinho no lugar marcado no espelho do lado direito da frente com pespontos duplos pelas bordas laterais.
• Aplique o direito do falso bolso com alinhavos pelo avesso da frente. Faça pespontos duplos pelo direito, contornando a borda da falsa abertura.
• Vire a bainha superior do bolso das costas para o avesso. Bata a ferro. Prenda a bainha com pespontos.
• Embainhe as bordas laterais e inferiores dos bolsos. Aplique os bolsos nos lugares indicados nas peças das costas com pespontos duplos pelas bordas laterais e inferiores.
• Costure as palas nas bordas superiores das costas. Vire as folgas da costura sobre o avesso das palas e prenda com pespontos duplos.
• Una as peças da frente e das costas, separadamente, com uma costura pelo centro, deixando livre a abertura superior da frente.
• Monte o zíper com braguilha na abertura superior da frente, de acordo com Dicas de Costura.
• Vire as folgas das costuras centrais da frente e das costas sobre o avesso das peças do lado esquerdo. Prenda as folgas com pespontos duplos.
• Junte frente e costas com uma costura pelas laterais. Feche as entrepernas.
• Prepare cinco presilhas. Alinhave as pontas das presilhas pelo direito dos lugares marcados nas bordas superiores da frente e das costas.
• Monte o cós curvo na borda superior, de acordo com Dicas de Costura, prendendo as pontas inferiores das presilhas. Vire as presilhas para cima, dobre as pontas para o avesso e prenda com pespontos na borda superior do cós.
• Faça as bainhas inferiores.
• Aplique os rebites nos lugares indicados. Abra a casa no cós e pregue o botão.

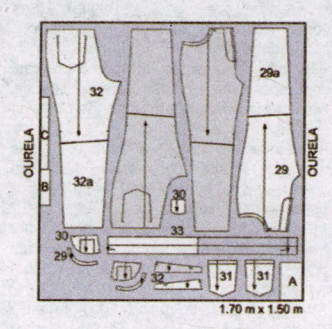

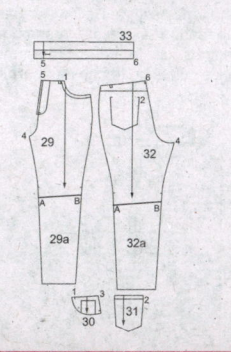

MOLDE 005

VESTIDO
TAMANHO 56
PEÇAS: 38 à 43
LINHA DO MOLDE EM VERDE

FOLHA I
SUGESTÃO DE TECIDO: malha poliéster resinada. FORRO: helanca.
METRAGEM: Tecido – 1,90 m x 1,50 m. Forro – 1,30 m x 1,60 m. Molde para tecido com 60% de alongamento na direção horizontal e 30% na direção vertical (veja em Dicas de Costura como calcular o alongamento).
AVIAMENTOS: um zíper invisível de 60 cm; linha para malha e agulha ponta bola.
COMO CORTAR: copie o acabamento do decote das costas. Distribua as peças no tecido e no forro, observando as planilhas de corte. Vestido com 1,10 m de comprimento.
PEÇAS: 38. FRENTE SUPERIOR CENTRAL: corte quatro vezes no tecido. 39. FRENTE SUPERIOR LATERAL. 43. MANGA: corte as peças duas vezes no tecido. 40. CÓS DA FRENTE: corte duas vezes no tecido, formando peças inteiras. 41. FRENTE INFERIOR: corte uma vez no tecido e no forro, formando peças inteiras. 42. COSTAS: corte duas vezes no tecido e no forro. A. VIVO SUPERIOR DA FRENTE: 50 cm x 3 cm, duas vezes no forro. B. VIVO DO CÓS: 55 cm x 3 cm, duas vezes no forro.

MONTAGEM:
• Una as peças centrais externas e internas, direito sobre direito, com uma costura pelas bordas do decote e da abertura superior da frente.
• Revire um dos lados da frente superior central, avesso sobre avesso. Introduza as bordas das peças do outro lado. Una os dois lados da frente central com uma costura pelo centro. Revire a frente, avesso sobre avesso.
• Costure o avesso das bordas da frente lateral nas bordas da frente central.
• Vinque as tiras dos vivos da frente ao meio no comprimento, avesso sobre avesso. Costure as bordas do vivo sobre o direito da costura de união das peças centrais e laterais da frente. Dobre os vivos ao meio, sobre as folgas e prenda as bordas vincadas com pespontos, arrematando a primeira costura.
• Alinhave o avesso do forro pelo avesso da borda superior da frente inferior externa.
• Una as peças do cós da frente, avesso sobre avesso. Prenda as bordas do cós pelo avesso das bordas das peças superiores e inferiores da frente de tecido e de forro.
• Pelo direito, arremate as folgas das costuras de montagem do cós, prendendo os vivos, de acordo com a montagem dos vivos na frente superior.
• Una as peças das costas de tecido e forro, separadamente, com uma costura pelo centro, deixando livre a abertura superior.
• Embainhe as bordas inferiores dos acabamentos do decote. Aplique o avesso dos acabamentos pelo direito do forro com pespontos rentes às bordas embainhadas.
• Junte as peças externas e internas superiores das costas, direito sobre direito. Costure o decote.
• Introduza os ombros da frente entre as bordas dos ombros das costas e costure. Revire as costas, avesso sobre avesso.
• Junte frente e costas com uma costura pelas laterais, prendendo o direito das bordas do forro das costas sobre o avesso das costuras.
• Monte o zíper invisível na abertura superior das costas, de acordo com Dicas de Costura. Prenda o direito das bordas do forro pelo avesso das folgas da montagem do zíper.
• Torne a revirar o forro para o avesso das costas.
• Feche as laterais das mangas. Monte as mangas nas cavas.
• Faça as bainhas inferiores e das mangas.

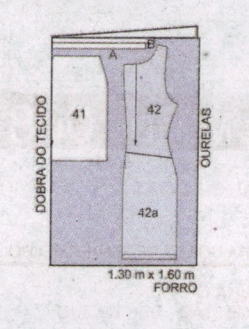

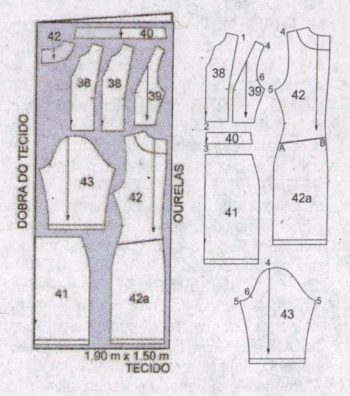

observando as planilhas de corte. Blusa com 70 cm de comprimento.
PEÇAS: 4. FRENTE. 5. COSTAS. 7. PARTE SUPERIOR DA MANGA. 8. PARTE INFERIOR DA MANGA: corte as peças duas vezes no tecido e no forro. 6. GOLA: para a parte interna corte uma vez com o tecido e a entretela dobrada na linha do centro. Para a parte externa, corte a peça duas vezes. 9. ACABAMENTO DA MANGA: corte duas vezes no tecido.

MONTAGEM:
• Faça a costura de união das peças das costas de tecido e de forro, separadamente. Torne a unir o forro com uma costura somente até o trecho marcado, formando uma prega.
• Costure o forro nas bordas internas dos acabamentos da frente e das costas.
• Junte frente e costas das peças externas e internas, separadamente, com uma costura pelos ombros e, com outra costura, pelas laterais. Feche a abertura lateral do forro.
• Faça a costura do centro das costas da parte externa da gola, unindo as peças. Una as peças externa e interna da gola, direito sobre direito. Una as bordas superiores e laterais com uma costura. Revire a gola, avesso sobre avesso. Alinhave as bordas da gola pelo direito do decote externo.
• Faça as costuras de união das peças das mangas, coincidindo os números de junção, sem fechar a abertura inferior.
• Feche as laterais dos acabamentos das mangas, deixando livres as aberturas.
• Costure o direito dos acabamentos pelo direito das mangas, contornando as bordas da abertura. Revire os acabamentos para o avesso. Pesponte a 0,7 cm das bordas das aberturas.
• Embeba as bordas superiores das mangas. Monte as mangas nas cavas externas e internas, separadamente.
• Prenda as ombreiras nas folgas das costuras dos ombros.
• Junte as peças externas e internas, direito sobre direito, com uma costura pelas bordas externas, prendendo a gola no decote e as folgas do zíper no centro da frente, de acordo com as marcações.
• Revire as peças, avesso sobre avesso. Feche a abertura lateral do forro.
• Pesponte a 0,7 cm das bordas externas.

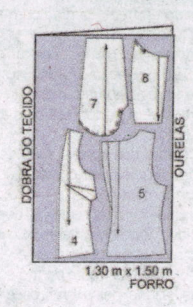

MOLDE 006

CASACO
TAMANHO 52
PEÇAS: 4 a 9
LINHA DO MOLDE EM VERDE

FOLHA P
SUGESTÃO DE TECIDO: sarja stretch. FORRO: tafetá.
METRAGEM: Tecido – 2,00 m x 1,40 m. Forro – 1,30 m x 1,50 m. Molde para tecido com 20% de alongamento (veja em Dicas de Costura como calcular o alongamento).
AVIAMENTOS: um zíper destacável de 30 cm; 10 cm de entretela; um par de ombreiras
COMO CORTAR: copie os acabamentos. Distribua as peças no tecido e no forro,

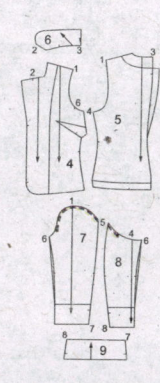

MOLDE 007

VESTIDO
TAMANHO 48
PEÇAS: 51 A 62
LINHA DO MOLDE EM AZUL

FOLHA I
Margem de costura de 1,00 cm incluída no molde.
Comprimento a partir da cintura: 54 cm

Lista de materiais:
Tecido sugerido: 0,50 m de sarja na cor 1 + 0,80 m de sarja na cor 2 + 0,70 m de sarja na cor 3 +1,10 m de tecido para forro (tecidos com 1,40 m de largura)
Linhas (reta e fio overloque)
1 zíper invisível com 60 cm
Linha para pesponto

Peças e corte:
51: pala central da frente. Cortar 1 par
52: frente superior central. Cortar 1 vez com tecido dobrado
53: frente inferior central. Cortar 1 vez com tecido dobrado
54: pala lateral da frente. Cortar 1 par
55: frente superior lateral. Cortar 1 par
56: frente intermediária lateral. Cortar 1 par
57: frente inferior lateral. Cortar 1 par
58a, 58b: forro frente central. Cortar 1 vez com tecido dobrado
59a, 59b: forro frente lateral. Cortar 1 par
60: costas superior. Cortar 1 par no tecido + 1 par no forro
61: costas inferior central. Cortar 1 par no tecido + 1 par no forro
62: costas inferior lateral. Cortar 1 par no tecido + 1 par no forro

Passo a passo:
• Junte a pala da frente, centro e lateral (51 e 54). Pesponte e reserve.
• Junte a frente superior central com a lateral (52 e 55). Pesponte.
• Junte a pala com a frente superior e reserve.
• Junte a frente lateral intermediária com a inferior (56 e 57). Pesponte.
• Junte a frente inferior central (53) com a lateral. Pesponte.
• Junte a frente superior com a inferior pela cintura. Pesponte e reserve.
• Junte o forro da frente central com a lateral (58 e 59). Reserve.
• Junte a frente inferior central com a lateral (61 e 62). Repita o processo com os respectivos forros, separadamente.
• Junte as costas superior (60) com a inferior. Faça o mesmo com o forro.
• Feche o centro das costas, mas deixe livre o trecho do zíper. Repita o processo com o forro, separadamente.
• Prenda o zíper invisível no centro das costas.
• Junte tecido e forro das costas pelo decote e cavas. Faça o mesmo com a frente.
• Coloque o direito da frente dentro do avesso das costas, alinhe pelos ombros e costure. Revire e observe o acabamento embutido.
• Junte a frente com as costas pelas laterais. Tecido com tecido e forro com forro. Aproveite para embutir as bordas do zíper, no centro das costas.
• Faça bainha invisível no comprimento do vestido. No forro faça bainha estreita, com uma dobra.

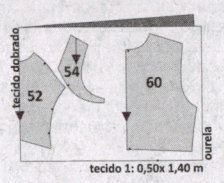

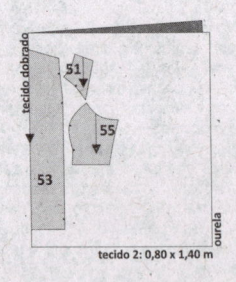

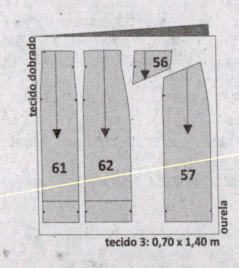

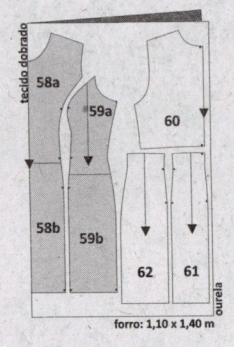

MOLDE 008

TRENCH-COAT
TAMANHO 54
PEÇAS: 7 a 14
LINHA DO MOLDE EM VERMELHO

FOLHA O
SUGESTÃO DE TECIDO: microfibra. FORRO: cetim.
METRAGEM: Tecido – 2,60 m x 1,50 m. Forro – 1,80 m x 1,50 m.
AVIAMENTOS: sete botões de 2,3 cm; 50 cm de entretela; um par de ombreiras.
COMO CORTAR: copie o fundo do bolso. Distribua as peças no tecido e no forro, observando as planilhas de corte. Trench-coat com 88 cm de comprimento.
PEÇAS: 7. FRENTE CENTRAL: corte duas vezes no tecido e na entretela, para o acabamento. Separe a pala na linha marcada. Corte a pala e o trecho inferior duas vezes no tecido. 8. FRENTE LATERAL. 10. COSTAS LATERAIS. 12. MANGA: separe a manga na linha marcada. Corte as peças duas vezes no tecido e no forro. 9. COSTAS CENTRAIS: corte duas vezes no forro. Separe a peça na linha marcada. Corte a pala superior e o trecho inferior da peça uma vez com o tecido dobrado na linha do centro. 11. GOLA: corte duas vezes com o tecido e uma vez com a entretela dobrados na linha do centro. 13. ALÇA DA MANGA: corte duas vezes no tecido, no forro e na entretela. 14. BITOLA PARA A FAIXA: copie e reserve a peça. A. ABA: 17 cm x 8 cm, duas vezes no tecido e na entretela. B. PRESILHA DA CINTURA: 8,5 cm x 3 cm, duas vezes. C. PRESILHA DA MANGA: 6 cm x 3 cm, quatro vezes. D. FAIXA: 1,11 m x 8 cm, duas vezes no tecido, na entretela e no forro. Acerte as bordas menores da faixa, de acordo com o contorno da bitola.

MONTAGEM:
• Costure as palas nas bordas superiores da frente e das costas externas.
• Faça a costura central das costas de forro. Torne a unir o forro com outra costura, até os trechos marcados nas bordas superiores e inferiores, formando uma prega. Bata a prega a ferro, virando a folga sobre o avesso de um dos lados das costas.
• Costure as costas laterais nas costas centrais externas e internas, separadamente.
• Junte frente e costas externas e internas, separadamente, pelas bordas laterais. Deixe uma abertura em uma das costuras laterais do forro.
• Una as peças centrais externas e internas da frente, direito sobre direito, com uma costura pelas bordas dos traspasses e pelas bordas inferiores.
• Prenda o forro na borda da bainha inferior do tecido. Bata a costura a ferro, vincando uma prega na borda inferior do forro sobre a bainha inferior do tecido.
• Vinque as abas ao meio no comprimento, direito sobre direito. Una as bordas menores com uma costura. Revire as abas.
• Prenda as peças laterais nas peças centrais da frente externa, montando o bolso colete no trecho da abertura.

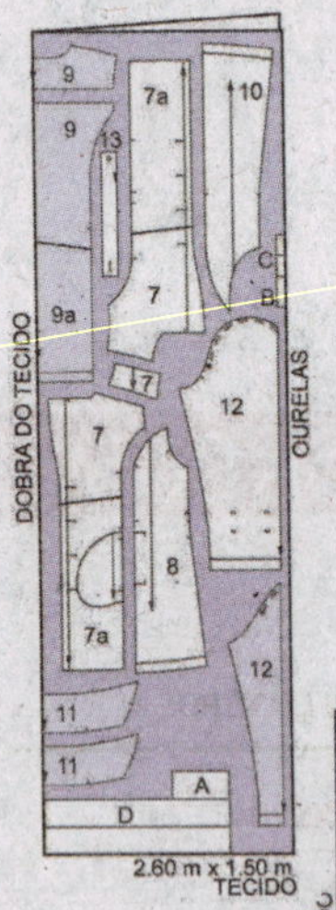

MOLDE 009

SAIA
TAMANHO 48/50/52
PEÇAS: 36 e 37
LINHA DO MOLDE EM VERDE
TAM. 48
TAM. 50
TAM. 52

FOLHA H
SUGESTÃO DE TECIDO: liganete. FORRO: crepe de malha.
METRAGEM: Tecido – 1,80 m (tam. 48) e 2,10 m (tam. 50/52) x 1,60 m. Forro – 0,90 m (tam. 48) e 1,50 m x 1,60 m. Molde para tecido com 100% de alongamento na direção horizontal e 80% na direção vertical (veja em Dicas de Costura como calcular o alongamento).
AVIAMENTOS: 80 cm (tam. 48/50) e 90 cm (tam. 52) x 2,5 cm de elástico; 90 cm (tam. 48) e 1,00 m (tam.50/52) x 1 cm de elástico linha para malha e agulha ponta bola.
COMO CORTAR: distribua as peças no tecido e no forro, observando as planilhas de corte. Saia com 1,02 m de comprimento.
PEÇAS: 36. FRENTE E COSTAS (EXTERNAS E INTERNAS): corte as peças duas vezes com o tecido (externas) e o forro (internas) dobrados na linha do centro. 37. PALA: corte duas vezes como tecido dobrado na linha do centro.

MONTAGEM:
• Junte frente e costas de todas as peças com uma costura pelas laterais.
• Franza as bordas superiores do tecido e do forro, o suficiente para a montagem na pala.
• Vinque a pala, avesso sobre avesso. Una as bordas inferiores das palas com uma costura, deixando uma abertura. Revire a pala.
• Introduza uma tira de elástico de 78 cm (tam. 48), 82 cm (tam. 50) e 86 cm (tam. 52) de 2,5 cm na pala. Una as pontas do elástico com uma costura.
• Costure as bordas da pala pelo direito da borda superior do tecido, prendendo a borda franzida do forro pelo avesso da costura.
• Costure uma tira de elástico de 81 cm (tam. 48), 85 cm (tam. 50) e 89 cm (tam. 52) de elástico de 1 cm sobre as folgas da costura de montagem do cós, esticando o elástico o quanto for necessário.
• Faça as bainhas inferiores.

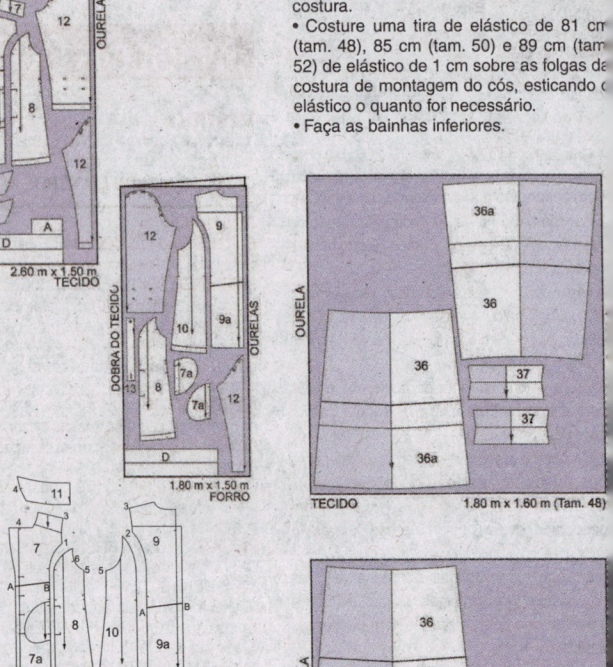

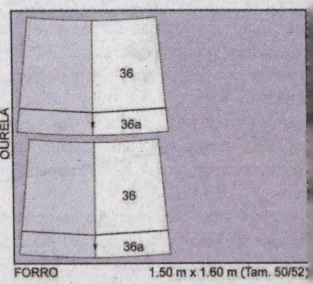

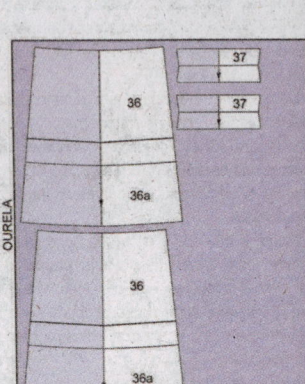

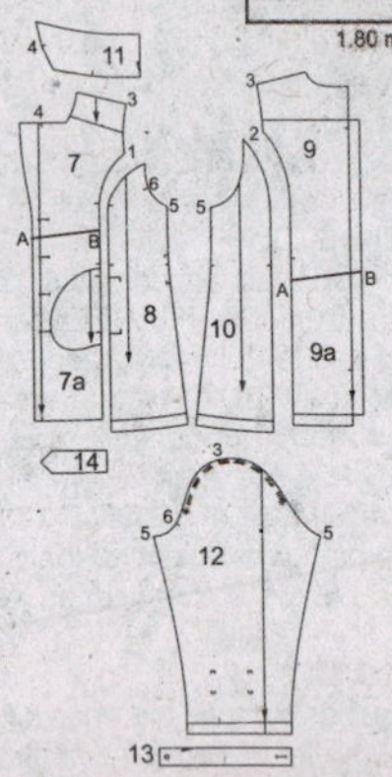

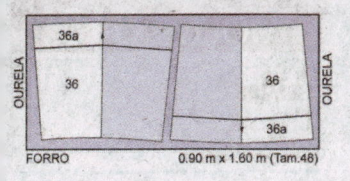

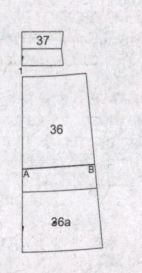

MOLDE 010

✂️
JAQUETA
TAMANHO 50
PEÇAS: 15 a 27
LINHA DO MOLDE EM PRETO

FOLHA O
SUGESTÃO DE TECIDO: couro sintético.
FORRO: cetim.
METRAGEM: Tecido – 1,90 m x 1,50 m. Forro – 1,30 m x 1,50 m.
AVIAMENTOS: um zíper destacável de 55 cm; dois zíperes metálicos de 15 cm; dois botões de pressão de 1,5 cm.
COMO CORTAR: distribua as peças no couro e no forro, observando as planilhas de corte. Veja como trabalhar com couro no modelo 352. Jaqueta com 69 cm de comprimento.
PEÇAS: 15. FRENTE CENTRAL: corte quatro vezes, sendo duas peças para acabamento. 16. FRENTE LATERAL. 19. COSTAS LATERAIS: corte as peças duas vezes no couro e no forro. 17. FUNDO DO BOLSO: corte duas vezes no forro. Separe a peça na linha marcada. Corte o trecho menor duas vezes no couro e o trecho maior duas vezes no forro. 18. COSTAS CENTRAIS: corte uma vez no couro, revirando o molde na linha do centro. Para a parte interna, corte a peça duas vezes no forro. 20. PALA (FRENTE E COSTAS). 21. GOLA: corte as peças duas vezes no couro, revirando o molde na linha do centro. 22. PARTE CENTRAL DA MANGA EXTERNA. 23. FRENTE DA MANGA EXTERNA. 24. COSTAS DA MANGA EXTERNA. 26. PUNHO: corte as peças duas vezes no couro. 25. MANGA INTERNA: corte duas vezes no forro. 27. CÓS: para a frente, corte duas vezes. Para as costas, corte uma vez no couro, revirando o molde na linha do centro A. ACABAMENTO DA ABERTURA: 19 cm x 5 cm, duas vezes.
MONTAGEM:
• Costure as peças centrais nas peças laterais da frente e das costas. Vire as folgas das costuras sobre o avesso das peças centrais e prenda com pespontos duplos.
• Prepare um dos fundos de cada bolso, da seguinte maneira: Una as peças de couro de forro com uma costura na linha de corte.
• Prenda o direito das tiras dos acabamentos pelo direito das peças da frente, com uma costura contornando as marcações das aberturas. Corte as aberturas. Revire os acabamentos para o avesso, introduzindo-as pela abertura.
• Monte os bolsos embutidos nas peças da frente, prendendo os zíperes nas aberturas.
• Una as peças centrais de forro das costas com uma costura contornando as bordas. Torne a unir as peças de forro das costas nos trechos marcados nas bordas superiores e inferiores, formando uma prega. Alinhave os fundos das pregas nas bordas superiores das peças.
• Costure as palas nas bordas superiores da frente e das costas, prendendo as peças externas e internas, separadamente.
• Junte frente e costas externas e internas, separadamente, com uma costura pelas laterais. Deixe uma abertura em uma das costuras laterais do forro.
• Prenda o forro nas bordas internas dos acabamentos da frente.
• Faça as costuras de união das peças das mangas externas, coincidindo a numeração de montagem, sem fechar a abertura inferior. Faça pespontos duplos sobre as costuras, prendendo as folgas no avesso.
• Feche as laterais das mangas externas e de forro, separadamente.
• Embeba as bordas superiores das mangas no trecho marcado.
• Junte tecido e forro das mangas, direito sobre direito, com uma costura pelas bordas da abertura. Revire as peças. Monte as mangas nas cavas externas e internas, separadamente.
• Una as peças da gola, direito sobre direito, com uma costura pelas bordas do decote. Costure a gola nas peças externas e internas, separadamente.
• Junte frente e costas do cós com uma costura pelas laterais. Prenda o cós nas bordas inferiores das peças externas e internas, separadamente.
• Junte as peças externas e internas, direito sobre direito, com uma costura pelas bordas do centro da frente, prendendo as folgas do zíper. Revire as peças, avesso sobre avesso, vincando o cós. Faça pespontos duplos nas costuras de montagem da gola e do cós.
• Monte os punhos nas bordas inferiores das mangas, de acordo com Dicas de Costura.
• Prenda as pressões nos punhos.

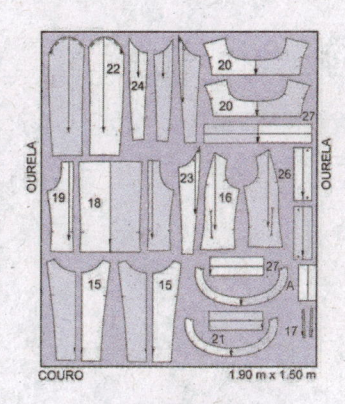

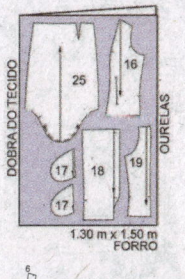

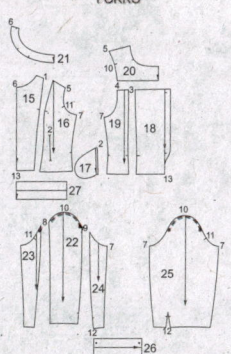

MOLDE 011

✂️
VESTIDO 
TAMANHO 48/52/56
PEÇAS: 1 a 5
LINHA DO MOLDE EM AZUL
TAM. 48
TAM. 52
TAM. 56
FOLHA H
SUGESTÃO DE TECIDO: malha
METRAGEM: 1,90 m (tam. 48/52) e 2,10 m (tam. 56) x 1,50 m. Molde para tecido com 80% de alongamento na direção horizontal e 50% na direção vertical (veja em Dicas de Costura como calcular o alongamento).
AVIAMENTOS: linha para malha e agulha ponta bola; chatons.
COMO CORTAR: copie as peças de acordo com o tamanho escolhido. Copie o bolso e corte-o no tecido. Distribua as peças no tecido, observando a planilha de corte. Vestido com 43 cm de comprimento, a partir da saia.
PEÇAS: 1. FRENTE SUPERIOR. 2. COSTAS SUPERIORES: corte as peças urna vez com o tecido dobrado na linha do centro. 3. MANGA. 4 ALÇA DA MANGA: corte as peças duas vezes. 5. FRENTE E COSTAS INFERIORES: corte duas vezes com o tecido dobrado na linha do centro. A. ACABAMENTO DO DECOTE: 74 cm x 3 cm, uma vez. B. ALÇA DA CINTURA: 1,80 m x 3 cm, uma vez com emenda.
MONTAGEM:
• Vire a bainha superior do bolso para o avesso e prenda com pespontos duplos. Embainhe as bordas laterais e inferior do bolso. Prenda o bolso no lugar indicado no lado esquerdo da frente com pespontos rentes às bordas laterais e inferiores.
• Feche um dos ombros, unindo frente e costas superiores.
• Vinque a tira de acabamento do decote ao meio no comprimento, avesso sobre avesso. Costure as bordas do acabamento pelo avesso do decote. Dobre o acabamento ao meio para o direito do decote e prenda com pespontos duplos.
• Feche o outro ombro.
• Monte as mangas nas cavas. Junte frente e costas superiores com uma costura pelas laterais, a partir das bordas inferiores das mangas.
• Feche as laterais das peças inferiores. Junte as peças superiores e inferiores com uma costura, deixando uma abertura no lugar marcado no lado esquerdo das costuras. Apare as folgas das peças inferiores, rente à costura de união das peças superiores e inferiores.
• Vire a folgas das peças superiores sobre o avesso das peças inferiores e prenda com pespontos, formando um passador. Deixe uma abertura.
• Emende as tiras da alça, formando uma tira inteira. Prepare a alça da cintura e introduza no passador.
• Una as alças, duas a duas, direito sobre direito. Costure as bordas laterais e inferiores. Revire as alças. Aplique os chatons no bolso e nas alças.
• Faça as bainhas, prendendo as alças nos lugares marcados nas mangas.

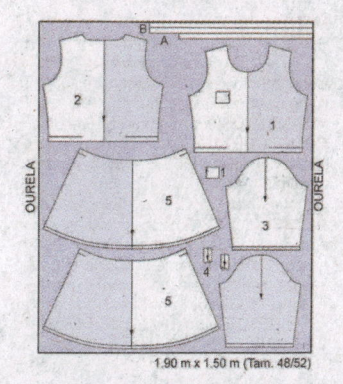

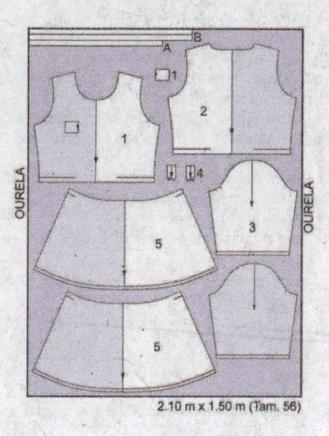

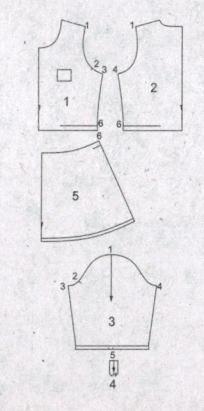

MOLDE 012

✂️
CAMISA 
TAMANHO 50
PEÇAS: 39 a 46
LINHA DO MOLDE EM VERMELHO

FOLHA H
SUGESTÃO DE TECIDO: chifon (estampado) e malha (lisa).
METRAGEM: Estampado – 1,10 m x 1,50 m. Liso – 0,90 m x 1,50 m.
AVIAMENTOS: dez botões de 1,2 cm; 20 cm de entretela.
COMO CORTAR: distribua as peças no tecido, observando a planilha de corte. Camisa com 77 cm de comprimento.
PEÇAS: 39. FRENTE CENTRAL. 40. FRENTE LATERAL. 43. COSTAS LATERAIS. 45. MANGA – Corte cada peça duas vezes. 41. CARCELA: corte duas vezes no tecido liso e na entretela. 42. COSTAS CENTRAL: corte uma vez com o tecido dobrado na linha do centro. 44. GOLA: corte duas vezes com o tecido e uma vez com a entretela dobrados na linha do centro, 46. PUNHO: corte duas vezes no tecido e na entretela. A. ACABAMENTO DA ABERTURA: 16 cm x 4 cm, duas vezes.
MONTAGEM:
• Junte as peças centrais e laterais da frente e das costas com uma costura. Vire as folgas da costura sobre o avesso das peças centrais e prenda com pespontos rentes.
• Costure o direito da borda da parte interna da carcela pelo avesso das peças da frente. Vinque as carcelas, avesso sobre avesso. Embainhe as bordas das partes externas das carcelas sobre direito da peças e prenda com pespontos rentes.
• Junte frente e costas com uma costura pelos ombros.
• Monte as mangas nas cavas.
• Feche as laterais com uma costura a partir das bordas inferiores das mangas.
• Una as peças da gola com uma costura pelas bordas superiores e laterais. Revire a gola. Costure o direito da borda da parte

interna da gola no avesso do decote. Embainhe a borda da parte externa da gola pelo direito do decote e prenda com pespontos rentes. Pesponte a 0,7 cm das bordas laterais e superior da gola.
• Arremate as aberturas inferiores das mangas prendendo as tiras dos acabamentos.
• Monte os punhos nas mangas, de acordo com Dicas de Costura.
• Faça a bainha inferior.
• Abra as casas e pregue os botões.

de montagem das peças laterais de couro. Vire as folgas das costuras sobe o avesso das costas e prenda com pespontos a 0,7 cm.
• Aplique o avesso das peças laterais de couro sobre o direito das bordas das peças da frente e das costas com pespontos a 0,7 cm das bordas do couro.
• Costure o direito dos acabamentos pelo direito do decote. Vire as folgas da costura sobre o avesso dos acabamentos e prenda com pespontos rentes.
• Faça a montagem do zíper invisível na abertura do centro das costas, de acordo com Dicas de Costura. Prenda o direito das bordas dos acabamentos pelo avesso das folgas do zíper. Revire os acabamentos para o avesso e decote e prenda as bordas com pespontos.
• Vire as bainhas das mangas para o avesso e prenda com pespontos.
• Costure as mangas pelo direito das cavas.
• Costure o direito dos acabamentos pelo direito do trecho inferior das cavas. Revire os acabamentos para o avesso, embainhe as bordas e prenda com pespontos.
• Faça a bainha inferior.

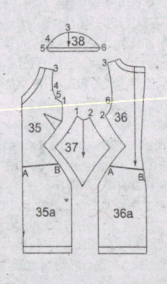

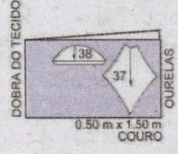

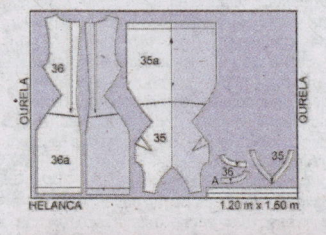

crepe e no forro. 17. COSTAS CENTRAIS: corte duas vezes na renda. Separe a peça na linha marcada. Corte o trecho inferior duas vezes no crepe e no forro. 19. MANGA: corte duas vezes na renda. A. ACABAMENTO DO DECOTE: 80 cm x 3 cm, uma vez.
MONTAGEM:
• Junte frente e costas das peças de crepe e de forro, separadamente, com uma costura pelas laterais.
• Para completar as peças centrais externas, alinhave o crepe das peças centrais da frente e das costas nas bordas laterais das peças centrais de renda.
• Prenda as peças centrais nas peças laterais da frente e das costas externas e de forro, separadamente.
• Chuleie as bordas superiores das peças, unindo-as
• Aplique as bordas superiores das peças centrais de crepe e de forro com pespontos pelo avesso dos lugares indicados na renda.
• Faça a costura central das costas das peças de crepe e de forro, separadamente, sem fechar a abertura superior.
• Feche os ombros, unindo frente e costas.
• Feche as laterais das mangas. Monte as mangas nas cavas.
• Monte o zíper invisível na abertura do centro das costas
• Costure o acabamento pelo direito do decote. Vire o acabamento para o avesso do decote, embainhe a borda e prenda com pespontos.
• Faça as bainhas.

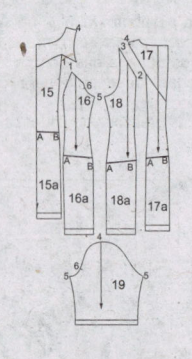

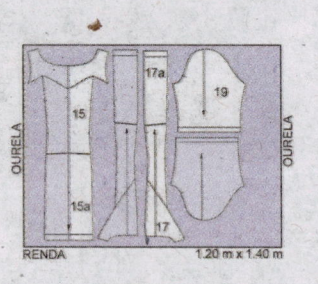

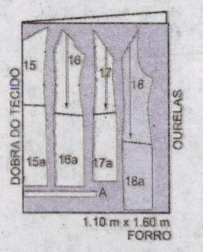

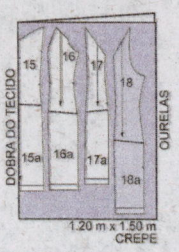

MOLDE 015

CHEMISE
TAMANHO 52
PEÇAS: 1 a 7
LINHA DO MOLDE EM AZUL

FOLHA K
SUGESTÃO DE TECIDO: cetim poliéster.
METRAGEM: 2,60 m x 1,50 m.
AVIAMENTOS: doze botões de 1,2 cm; 30 cm de entretela.
COMO CORTAR: distribua as peças no tecido, observando a planilha de corte. Vestido com 96 cm de comprimento.
PEÇAS: 1. FRENTE. 6. MANGA: corte as peças duas vezes. 2. CARCELA. 7. ALÇA: corte as peças duas vezes no tecido e na entretela. 3. COSTAS. 4. PALA (FRENTE E COSTAS): corte as peças uma vez com o tecido dobrado na linha de centro. 5. GOLA: corte duas vezes com o tecido e uma vez com a entretela dobrados na linha do centro.
MONTAGEM:
• Prenda a entretela no avesso das peças.
• Franza as bordas superiores da frente o suficiente para a montagem na pala.
• Costure a pala pelo direito das bordas superiores da frente e das costas. Bata as costuras a ferro, virando as folgas sobre o avesso da pala e prenda com pespontos a 0,7 cm.
• Junte frente e costas com uma costura pelas laterais.
• Vinque a bainha inferior para o avesso, embainhe a borda e prenda com pespontos.
• Vinque as carcelas, direito sobre direito. Una as bordas inferiores com uma costura. Revire as carcelas.
• Costure o direito das bordas internas das carcela sobre o avesso das peças da frente. Vinque as carcela, avesso sobre avesso. Embainhe as bordas das partes externas das carcelas sobre o direito da frente, bata a ferro e prenda com pespontos rentes.
• Una as peças da gola, direito sobre direito. Costure as bordas da gola, deixando livre o decote. Revire a gola.
• Prenda o direito da borda da parte interna da gola no avesso do decote. Embainhe a borda da parte externa da gola sobre o direito do decote, bata a ferro e prenda com alinhavos. Pesponte, pelo direito, rente às bordas da gola, prendendo a borda embainhada no decote.
• Vinque as alças, direito sobre direito, e una as bordas maiores com uma costura. Revire as alças. Centralize a costura. Feche as bordas inferiores. Revire as alças. Pesponte rente às bordas maiores vincadas e rentes à costura da borda inferior.
• Alinhave as bordas abertas das alças pelo direito dos lugares marcados nas bordas das mangas.
• Feche as laterais das mangas. Monte as mangas nas cavas.
• Vire as bainhas das mangas para o avesso, embainhe as bordas e prenda com pespontos.
• Abra as casas e pregue os botões.

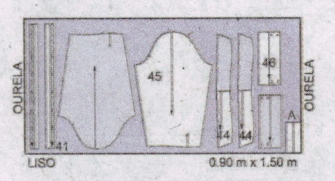

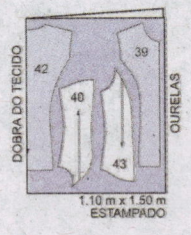

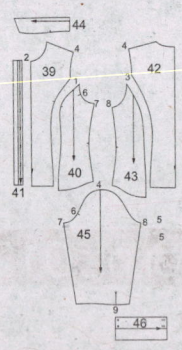

MOLDE 013

VESTIDO
TAMANHO 48
PEÇAS: 35 a 38
LINHA DO MOLDE EM VERMELHO

FOLHA M
SUGESTÃO DE TECIDO: helanca e couro sintético.
METRAGEM: Helanca – 1,20 m x 1,60 m Couro – 0,50 m x 1,50 m. Molde para malha com 50% de alongamento na direção horizontal e 40% na direção vertical (veja em Dicas de Costura como calcular o alongamento).
AVIAMENTOS: um zíper invisível de 60 cm; linha para malha e agulha ponta bola.
COMO CORTAR: distribua as peças na malha e no couro, observando as planilhas de corte. Vestido com 94 cm de comprimento.
PEÇAS: 35. FRENTE: copie o acabamento. Corte a peça e o acabamento uma vez com a malha dobrada na linha do centro. 36. COSTAS: copie o acabamento. Corte a peça e o acabamento duas vezes na malha. 37. LATERAL (FRENTE E COSTAS). 38. MANGA: corte as peças duas vezes no couro. A. ACABAMENTO DA CAVA: 55 cm x 3 cm, duas vezes.
MONTAGEM:
• Feche as pences.
• Junte frente e costas das peças e dos acabamentos, separadamente, com uma costura pelos ombros.
• Una as peças das costas com uma costura pelo centro, sem fechar a abertura superior.
• Junte frente e costas com uma costura pelas laterais, deixando livres as bordas

MOLDE 014

VESTIDO
TAMANHO 50
PEÇAS: 15 a 19
LINHA DO MOLDE EM VERMELHO

FOLHA O
SUGESTÃO DE TECIDO: crepe e renda. FORRO: helanca.
METRAGEM: Crepe – 1,20 m x 1,50 m. Renda: 1,20 m x 1,40 m. Forro – 1,10 m x 1,60 m. Molde para forro com 60% de alongamento (veja em Dicas de Costura como calcular o alongamento).
AVIAMENTOS: um zíper invisível de 55 cm;
COMO CORTAR: distribua as peças no crepe, na renda e no forro, observando as planilhas de corte. Vestido com 98 cm de comprimento.
PEÇAS: 15. FRENTE: corte uma vez com a renda dobrada na linha do centro. Separe a peça na linha marcada. Corte o trecho inferior central uma vez com o crepe e o forro dobrados na linha do centro. 16. FRENTE LATERAL. 18. COSTAS LATERAIS: corte as peças duas vezes no

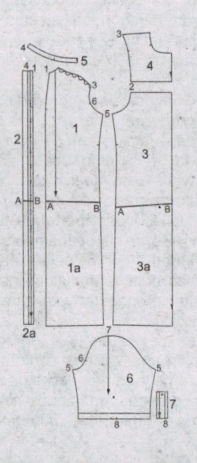

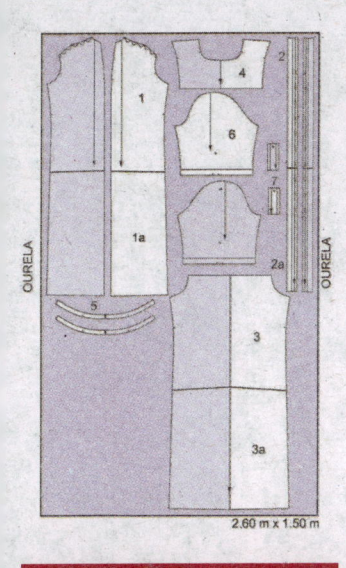

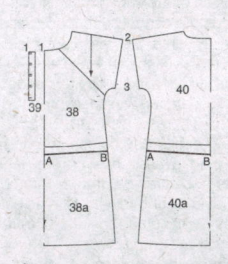

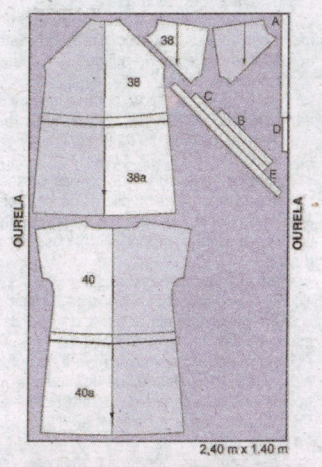

MOLDE 016

VESTIDO
TAMANHO 48/52/56
PEÇAS: 38 a 40
LINHA DO MOLDE EM VERDE
TAM. 48 ———
TAM. 52 — — —
TAM. 56 — · — ·
FOLHA 0
SUGESTÃO DE TECIDO: seda.
METRAGEM: 2,30 m (tam. 48) e 2,40 m (tam. 52/56) x 1,40 m.
AVIAMENTOS: cinco botões de 1,2 cm; 70 cm (tam. 48), 80 cm (tam. 52) e 90 cm (tam. 56) x 1 cm de elástico.
COMO CORTAR: distribua as peças no tecido, observando a planilha de corte. Vestido com 54 cm de comprimento, a partir da cintura.
PEÇAS: 38. FRENTE: separe a peça na linha indicada na borda superior. Corte a parte maior uma vez, formando uma peça inteira. Corte o trecho lateral superior duas vezes. 39. BITOLA: copie e reserve o molde. 40. COSTAS: corte uma vez com o tecido dobrado na linha do centro. A. ACABAMENTO DA MANGA: 47 cm (tam. 48), 51 cm (tam. 52) e 55 cm (tam. 56) x 3,5 cm, duas vezes. B. VIÉS DA FRENTE: 39 cm x 4 cm, duas vezes. C. ACABAMENTO DA ABERTURA: 55 cm x 4 cm, uma vez. D. ALÇA DA ABERTURA: 18 cm x 3 cm, uma vez. E. VIÉS DO DECOTE: 80 cm x 4 cm, uma vez.

MONTAGEM:
• Vinque as tiras do viés da frente ao meio no comprimento, avesso sobre avesso.
• Una os trechos menores e maior da frente com uma costura, prendendo as bordas do viés. Vire as folgas das costuras sobre o avesso das peças superiores menores e prenda com pespontos rentes.
• Faça a abertura central da frente e marque os lugares de montagem das alcinhas, de acordo as marcações da bitola.
• Prepare a tira das alcinhas em rolotê. Separe a tira em quatro partes iguais. Alinhave as pontas das alcinhas nos lugares indicados pelo direito da borda do lado direito da abertura.
• Vinque o acabamento da abertura ao meio no comprimento, avesso sobre avesso. Costure as bordas do acabamento pelo direito das bordas da abertura central da frente, prendendo as alcinhas.
• Vire o acabamento para o avesso do lado direito da abertura e prenda com pespontos, formando um traspasse sobre a borda do lado esquerdo da abertura.
• Junte frente e costas com uma costura pelos ombros.
• Embainhe as bordas menores do viés do decote para o avesso. Bata a ferro. Costure o direito do viés pelo avesso do decote. Vinque o viés ao meio para o direito do decote, embainhe a borda e prenda com pespontos, arrematando a primeira costura.
• Costure os acabamentos pelo direito das bordas das aberturas das mangas. Bata a costura a ferro, virando as folgas sobre o avesso dos acabamentos e prenda com pespontós rentes.
• Junte frente e costas com uma costura pelas laterais, a partir das bordas dos acabamentos. Vire os acabamentos para o avesso, embainhe as bordas e prenda com pespontos.
• Aplique uma tira de elástico de 69 cm (tam. 48), 77 cm (tam. 52) e 89 cm (tam. 56) com pespontos pelo avesso do lugar marcado na frente e nas costas. Ao costurar sobre o elástico, estique-o para manter a elasticidade.

MOLDE 017

VESTIDO
TAMANHO 50
PEÇAS: 24 a 34
LINHA DO MOLDE EM PRETO
FOLHA C
SUGESTÃO DE TECIDO: Tule e cetim de seda. FORRO: malha poliéster.
METRAGEM: Tule – 4,50 m x 1,40 m. Cetim – 1,70 m x 1,40 m. Forro – 4,10 m x 1,50 m.
AVIAMENTOS: um zíper invisível de 30 cm; um par de bojos; 40 cm de entretela..
Como prolongar um molde com borda curva
Fig. 1 – Prolongue as linhas laterais do molde com o auxílio de uma régua até alcançar as medidas indicadas junto à seta.
Para traçar a borda inferior, marque o molde colocando a fita métrica ou a régua em ângulo reto à curva marcada dentro do molde. As medidas usadas para fazer as marcações deverão ser as mesmas medidas indicadas para os aumentos laterais. Quanto maior for o número de marcações feitas (setas 1 e 2), melhor será para desenhar a curva da barra (seta 3).
COMO CORTAR: distribua as peças nos tecidos, e no forro, sendo o forro das peças inferiores 5 cm menor no comprimento, observando as planilhas de corte. Vestido com 1,70 m de comprimento.
PEÇAS: 24. FRENTE SUPERIOR EXTERNA: corte uma vez com o tule dobrado na linha do centro. 25. COSTAS SUPERIORES EXTERNA: corte duas vezes no tule e quatro vezes no forro. 26. FRENTE SUPERIOR CENTRAL: corte duas vezes com o forro dobrado na linha do centro. 27. FRENTE SUPERIOR LATERAL: corte quatro vezes no forro. 28. CÓS EXTERNO DA FRENTE: corte uma vez com o cetim e a entretela dobrados na linha do centro. 29. CÓS EXTERNO DAS COSTAS: corte duas vezes no cetim e na entretela. 30. CÓS INTERNO DA FRENTE: corte uma vez com o forro dobrado na linha do centro. 31. CÓS INTERNO DAS COSTAS: corte duas vezes no forro. 32. PONTAS DA FLOR: corte duas vezes no cetim. 33. FRENTE E COSTAS INFERIORES CENTRAIS: para a frente, corte uma vez com o tule e o forro dobrados na linha do centro. Para as costas, corte a mesma peça duas vezes no tule e no forro. 34. FRENTE E COSTAS INFERIORES LATERAIS: corte quatro vezes no tule e no forro. A. BARRA: 1,34 m x 22 cm, quatro vezes no cetim. B. FLOR: 75 cm x 10 cm, uma vez em viés no cetim.

MONTAGEM:
• Junte as peças superiores centrais e laterais da frente com uma costura, prendendo as duas camadas de forro, separadamente.
• Franza as borda superior e inferior da peça superior externa entre os asteriscos (*).
• Para completar as peças externas, alinhave uma das camadas de forro da frente e das costas pelo avesso das bordas do tule.
• Junte frente e costas das peças externas e internas, separadarnente, com uma costura pelos ombros e, com outra costura, pelas laterais.
• Junte as peças superiores externas e internas, direito sobre direito, com uma costura pelas bordas do decote. Vire as folgas da costura sobre o avesso das peças internas e prenda com pespontos rentes.
• Em seguida, una as peças superiores externas e internas pelas bordas das cavas. Revire as peças.
• Para fazer as pregas do cós, prenda a entretela no avesso do cetim. Vinque o cetim nas linhas marcadas, avesso sobre avesso, na direção das setas. Bata a ferro. Alinhave as bordas laterais das peças.
• Junte frente e costas das peças externas e internas do cós, separadamente, com uma costura pelas laterais.
• Costure o cós nas peças superiores, prendendo as partes externas e internas, separadamente.
• Prendendo o tule e o forro, separadamente. Costure as peças inferiores laterais nas bordas das peças centrais da frente e das costas.
• Faça a costura central das costas inferiores, sem fechar a abertura para a montagem do zíper.
• Feche as laterais inferiores, unindo frente e costas.
• Una as tiras da barra, direito sobre direito, com uma costura pelas bordas menores, formando um círculo. Vinque a barra, avesso sobre avesso, unindo as bordas maiores. Costure as bordas da barra pelo direito da borda inferior do tule. Bata a costura a ferro, virando as folgas sobre a barra.
• Prenda o forro inferior pelo avesso das bordas superiores e das aberturas central das costas do tule.
• Costure as peças inferiores na parte externa do cós.
• Faça a montagem do zíper invisível na abertura central das costas, de acordo com Dicas de Costura. Costure o direito das bordas das peças internas pelo avesso das folgas do zíper.
• Prenda os bojos nas folgas das costuras de união das peças laterais e central superior da frente. Revire as peças.
• Vinque as peças das pontas da flor, direito obre direito. Una as bordas com uma costura, deixando livres as bordas superiores de montagem. Revire as peças.
• Vinque a tira da flor ao meio no comprimento, direito sobre direito. Una as bordas maiores com uma costura, deixando uma abertura. Centralize a costura. Feche as bordas menores da tira.
• Revire a tira. Franza o centro da tira até 60 cm. Pesponte o centro da tira no lado esquerdo da frente do cós, circulando o local e prendendo as bordas superiores das pontas.
• Faça a bainha inferior do forro.

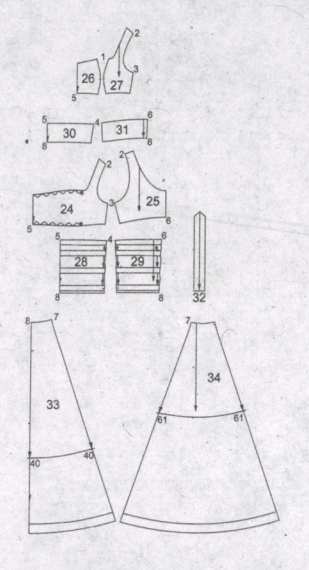

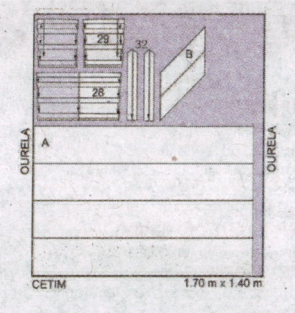

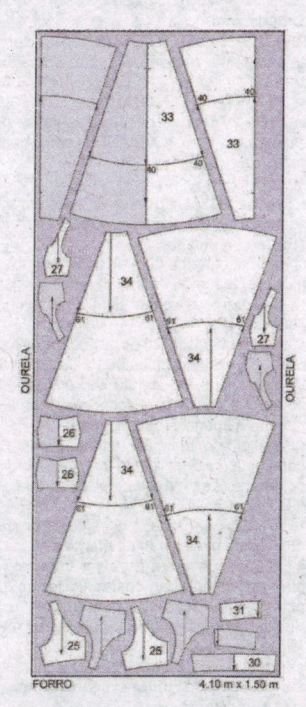

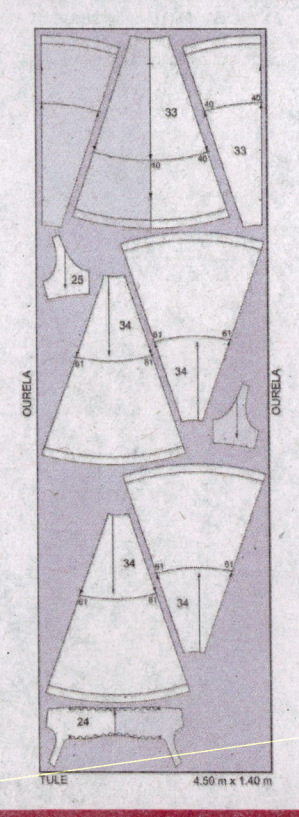

das costuras de união das peças centrais e laterais da frente externa, calculando a altura ideal na prova.
• Revire o forro para o avesso do tecido.
• Faça uma bainha fina presa com pespontos nas bordas inferiores.
• Enfeite o trecho superior do modelo, aplicando retalhos da renda.

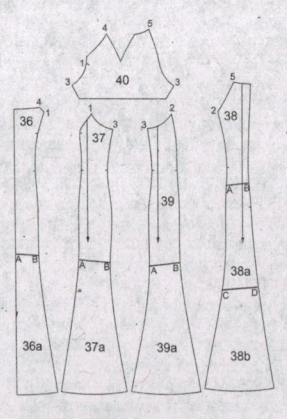

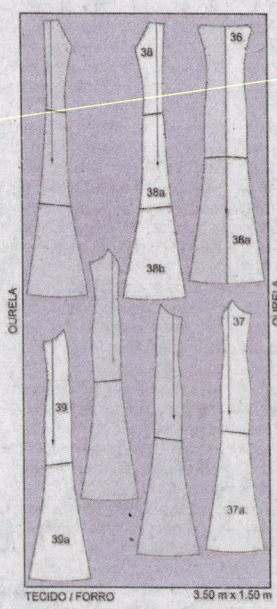

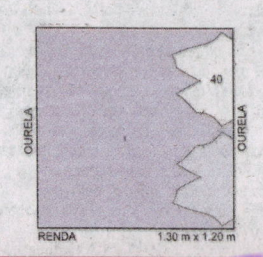

COMO CORTAR: distribua as peças nos diferentes tecidos, observando as planilhas de corte. Macacão com 1,15 m de comprimento.
PEÇAS: 12. FRENTE SUPERIOR CENTRAL: corte uma vez na seda, formando uma peça inteira. 13. CARCELA: corte duas vezes no tecido e na entretela. 14. FRENTE SUPERIOR LATERAL: corte duas vezes na seda. 15. COSTAS SUPERIORES. 16. MANGA. 17. FRENTE INFERIOR. 18. FUNDO DO BOLSO. 19. COSTAS INFERIORES: copie o fundo menor do bolso na linha marcada. Corte todas as peças duas vezes na malha. A. VIÉS DO DECOTE DA FRENTE: 24 cm x 3 cm duas vezes na seda.
MONTAGEM:
• Junte as peças centrais e laterais superiores da frente com uma costura.
• Faça a costura central superior das costas.
• Vinque as tiras de viés ao meio no comprimento, avesso sobre avesso. Costure as bordas do viés pelo direito do decote. Vire o viés para o avesso e prenda com pespontos.
• Costure o direito das bordas internas das carcelas pelo direito das bordas laterais da abertura central da frente. Vinque as carcelas, direito sobre direito. Una as bordas superiores com uma costura. Revire as carcelas.
• Embainhe as bordas externas das carcelas pelo direito das costuras de montagem. Pesponte, pelo direito rente às bordas das carcelas, prendendo as bordas embainhadas.
• Faça o traspasse das bordas inferiores das carcelas. Costure as bordas inferiores das carcelas pelo direito da borda inferior da abertura.
• Costure a frente nos ombros das costas, prendendo a borda da bainha do decote pelo avesso da frente. Revire a bainha do decote para o avesso e prenda com pespontos duplos.
• Monte as mangas nas cavas.
• Junte frente e costas superiores com uma costura, costuradas pelas laterais a partir das bordas inferiores das mangas.
• Costure o direito do fundo menor do bolso pelo direito das bordas da frente inferior, coincidindo os números de junção. Revire os fundos menores dos bolsos para o avesso da frente.
• Una os fundos menores e maiores dos bolsos, direito sobre direito. Costure os fundos dos bolsos, contornando as bordas.
• Una as peças da frente e as peças das costas, separadamente, com uma costura pelo centro.
• Junte frente e costas inferiores com uma costura pelas laterais.
• Junte as peças superiores e inferiores com uma costura.
• Separe uma tira de elástico de 75 cm. Feche as bordas externas do elástico com uma costura. Costure o elástico sobre as folgas da costura de união das peças superiores e inferiores.
• Abra as casas e pregue os botões.
• Vire as bainhas das mangas e das bordas inferiores para o avesso. Prenda as bainhas com pespontos duplos.

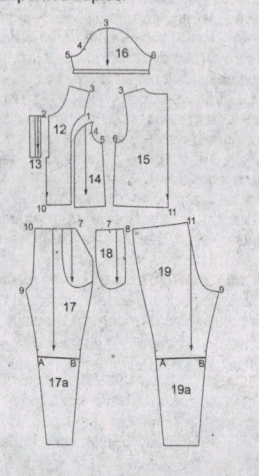

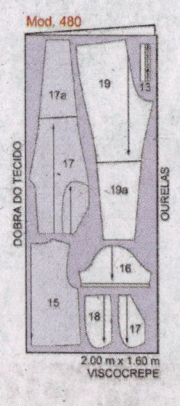

MOLDE 018

VESTIDO
TAMANHO 50
PEÇAS: 36 a 40
LINHA DO MOLDE EM PRETO

FOLHA J
SUGESTÃO DE TECIDO: crepe e renda sutache. FORRO: cetim.
METRAGEM: Crepe – 3,50 m x 1,50 m. Renda: 1,30 m x 1,20 m de largura. Forro – 3,50 m x 1,50 m.
AVIAMENTOS: um zíper invisível de 65 cm; um par de bojos; um par de colchetes; fita de silicone.
COMO CORTAR: distribua as peças no tecido e no forro, observando as planilhas de corte. Vestido com 1,70 m de comprimento.
PEÇAS: 36. FRENTE CENTRAL: corte uma vez com o tecido e o forro dobrados na linha do centro. 37. FRENTE LATERAL. 38. COSTAS CENTRAL. 39. COSTAS LATERAL: corte as peças duas vezes no tecido e no forro. 40. MANGA: corte duas vezes na renda.
MONTAGEM:
• Prenda as peças laterais na frente e nas costas centrais, unindo tecido e forro, separadamente.
• Faça a costura central das costas de tecido e de forro, separadamente.
• Junte frente e costas com uma costura pelas laterais.
• Junte tecido e forro, direito sobre direito, com uma costura pelas bordas do decote. Vire as folgas da costura sobre o avesso do forro e prenda com pespontos rentes.
• Feche as pences das mangas.
• Para reforço, aplique uma fita de silicone com uma costura a 1,5 cm das bordas superiores das mangas. Feche as laterais das mangas.
• Em seguida, una as peças pelas bordas das cavas, prendendo as mangas.
• Faça a montagem do zíper invisível na abertura central das costas de tecido, de acordo com Dicas de Costura. Costure o direito das bordas do forro pelo avesso das folgas do zíper.
• Introduza os bojos entre o tecido e o forro. Prenda os bolsos sobre as folgas

MOLDE 019

MACACÃO
TAMANHO 48
PEÇAS: 12 a 19
LINHA DO MOLDE EM VERMELHO

FOLHA K
SUGESTÃO DE TECIDO: viscocrepe e seda
METRAGEM: Viscocrepe – 2,00 m x 1,60 m. Seda – 0,80 m x 1,40 m. Molde para malha com 100% de alongamento na direção horizontal e 50% na direção vertical (veja em Dicas de Costura como calcular o alongamento).
AVIAMENTOS: cinco botões dourados de 1 cm; 80 cm x 1 cm de elástico.

MOLDE 020

VESTIDO
TAMANHO 52
PEÇAS: 41 a 46
LINHA DO MOLDE EM VERMELHO

FOLHA I
SUGESTÃO DE TECIDO: malha poliéster.
FORRO: helanca.
METRAGEM: Tecido – 1,10 m x 1,50 m. Forro – 1,40 m x 1,60 m. Molde para malha poliéster com 60% e helanca com 80% de alongamento (veja em Dicas de Costura como calcular o alongamento).
AVIAMENTOS: linha para malha e agulha ponta bola.
COMO CORTAR: copie os acabamentos e corte-os no tecido. Distribua as peças no tecido e no forro, observando as planilhas de corte. Vestido com 1,22 m de comprimento.
PEÇAS: 41. FRENTE SUPERIOR. 42. FRENTE INFERIOR MAIOR. 43. FRENTE INFERIOR MENOR: corte as peças uma vez. 44. COSTAS INTERNAS. 46. FRENTE INTERNA: corte as peças uma vez com o forro dobrado na linha do centro. 45. MANGA: corte duas vezes.
MONTAGEM:
• Vinque as pregas do ombro esquerdo da frente, direito sobre direito, no sentido das setas, deixando A sobre B. Prenda as pregas com alinhavos na borda da peça.
• Feche as pences.
• Alinhave o avesso dos acabamentos pelo direito das bordas do decote. Embainhe as bordas dos acabamentos para o avesso sobre o forro e prenda com pespontos rentes.
• Faça a costura de união das peças inferiores da frente, a partir do número 2 de junção.
• Junte as peças inferiores e a peça superior da frente com uma costura, deixando livres os trechos das aberturas.
• Pelo avesso, una as pontas das peças superiores e inferiores com outra costura, coincidindo o número 4 de montagem.
• Junte frente e costas das peças externas e internas, separadamente, com uma costura pelos ombros e pelas laterais.
• Una as peças externas e internas, direito sobre direito. Costure o decote. Vire as folgas da costura sobre o avesso das peças internas e prenda com pespontos rentes.
• Revire as peças, avesso sobre avesso. Chuleie as bordas das cavas, unindo-as.
• Feche as laterais das mangas.
• Monte as mangas nas cavas.
• Faça as bainhas.

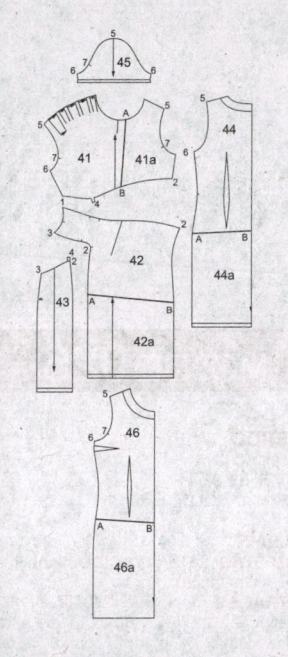

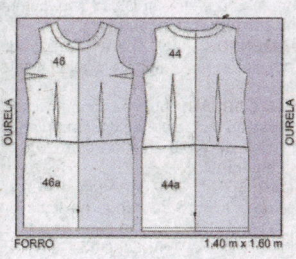

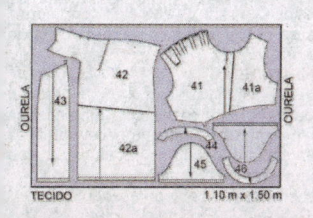

e internas, separadamente, com uma costura pelas laterelais.
• Vinque as tiras dos ombros ao meio no comprimento, direito sobre direito. Una as bordas maiores com uma costura a 0,7 cm das bordas vincadas. Revire as tiras.
• Prenda as tiras com alinhavos nas bitolas de papel vegetal, de acordo com as marcações, formando uma trama.
• Junte as peças externas e internas, direito sobre direito, com uma costura pelas bordas superiores da frente, coincidindo o número 1 de montagem e das costas coincidindo o número 2.
• Revire a frente e as costas, avesso sobre avesso. Una as bordas das cavas com alinhavos.
• Embeba as bordas superiores das mangas entre os asteriscos (*). Feche as laterais das mangas. Monte as mangas nas cavas.
• Embainhe as bordas menores das tiras do viés das cavas. Costure o viés sobre o direito das cavas, prendendo as pontas das tiras das palas dos ombros. Vire o viés para o avesso e prenda com pespontos.
• Prenda as entretela no avesso das carcelas e das peças do acabamento das costas. Costure as carcelas nos ombros dos acabamentos das costas, prendendo as peças externas e internas, separadamente.
• Junte as partes externas e internas das carcelas e dos acabamentos, direito sobre direito, com uma costura pelas bordas do decote. Bata a costura a ferro, virando as folgas sobre o avesso das peças internas e prenda com pespontos rentes.
• Vire a carcela do lado direito, direito sobre direito. Una as bordas no trecho inferior de aplicação com uma costura. Revire a carcela direita, avesso sobre avesso.
• Prenda o direito das bordas internas das carcelas e do acabamento nas bordas internas da frente e das costas. Embainhe as bordas externas das carcelas e do acabamento sobre o direito da costura de montagem, bata a ferro e prenda com pespontos rentes na frente e nas costas, prendendo as tiras das palas dos ombros.
• Revire o papel das palas, deixando as pontas das tiras presas na frente, nas costas, no decote e nas cavas.
• Costure a borda inferior da carcela do lado esquerdo no avesso da borda inferior da abertura. Faça o traspasse da carcela do lado direito sobre a carcela do lado esquerdo. Aplique o trecho inferior da carcela direita com pespontos rentes às bordas pelo direito do lugar indicado na borda inferior da abertura.
• Vinque as pregas inferiores das mangas, direito sobre direito, na direção das setas, deixando A sobre B. Bata as pregas a ferro e prenda com alinhavos.
• Arremate as aberturas inferiores das mangas com a montagem do viés de rolo e monte os punhos nas bordas inferiores das mangas, conforme Dicas de Costura.
• Faça uma bainha de lenço nas bordas inferiores.
• Abra as casas e pregue os botões.

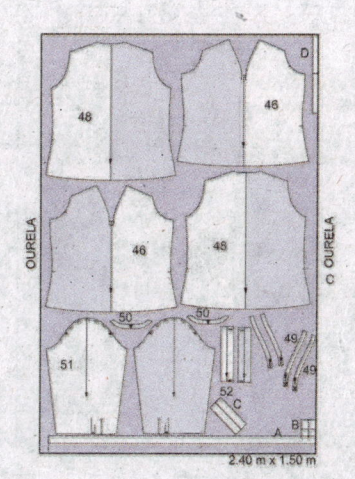

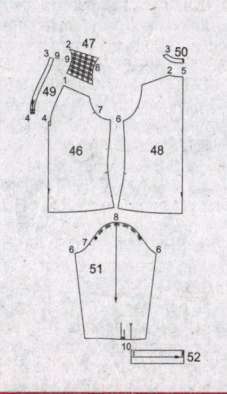

MOLDE 021

BLUSA
TAMANHO 54
PEÇAS: 46 a 52
LINHA DO MOLDE EM VERMELHO

FOLHA F
SUGESTÃO DE TECIDO: crepe georgete.
METRAGEM: 2,40 m x 1,50 m.
AVIAMENTOS: dois botões de 1,2 cm; 20 cm de entretela, papel manteiga.
COMO CORTAR: distribua as peças no tecido, observando a planilha de corte. Blusa com 76 cm de comprimento.
PEÇAS: 46. FRENTE. 48. COSTAS: corte as peças duas vezes com o tecido dobrado na linha do centro. 47. BITOLA DA PALA DO OMBRO: copie duas vezes num papel manteiga. 49. CARCELA DO ABOTOAMENTO: corte quatro vezes no tecido e na entretela., sendo as duas peças do lado esquerdo somente até a linha marcada. 50. ACABAMENTO DO DECOTE DAS COSTAS: corte duas vezes com o tecido e a entretela dobrados na linha o centro. 51. MANGA: corte duas vezes. 52. PUNHO: corte duas vezes no tecido e na entretela. A. TIRAS DO OMBRO: 1,45 m x 3,5 cm de largura. B. ALCINHAS: 5 cm x 3 cm, quatro vezes. C. VIÉS DA CAVA: 20 cm x 4 cm, duas vezes. D. ACABAMENTO DA ABERTURA: 21 cm x 3 cm, duas vezes.
MONTAGEM:
• Junte frente e costas das peças externas

MOLDE 022

VESTIDO
TAMANHO 50
PEÇAS: 25 a 29
LINHA DO MOLDE EM VERMELHO

FOLHA L
SUGESTÃO DE TECIDO: malha prene.
METRAGEM: 2,00 m x 1,40 m. Molde para malha com 70% de alongamento na direção horizontal e 60% na direção vertical (veja em Dicas de Costura como calcular o alongamento).
AVIAMENTOS: um zíper invisível de 60 cm; 10 cm de couro sintético; linha para malha e agulha ponta bola.
COMO CORTAR: distribua as peças no tecido, observando a planilha de corte. Vestido com 1,00 m de comprimento.
PEÇAS: 25. FRENTE SUPERIOR: corte uma vez com o tecido dobrado na linha do centro. 26. COSTAS SUPERIORES. 27. MANGA. 28. FRENTE INFERIOR. 29. COSTAS INFERIORES: corte as peças duas vezes.
MONTAGEM:
• Feche as pences.
• Junte frente e costas superiores com uma costura pelos ombros.
• Monte as mangas nas cavas.
• Feche as laterais superiores com uma costura a partir das bordas inferiores das mangas.
• Una as costas inferiores com uma costura pelo centro, deixando livre a abertura superior.
• Feche as laterais inferiores, unindo frente e costas.
• Vire as bainhas das bordas dos traspasses inferiores da frente para o avesso. Prenda as bainhas com pespontos duplos.
• Faça o traspasse da frente inferior, coincidindo a linha do centro. Alinhave as bordas superiores traspassadas.
• Junte as peças superiores e inferiores com uma costura.
• Costure o direito da tira de couro pelo avesso do decote. Dobre a tira ao meio para o direito do decote, embainhe a borda e prenda com pespontos sobre a primeira costura.
• Faça a montagem do zíper invisível nas bordas da abertura do centro das costas, conforme Dicas de Costura.
• Vire as bainhas das mangas e da borda inferior para o avesso. Prenda as bainhas com pespontos duplos.

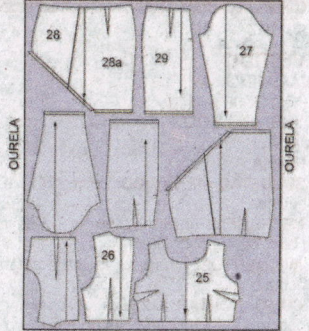

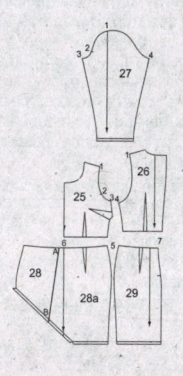

MOLDE 023

BLAZER
TAMANHO 52
PEÇAS: 40 a 46
LINHA DO MOLDE EM PRETO

FOLHA K
SUGESTÃO DE TECIDO: malha. FORRO: cetim estampado e tafetá.
METRAGEM: Tecido – 2,20 m x 1,50 m. Forro – 1,00 m (tafetá) e 0,90 m (cetim) x 1,50 m. Molde para malha com 20% de alongamento (veja em Dicas de Costura como calcular o alongamento).
AVIAMENTOS: três botões de 2 cm; 10 cm de entretela; um par de ombreiras.
COMO CORTAR: copie o acabamento. Distribua as peças no tecido e no forro, observando as planilhas de corte. Blazer com 82 cm de comprimento.
PEÇAS: 40. FRENTE EXTERNA: corte duas vezes no tecido. 41. COSTAS CENTRAIS: corte duas vezes no tecido. Separe o molde na linha marcada. Corte o trecho superior uma vez com o cetim dobrado na linha do centro. Corte o trecho inferior duas vezes no tafetá. 42. COSTAS LATERAIS. 44. FRENTE DA MANGA. 45. COSTAS DA MANGA: corte as peças no tecido e no forro, sendo as mangas no cetim. 43. GOLA: corte duas vezes com o tecido e uma vez com a entretela dobrados na linha do centro. 46. FRENTE INTERNA: corte duas vezes no tafetá. A. VIVO E ESPELHO: 17 cm x 6,5 cm, quatro vezes.
MONTAGEM:
• Feche as pences.
• Monte o falso bolso embutido nos lugares indicados nas peças da frente, prendendo as tiras das abas pelo direito e as tiras dos espelhos pelo avesso das aberturas.
• Faça a costura central das costas de tecido e de forro, separadamente. Para formar uma prega no centro das costas do forro, torne a unir o forro, mais uma vez, com outra costura somente até o trecho marcado.
• Para completar a peça interna central das costas, costure a pala de forro estampado pelo direito da borda superior do forro liso.
• Junte as peças centrais e laterais das costas, unindo tecido e forro, separadamente.
• Prenda o forro da frente nas bordas internas dos acabamentos do abotoamento.
• Junte frente e costas com uma costura pelos ombros e laterais, prendendo as peças externas e internas, separadamente. Deixe uma abertura em uma das costuras laterais do forro.
• Junte as peças da gola, direito sobre direito, com uma costura pelas bordas superiores. Revire a gola..
• Alinhave a gola pelo direito do decote externo.
• Faça as costuras de união das duas partes das mangas, coincidindo a numeração de montagem. Embeba as bordas superiores das mangas no trecho marcado.
• Monte as mangas nas cavas externas e internas, separadamente.

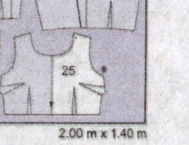

- Prenda as ombreiras nas folgas das costuras dos ombros externos.
- Junte as peças externas e internas, direito sobre direito, com uma costura pelas bordas decote, prendendo a gola.
- Prossiga com a costura pelas bordas inferiores, levando a costura em direção das bordas das bainhas. Junte tecido e forro, direito sobre direito, pelas bordas inferiores das mangas.
- Revire as peças, vincando as bainhas inferiores. Feche a abertura lateral do forro.
- Pesponte a 0,7 cm da borda superior da gola, pelas bordas dos traspasses e inferior da frente.
- Abra as casas e pregue os botões.

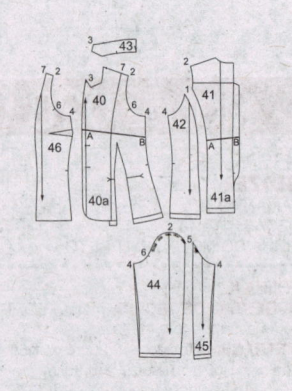

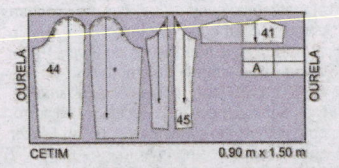

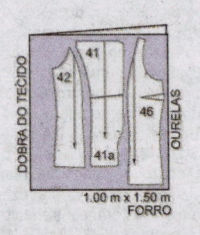

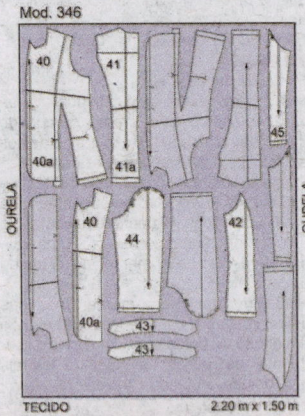

COMO CORTAR: distribua as peças no tecido, observando a planilha de corte. Vestido com 1,06 m de comprimento.
PEÇAS: 53. FRENTE. 55. COSTAS SUPERIORES. 58. ACABAMENTO DO DECOTE: corte as peças uma vez com o tecido dobrado na linha do centro. 54. FRENTE LATERAL. 56. COSTAS INFERIORES. 57. MANGA: corte as peças duas vezes. FRIZO LATERAL: 39 cm x 1,5 cm, duas vezes na malha lisa. FRIZO DO DECOTE: 79 cm x 1,5 cm, uma vez na malha lisa. FRIZO DAS COSTAS: 70 cm x 1,5 cm, uma vez na malha lisa.
MONTAGEM:
- Feche as pences.
- Junte as peças laterais e a peça da frente com uma costura, prendendo uma das bordas dos frizos. Vire as folgas da costura sobre o avesso das peças laterais e prenda com pespontos rentes.
- Monte as mangas nas cavas da frente e das costas.
- Una as costas inferiores com uma costura pelo centro.
- Junte as peças superiores e inferiores das costas com uma costura, prendendo uma das bordas do frizo.
- Junte frente e costas com uma costura pelas laterais, a partir das bordas inferiores das mangas.
- Una as bordas menores do acabamento do decote e do frizo do decote, separadamente, com uma costura, direito sobre direito. Vinque o acabamento, avesso sobre avesso.
- Costure as bordas do acabamento no decote, prendendo o frizo.
- Faça as bainhas.

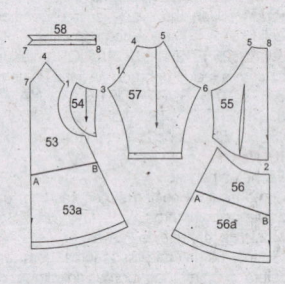

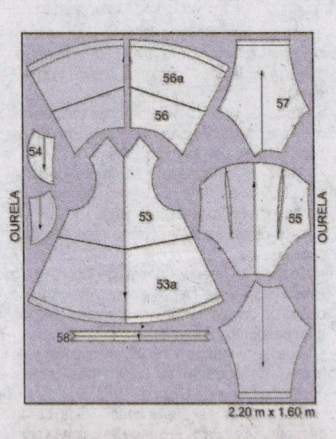

forro, observando as planilhas de corte. Vestido com 1,18 m de comprimento.
PEÇAS: 35. FRENTE CENTRAL. 38. COSTAS CENTRAIS: corte as peças uma vez no tecido e no forro. 36. INCRUSTAÇÃO DA FRENTE. 39. INCRUSTAÇÃO DAS COSTAS: corte as peças duas vezes no tecido e no forro. 37. FRENTE LATERAL. 40. COSTAS LATERAIS: corte as peças duas vezes no tecido e no forro. 41. ACABAMENTO SUPERIOR DAS COSTAS: corte uma vez com o tecido dobrado na linha do centro.
MONTAGEM:
- Costure o direito da borda inferior da aplicação pelo direito do lugar indicado na frente central externa. Vire o avesso da aplicação sobre o direito do tecido. Bata a ferro e prenda com alinhavos. Pesponte rente à borda inferior da aplicação.
- Feche os ombros das incrustações, unindo frente e costas. Una as bordas maiores das incrustações com uma costura, direito sobre direito, somente no trecho da alça, entre os números 2 e 4 de junção.
- Revire as incrustações, avesso sobre avesso. Centralize a costura do trecho da alça, vincando as peças nas linhas marcadas. Pesponte rente às bordas vincadas das incrustações.
- Junte as peças centrais e laterais das peças de tecido e de forro, separadamente, com uma costura, prendendo as bordas das incrustações nas peças de tecido, coincidindo os números de junção.
- Prenda o forro na borda inferior do acabamento das costas.
- Junte frente e costas de tecido e de forro, separadamente, com uma costura pelas laterais.
- Una as peças externas e internas, direito sobre direito. Costure as bordas superiores e as bordas das cavas. Revire as peças.
- Faça as bainhas inferiores.

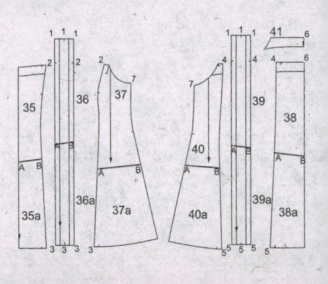

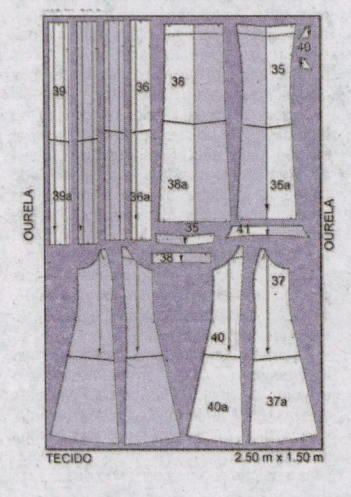

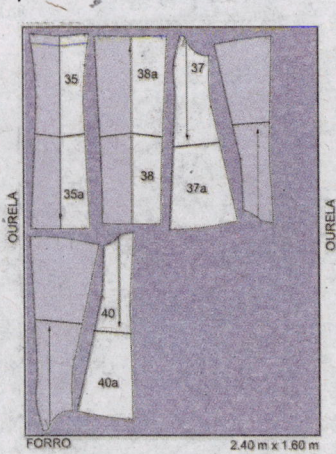

MOLDE 026

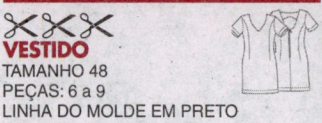

VESTIDO
TAMANHO 48
PEÇAS: 6 a 9
LINHA DO MOLDE EM PRETO

FOLHA N
SUGESTÃO DE TECIDO: malha. FORRO: helanca
METRAGEM: Tecido – 1,70 m x 1,50 m. Forro – 1,20 m x 1,60 m. Molde para malha com 20% e forro com 60% de alongamento (veja em Dicas de Costura como calcular o alongamento).
AVIAMENTOS: um zíper metálico de 35 cm; linha para malha e agulha ponta bola.
COMO CORTAR: copie os acabamentos. Distribua as peças no tecido, observando a planilha de corte. Vestido com 1,05 m de comprimento.
PEÇAS: 6. FRENTE: corte uma vez com o tecido e o forro dobrados na linha do centro. 7. COSTAS: corte duas vezes no tecido e no forro. 8. ALÇA DAS COSTAS: corte duas vezes com o tecido dobrado na linha do centro. 9. MANGA: corte duas vezes com o tecido dobrado na linha do centro.
MONTAGEM:
- Feche as pences.
- Junte frente e costas com uma costura pelos ombros e, com outra costura, pelas laterais, prendendo as peças externas e internas, separadamente.
- Feche os ombros dos acabamentos.
- Chuleie as bordas inferiores dos acabamentos. Prenda o avesso dos acabamentos no direito do forro com pespontos rentes às bordas chuleadas.
- Junte as peças das alças das costas, direito sobre direito, com uma costura pelas bordas maiores. Revire a alça.
- Junte as peças externas e internas, direito sobre direito, com uma costura pelas bordas do decote, prendendo as alças nos lugares marcados nas costas. Vire as folgas da costura sobre o avesso das peças internas e prenda com pespontos rentes.
- Prossiga com a costura de união das peças externas e internas nas bordas da abertura das costas, prendendo o direito das folgas do zíper pelo direito do tecido. Revire as peças externas e internas, avesso sobre avesso.
- Embeba as bordas superiores das mangas no trecho marcado. Feche as laterais das mangas. Monte as mangas nas cavas.
- Faça as bainhas.

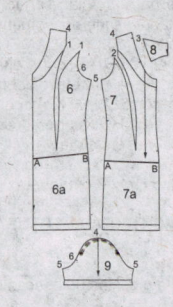

MOLDE 024

VESTIDO
TAMANHO 48
PEÇAS: 53 a 58
LINHA DO MOLDE EM PRETO

FOLHA E
SUGESTÃO DE TECIDO: liganete.
METRAGEM: 2,20 m x 1,60 m. Molde para tecido com 60% de alongamento (veja em Dicas de Costura como calcular o alongamento).
AVIAMENTOS: 10 cm de malha lisa; linha para malha e agulha ponta bola.

MOLDE 025

VESTIDO
TAMANHO 54
PEÇAS: 35 a 41
LINHA DO MOLDE EM PRETO

FOLHA P
SUGESTÃO DE TECIDO: cetim. FORRO: helanca.
METRAGEM: Tecido – 2,50 m x 1,50 m. Forro – 2,40 m x 1,60 m.
AVIAMENTOS: linha para malha e agulha ponta bola.
COMO CORTAR: copie a aplicação do decote. Distribua as peças no tecido e no

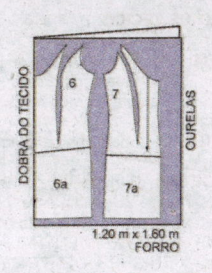

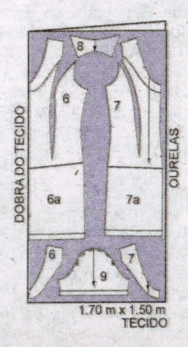

- Faça a bainha inferior.
- Abra as casas e pregue os botões.

FOLHA C
SUGESTÃO DE TECIDO: chifon
METRAGEM: 1,60 m x 1,50 m.
AVIAMENTOS: doze botões de 1,2 cm; 10 cm de entretela; 1,10 m de renda guipure com 13 cm de largura, no mínimo.
COMO CORTAR: distribua as peças no tecido, observando a planilha de corte. Camisa com 67 cm de comprimento.
PEÇAS: 31. FRENTE: separe a carcela na linha marcada. Corte a peça maior duas vezes. Corte a carcela duas vezes no tecido e na entretela. **32. APLICAÇÃO:** corte duas vezes na renda, apoiando a borda indicada nos bico da renda. **33. COSTAS:** corte uma vez com o tecido dobrado na linha do centro. **34. GOLA:** corte duas vezes com o tecido dobrado na linha do centro. **35. MANGA:** corte duas vezes. **36. PUNHO:** corte duas vezes no tecido e na entretela. **A. CARCELA:** 16 cm x 6 cm, duas vezes.

ESPELHO: 15 cm x 6 cm, duas vezes.
C. FUNDO DO BOLSO: 18 cm x 15 cm, duas vezes no forro.
MONTAGEM:
- Faça a costura do centro das costas, prendendo o tecido e o forro, separadamente.
- Prenda as peças laterais nas centrais das costas separadamente.
- Junte frente e costas com uma costura pelas laterais, prendendo tecido e forro, separadamente. Deixe uma abertura em uma das costuras do forro.
- Prenda o forro pelo direito da borda da bainha inferior do tecido.
- Junte as peças centrais da frente, duas a duas, com uma costura pelas bordas dos traspasses e pelas bordas inferiores. Vire as folgas da costura sobre o avesso das peças internas e prenda com pespontos rentes.
- Una as bordas das peças centrais e laterais da frente interna com alfinetes, coincidindo o número 1 de montagem, deixando a folga inferior do forro sobre a bainha inferior do tecido. Bata a ferro. Com uma costura, prenda as peças laterais da frente nas peças centrais, unindo as peças externas e internas, separadamente.
- Faça a montagem do bolso tipo colete nos lugares indicados nas peças da frente externa, de acordo com Dicas de Costura.
- Junte frente e costas com uma costura pelas bordas dos ombros, unindo as peças externas e internas, separadamente.
- Una as peças da gola, direito sobre direito. Costure as bordas superiores e laterais da gola. Revire a gola.
- Alinhave a gola pelo direito do decote externo.
- Faça as costuras de união das duas partes das mangas. Embeba as bordas superiores das mangas no trecho marcado. Monte as mangas nas cavas externas e internas, separadamente.
- Prenda as ombreiras nas folgas das costuras dos ombros e das cavas do tecido.
- Junte as peças externas e internas, direito sobre direito, com uma costura pelas bordas do decote, prendendo a gola. Em seguida, una as peças pelas bordas inferiores das mangas.
- Revire as peças, avesso sobre avesso, vincando as bainhas. Feche a abertura da costura lateral do forro.
- Abra as casas e pregue os botões.

MOLDE 027

✂✂✂
CAMISA
TAMANHO 50
PEÇAS: 31 a 36
LINHA DO MOLDE EM VERDE

FOLHA E
SUGESTÃO DE TECIDO: chifon
METRAGEM: 1,60 m x 1,50 m.
AVIAMENTOS: doze botões de 1,2 cm; 10 cm de entretela; 1,10 m de renda guipure com 13 cm de largura, no mínimo.
COMO CORTAR: distribua as peças no tecido, observando a planilha de corte. Camisa com 67 cm de comprimento.
PEÇAS: 31. FRENTE: separe a carcela na linha marcada. Corte a peça maior duas vezes. Corte a carcela duas vezes no tecido e na entretela. **32. APLICAÇÃO:** corte duas vezes na renda, apoiando a borda indicada nos bico da renda. **33. COSTAS:** corte uma vez com o tecido dobrado na linha do centro. **34. GOLA:** corte duas vezes com o tecido dobrado na linha do centro. **35. MANGA:** corte duas vezes. **36. PUNHO:** corte duas vezes no tecido e na entretela. **A. CARCELA:** 16 cm x 6 cm, duas vezes.
MONTAGEM:
- Feche as pences.
- Prenda o avesso das aplicações pelo direito das peças da frente com pespontos contornando as bordas dos bicos da renda.
- Vinque as carcelas do abotoamento, direito sobre direito. Una as bordas superiores com uma costura. Revire as carcelas.
- Prenda o direito das carcelas pelo avesso das peças da frente. Faça um pique nas folgas do decote, sem ultrapassar a linha de costura, para a montagem da gola. Vinque as carcelas, avesso sobre avesso. Pesponte rente às bordas dos traspasses. Embainhe as bordas externas das carcelas pelo direito das costuras de montagem, bata a ferro e prenda com pespontos rentes.
- Una as peças da gola, direito sobre direito. Una as bordas da gola com uma costura, deixando livre o decote. Revire a gola.
- Costure as bordas internas da gola no avesso do decote. Embainhe a borda externa da gola pelo direito da costura de montagem, bata a ferro e prenda com alinhavos. Pesponte rente às bordas da gola, prendendo a borda embainhada.
- Franza as bordas inferiores das mangas o suficiente para a montagem dos punhos. Feche as laterais das mangas. Monte as mangas nas cavas.
- Monte as carcelas nas aberturas e monte os punhos nas bordas inferiores das mangas, de acordo com Dicas de Costura.

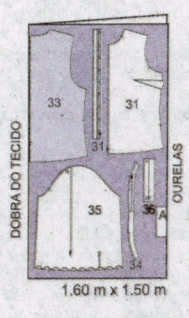

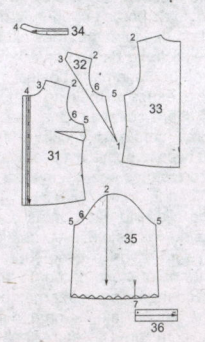

MOLDE 028

✂✂✂
BLAZER
TAMANHO 52
PEÇAS: 37 a 42
LINHA DO MOLDE EM PRETO

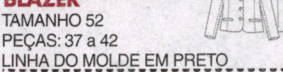

FOLHA F
SUGESTÃO DE TECIDO: microfibra stretch.
FORRO: cetim.
METRAGEM: Tecido – 2,10 m x 1,50 m. Forro – 1,40 m x 1,50 m. Molde para tecido com 20% de alongamento (veja em Dicas de Costura como calcular o alongamento).
AVIAMENTOS: quatro botões de 3 cm; 30 cm de entretela; um par de ombreiras.
COMO CORTAR: distribua as peças no tecido, no forro, observando as planilhas de corte. Blazer com 65 cm de comprimento.
PEÇAS: 37. FRENTE CENTRAL: corte quatro vezes no tecido, sendo duas peças para acabamento, e duas vezes na entretela. **38. FRENTE LATERAL. 41. PARTE MAIOR DA MANGA 42. PARTE MENOR DA MANGA:** corte as peças duas vezes no tecido e no forro. **39. COSTAS (CENTRAL E LATERAL):** corte duas vezes no forro. Separe a peça na linha marcada. Corte cada parte duas vezes no tecido. **40. GOLA:** corte duas vezes com o tecido e uma vez com a entretela dobrados na linha do centro. **A. VIVO:** 15 cm x 6 cm, duas vezes. **B.**

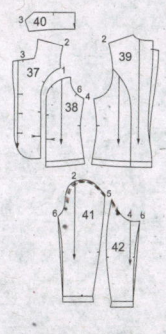

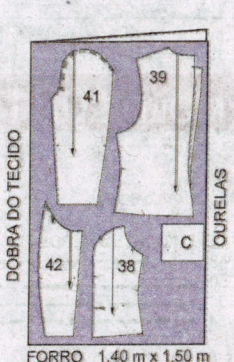

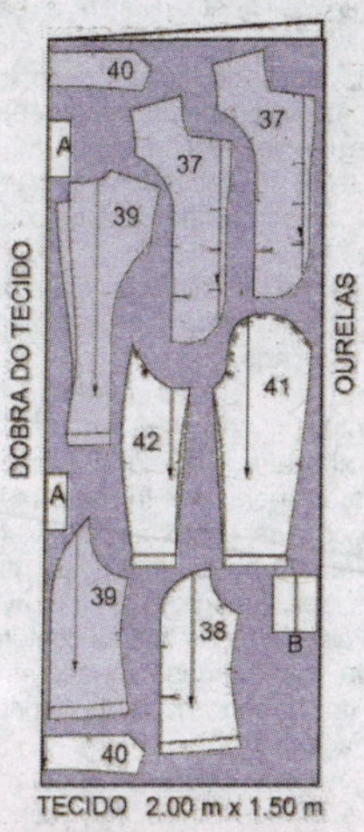

MOLDE 029

✂✂✂
BLAZER
TAMANHO 48
PEÇAS: 11 a 20
LINHA DO MOLDE EM PRETO

FOLHA P
SUGESTÃO DE TECIDO: algodão misto stretch acetinado.
METRAGEM: 2,40 m x 1,40 m. Molde para tecido com 30% de alongamento (veja em Dicas de Costura como calcular o alongamento).
AVIAMENTOS: quatro botões forrados de 2,4 cm; 20 cm de entretela; um par de ombreiras.
COMO CORTAR: distribua as peças no tecido, observando a planilha de corte. Blazer com 72 cm de comprimento.
PEÇAS: 11. FRENTE EXTERNA. 12. FRENTE LATERAL E FUNDO EXTERNO DO BOLSO. 13. COSTAS CENTRAIS. 14. COSTAS LATERAIS. 16. PARTE MAIOR DA MANGA. 17. PARTE MENOR DA MANGA. 19. ACABAMENTO DA FRENTE: copie o fundo interno do bolso. Corte todas as peças duas vezes. **15. GOLA:** corte duas vezes com o tecido e uma vez com a entretela dobrados na linha do centro. **18 ACABAMENTO INFERIOR DA MANGA:** corte duas vezes no tecido e na entretela. **20. ACABAMENTO DAS COSTAS:** corte uma vez com o tecido dobrado na linha do centro.
MONTAGEM:
- Costure o direito do fundo interno do bolso pelo direito da borda da abertura da frente externa. Revire o fundo interno para o avesso da frente. Pesponte a 0,7 cm da borda da abertura do bolso.
- Una as bordas inferiores e laterais interna do fundo interno do bolso e do trecho do fundo externo com uma costura, direito sobre direito..
- Prenda as peças laterais nas peças da frente e nas costas centrais. Vire as folgas das costuras da frente sobre o avesso das peças da frente e prenda com pespontos a 0,7 cm.
- Faça a costura central das costas.
- Para fazer a prega do centro do acabamento das costas, vinque o acabamento, direito sobre direito. Costure a partir do decote até o trecho marcado. Bata a prega a ferro, abrindo fundo ao meio. Prenda as bordas superiores com alinhavos.
- Junte frente e costas das peças externas e dos acabamentos, separadamente com uma costura pelos ombros.
- Junte as peças da frente e os acabamentos da frente, direito sobre direito, com uma costura pelas bordas inferiores e dos traspasses do abotoamento.
- Feche as laterais das peças externas e dos acabamentos, separadamente, prendendo o direito da bainha inferior das costas sobre o direito da borda lateral do

141

acabamento da frente. Revire a bainha inferior para o avesso das costas.
- Una as peças da gola, direito sobre direito, com uma costura pelas bordas superiores e laterais. Revire a gola. Pesponte a 0,7 cm das bordas costuradas.
- Alinhave as bordas da gola pelo direito do decote.
- Faça a costura de união das duas partes das mangas, sem fechar a abertura inferior no trecho marcado.
- Feche as bordas laterais dos acabamentos das mangas, sem fechar a abertura. Prenda o direito dos acabamentos pelo direito das mangas com uma costura contornando as bordas da abertura e a borda inferior da manga. Revire os acabamentos para o avesso. Pesponte à 0,7 cm das bordas costuradas.
- Embeba as bordas superiores das mangas no trecho marcado. Monte as mangas nas cavas.
- Prenda o direito dos acabamentos pelo direito das bordas do decote, prendendo a gola.
- Costure as ombreiras nas folgas das costuras dos ombros.
- Revire a frente interna e o acabamento das costas para o avesso e prenda nas folgas das costuras das cavas.
- Abra as casas e pregue os botões.

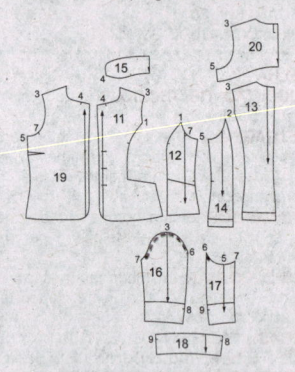

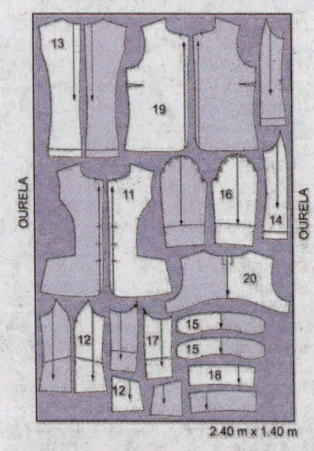

duas vezes. 19. CÓS: corte duas vezes com o tecido dobrado na linha do centro.
MONTAGEM:
- Una as bordas da abertura das peças da frente e do fundo do bolso com uma costura, direito sobre direito. Vire o fundo do bolso para o avesso das peças da frente.
- Vinque o fundo do bolso na linha marcada, direito sobre direito. Alinhave as bordas do fundo do bolso pelo avesso da frente.
- Una as peças da frente e das costas, separadamente, com uma costura pelo centro.
- Junte frente e costas com uma costura pelas laterais, sem fechar as aberturas dos bolsos. Com outra costura, feche as entrepernas.
- Feche as laterais do cós, unindo frente e costas.
- Separe uma tira de elástico de 88 cm. Una as bordas menores do elástico com uma costura, formando um círculo.
- Prenda as folgas da costura do elástico nas folgas de uma das costuras laterais do cós. Para melhor fixar o elástico no cós, aplique o elástico, também, sobre as folgas da costura da outra lateral do cós.
- Vinque o cós na linha marcada, avesso sobre avesso. Prenda as bordas do cós pelo direito da borda superior do modelo, coincidindo a numeração de montagem, distendendo o cós o quanto for necessário.
- Aplique uma tira de 88 cm do elástico mais fino sobre as folgas da costura de montagem do cós.
- Faça as bainhas inferiores.

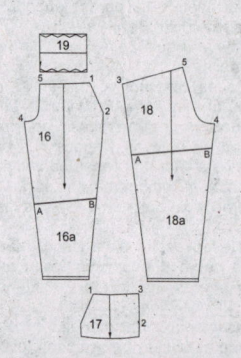

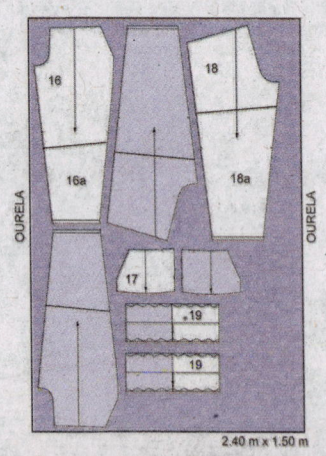

METRAGEM: 1,20 m (tam. 48/50/52/54) x 1,50 m. Molde para tecido com 50% de alongamento (veja em Dicas de Costura como calcular o alongamento).
AVIAMENTOS: um zíper metálico de 15 cm; linha para malha e agulha ponta bola.
COMO CORTAR: copie as peças, de acordo com o tamanho escolhido. Distribua as peças no tecido, observando as planilhas de corte. Saia com 58 cm de comprimento.
PEÇAS: 1. FRENTE. 2. BOLSO. 3. COSTAS: corte as peças duas vezes. 4. CÓS DA FRENTE: corte quatro vezes. 5. CÓS DAS COSTAS: corte duas vezes com o tecido dobrado na linha do centro. A. REFORÇO DA ABERTURA: 18 cm x7 cm, uma vez.
MONTAGEM:
- Vire as bainhas das bordas das aberturas dos bolsos para o avesso. Prenda as bainhas com pespontos.
- Prenda o avesso dos bolsos com alinhavos pelo direito das peças da frente. Pesponte a 0,7 cm das bordas laterais internas e inferiores dos bolsos.
- Una as peças da frente e das costas com uma costura pelo centro, sem fechar as aberturas.
- Junte frente e costas com uma costura pelas laterais.
- Feche as laterais das peças do cós, unindo as partes externas e internas, separadamente.
- Junte as partes externas e internas do cós, direito sobre direito. Una as bordas superiores com uma costura. Vire as folgas da costura sobre o avesso das partes internas e prenda com pespontos rentes.
- Costure o direito da parte externa do cós pelo direito da borda superior do modelo.
- Prenda o direito das bordas externas do zíper pelo direito das bordas da abertura central da frente, a partir do cós.
- Vinque o reforço ao meio no comprimento, direito sobre direito. Una as bordas superiores com uma costura. Revire o reforço, avesso sobre avesso. Costure as bordas do reforço sobre o avesso da folga do lado esquerdo do zíper.
- Prenda o direito das bordas das partes internas do cós pelo avesso das folgas do zíper. Revire o cós, avesso sobre avesso. Pesponte pelo direito da borda inferior do cós, prendendo a parte interna no avesso.
- Vire a bainha inferior para o direito e prenda com uma costura nas bordas da abertura inferior das costas. Revire a bainha para o avesso e prenda com pespontos.

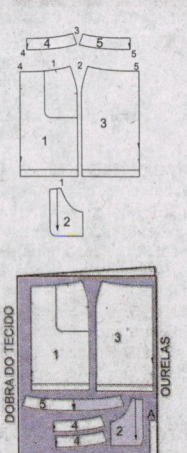

SUGESTÃO DE TECIDO: malha poliéster bielástica
METRAGEM: 1,40 m x 1,40 m. Molde para malha com 50% de alongamento (veja em Dicas de Costura como calcular o alongamento).
AVIAMENTOS: linha para malha e agulha ponta bola.
COMO CORTAR: distribua as peças no tecido, observando a planilha de corte. Vestido com 97 cm de comprimento.
PEÇAS: 21. FRENTE CENTRAL. 23. COSTAS SUPERIORES CENTRAL. 25. COSTAS INFERIORES: separe a frente na linha marcada. Corte cada peça uma vez com o tecido dobrado na linha do centro. 22. FRENTE LATERAL. 24. COSTAS SUPERIORES LATERAL: separe a frente lateral na linha marcada. Corte cada peça duas vezes. A. ACABAMENTO DO DECOTE: 80 cm x 3 cm, uma vez. B. ACABAMENTO DAS CAVAS: 55 cm x 3 cm, duas vezes.
MONTAGEM:
- Junte as partes superiores e inferiores das peças da frente com uma costura nas linhas de corte. Vire as folgas das costuras sobre o avesso das peças superiores e prenda com pespontos rentes.
- Prenda as peças laterais na frente e nas costas superior central. Vire as folgas das costuras sobre o avesso das peças centrais e prenda com pespontos rentes.
- Costure as peças superiores nas costas inferiores. Pesponte rente à costura, prendendo as folgas sobre o avesso das peças superiores.
- Junte frente e costas com uma costura, unindo um dos ombros.
- Feche o outro ombro.
- Junte, frente e costas com uma costura pelas laterais.
- Arremate as cavas, conforme a montagem do acabamento no decote.
- Feche as bordas menores das tiras dos acabamentos das cavas com uma costura, formando dois círculos. Monte os acabamentos nas cavas, conforme a montagem do acabamento no decote.
- Faça a bainha inferior.

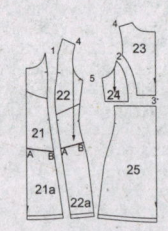

MOLDE 030
✂✂ **CALÇA**
TAMANHO 48
PEÇAS: 16 a 19
LINHA DO MOLDE EM VERMELHO

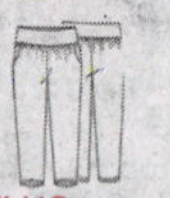

FOLHA B
SUGESTÃO DE TECIDO: malha
METRAGEM: 2,40 m x 1,50 m. Molde para malha com 80% de alongamento (veja em Dicas de Costura como calcular o alongamento).
AVIAMENTOS: 90 cm x 2,5 cm de elástico; linha para malha e agulha ponta bola; 90 cm x 1 cm de elástico.
COMO CORTAR: distribua as peças no tecido, observando a planilha de corte. Calça com 1,13 m de comprimento.
PEÇAS: 16. FRENTE. 17. FUNDO DO BOLSO. 18. COSTAS: corte cada peça

MOLDE 031
✂✂✂ **SAIA**
TAMANHO 48/50/52/54
PEÇAS: 1 a 5
LINHA DO MOLDE EM VERDE
TAM. 48
TAM. 50
TAM. 52
TAM. 54

FOLHA N
SUGESTÃO DE TECIDO: Malha poliéster.

MOLDE 032
✂✂ **VESTIDO**
TAMANHO 50
PEÇAS: 21 a 25
LINHA DO MOLDE EM AZUL

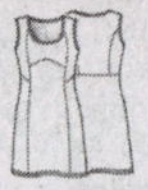

FOLHA F

MOLDE 033
✂✂✂ **MACACÃO**
TAMANHO 48
PEÇAS: 15 a 20
LINHA DO MOLDE EM PRETO

FOLHA K
SUGESTÃO DE TECIDO: crepe viscose.
METRAGEM: 2,70 m x 1,40 m.
AVIAMENTOS: um zíper invisível de 55 cm; dez ilhoses dourados; um botão de 1 cm; dois terminais para alça.
COMO CORTAR: distribua as peças no tecido, observando a planilha de corte. Macacão com 31 cm de altura de gancho e

1,70 m de comprimento.
PEÇAS: 15. FRENTE SUPERIOR CENTRAL: corte duas vezes com o tecido dobrado na linha do centro. 16. FRENTE SUPERIOR LATERAL: corte quatro vezes. 17. COSTAS SUPERIORES CENTRAL: corte uma vez com o tecido dobrado na linha do centro. 18. COSTAS SUPERIORES LATERAL. 19. FRENTE INFERIOR. 20. COSTAS INFERIORES: separe a frente na linha marcada na lateral. Corte todas as peças duas vezes. A. ACABAMENTO DA ABERTURA: 50 cm x 3,5 cm; uma vez. B. VIÉS DO DECOTE DAS COSTAS: 17 cm (lado esquerdo) e 13 cm (lado direito) x 3,5 cm, duas vezes. C. VIÉS DA CAVA DAS COSTAS: 30 cm x 3,5 cm, duas vezes. D. ALÇA DA ABERTURA: 85 cm x 3,5 cm, duas vezes.
MONTAGEM:
• Feche as pences.
• Vinque as alças ao meio no comprimento, direito sobre direito. Una as bordas maiores com uma costura a 0,5 cm da borda vincada. Revire as alças.
• Junte as peças centrais e laterais da frente e das costas, separadamente, com uma costura.
• Junte as partes externas e internas da frente superior, direito sobre direito, com uma costura pelas bordas da abertura, prendendo as alças nos lugares marcados. Em seguida, una as peças pelas bordas do decote e das cavas da frente. Revire as peças, avesso sobre avesso.
• Abra os ilhoses nos lugares indicados nas bordas da abertura da frente.
• Arremate a abertura central das costas com a montagem do viés de rolo, de acordo com Dicas de Costura.
• Vinque as tiras de viés do decote e das cavas das costas ao meio no comprimento, avesso sobre avesso. Costure as bordas do viés pelo direito do decote e das cavas das costas. No lado esquerdo da abertura central das costas, deixe uma folga de 4 cm para formar uma alça.
• Junte frente e costas com uma costura pelos ombros e, com outra costura, pela lateral direita, prendendo as bordas menores dos vieses sobre as peças internas da frente.
• Vire os vieses para o avesso do decote e das cavas. Prenda as bordas vincadas do viés com pespontos no avesso do decote e das cavas.
• Prenda a ponta da alcinha do decote no avesso da borda do lado esquerdo das costas.
• Costure os trechos laterais superiores nas peças inferiores da frente. Pesponte, pelo direito, rente às costura
• Una as peças inferiores da frente e das costas com uma costura pelo centro.
• Junte frente e costas inferiores com uma costura pelas laterais, sem fechar a abertura superior esquerda. Com outra costura, feche as entrepernas.
• Prenda as peças superiores nas inferiores.
• Faça a montagem do zíper invisível na abertura lateral esquerda, de acordo com Dicas de Costura.
• Faça as bainhas inferiores.
• Introduza as alças nos ilhoses. Arremate as pontas das alças, prendendo os terminais.

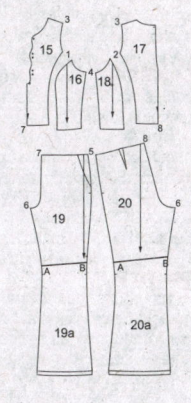

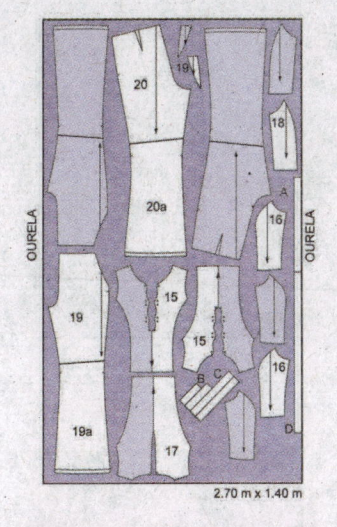

• Vinque a frente direita na linha marcada (borda do traspasse), avesso sobre avesso. Una as bordas superiores com alinhavos.
• Vinque a alça esquerda, direito sobre direito, na linha marcada. Una as bordas da alça com uma costura, deixando livre a borda de montagem. Pesponte rente à borda costurada da alça.
• Alinhave a alça pelo direito da borda lateral da parte externa do cós esquerdo.
• Feche as laterais do cós com uma costura, prendendo as peças externas e internas, separadamente. Junte as partes externas e internas do cós, direito sobre direito, com uma costura pelas bordas, deixando livres as bordas de montagem nas peças da frente e das costas. Revire o cós, avesso sobre avesso.
• Costure o direito da borda da parte interna do cós pelo avesso da borda superior do modelo. Embainhe a borda da parte externa do cós pelo direito da costura de montagem, bata o ferro e prenda com pespontos rentes.
• Prenda a ponta do traspasse do cós direito nas argolas.
• Abra a casa e pregue o botão.

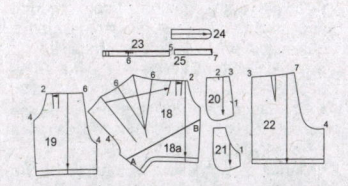

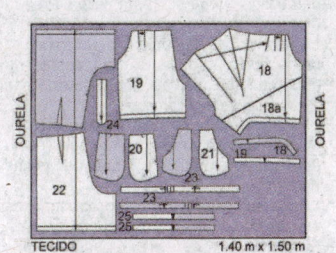

MOLDE 034

SHORT SAIA 
TAMANHO 50
PEÇAS: 18 a 25
LINHA DO MOLDE EM AZUL

FOLHA L
SUGESTÃO DE TECIDO: crepe.
METRAGEM: 1,40 m x 1,50 m.
AVIAMENTOS: um zíper invisível de 20 cm; dois botões de 1,2 cm; 10 cm de entretela; um par de argola meio aro para alça de 3 cm.
COMO CORTAR: copie os acabamentos inferiores. Distribua as peças no tecido, observando a planilha de corte. Short saia com 50 cm de comprimento.
PEÇAS: 18. FRENTE DIREITA. 19. FRENTE ESQUERDA. 24. ALÇA ESQUERDA: corte as peças uma vez. 20. FUNDO MAIOR DO BOLSO. 21. FUNDO MENOR DO BOLSO. 22. COSTAS: corte as peças duas vezes. 23. CÓS DA FRENTE – Para as partes internas, corte as peças a partir da linha interna marcada. Lado direito: corte duas vezes no tecido e uma vez na entretela. Lado esquerdo: corte duas vezes e uma vez na entretela, somente até a linha marcada. 25. CÓS DAS COSTAS: corte duas vezes com o tecido e uma vez com a entretela dobrados na linha do centro, sendo a parte interna somente até linha marcada.
MONTAGEM:
• Prenda a entretela no avesso das partes internas do cós.
• Vinque as pregas, direito sobre direito na direção das setas, deixando A sobre B. Bata as pregas a ferro e prenda com alinhavos nas bordas superiores das peças.
• Costure o direito dos fundos internos dos bolsos pelo direito das bordas das aberturas das peças da frente. Vire os fundos dos bolsos para o avesso das peças. Bata a ferro.
• Una os fundos internos e externos dos bolsos, direito sobre direito, com uma costura contornando as bordas.
• Feche as pences das costas.
• Costure os acabamentos pelo direito das bordas inferiores das peças da frente. Bata as costuras a ferro, virando as folgas sobre o avesso dos acabamentos e prenda com pespontos rentes.
• Junte frente e costas com uma costura pelas laterais e, com outra costura pelas entrepernas.
• Una os dois lados do modelo com uma costura pelo centro da frente, a partir do final da abertura; pelo gancho e centro das costas. Revire as peças.
• Monte o zíper invisível na abertura superior da frente, de acordo com Dicas de Costura.

• Una as peças de malha e musselina da frente com uma costura na linha de corte. Pesponte, pelo direito, rente à costura, prendendo as folgas no avesso da peça de malha.
• Prenda as palas nas bordas superiores da frente e das costas.
• Arremate a abertura das costas com a montagem do acabamento, de acordo com a montagem do acabamento da cava.
• Costure o direito de uma das bordas do acabamento pelo avesso do decote, coincidindo o meio do acabamento e o centro da frente. Vinque o acabamento ao meio, avesso sobre avesso. Pesponte rente à borda vincada. Embainhe a borda do acabamento no direito do decote. Embainhe as bordas dos trechos das alças, avesso sobre avesso. • esponte rente à borda embainhada do acabamento, prendendo-o pelo direito do decote e fechando as bordas das alças.
• Vire o acabamento do decote para o avesso. Prenda com pespontos rentes à borda vincada.
• Vire a bainha inferior para o avesso e prenda com pespontos duplos.

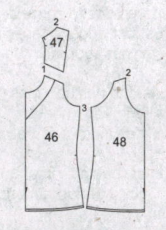

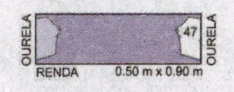

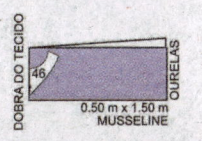

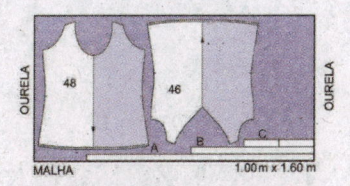

MOLDE 035

BLUSA 
TAMANHO 52
PEÇAS: 46 a 48
LINHA DO MOLDE EM PRETO

FOLHA G
SUGESTÃO DE TECIDO: viscolycra, musseline e renda de náilon.
METRAGEM: Viscolycra: 1,00 m x 1,60 m. Musseline: 0,50 m x 1,50 m. Renda: 0,50 m x 0,90 m. Molde para malha com 40% de alongamento (veja em Dicas de Costura como calcular o alongamento).
AVIAMENTOS: linha para malha e agulha ponta bola.
COMO CORTAR: distribua as peças na malha, na musseline e na renda, observando as planilhas de corte. Blusa com 81 cm de comprimento.
PEÇAS: 46. FRENTE: separe a peça na linha marcada. Corte o trecho maior uma vez com a malha e o trecho menor uma vez com a musseline dobrados na linha do centro. 47. PALA DO OMBRO: corte duas vezes na renda. 48. COSTAS: corte uma vez na malha revirando o molde na linha do centro.. A. ACABAMENTO DA ABERTURA DAS COSTAS: 70 cm x 4 cm, uma vez na malha. B. ACABAMENTO DO DECOTE E ALÇAS: 1,30 m x 4 cm, uma vez na malha. C. ACABAMENTO DAS CAVAS: 40 cm x 4 cm, duas vezes na malha.
MONTAGEM:
• Costure a frente nas laterais das costas.
• Vinque as tiras dos acabamentos das cavas ao meio no comprimento. Costure as bordas dos acabamentos pelo direito das cavas. Vire os acabamentos para o avesso e prenda com pespontos.

MOLDE 036

BATA 
TAMANHO 54
PEÇAS: 40 a 45
LINHA DO MOLDE EM PRETO

FOLHA G
SUGESTÃO DE TECIDO: viscose.
METRAGEM: 1,80 m x 1,50 m.
AVIAMENTOS:
COMO CORTAR: distribua as peças no tecido, observando a planilha de corte. Blusa com 88 cm de comprimento.
PEÇAS: 40. FRENTE SUPERIOR CENTRAL. 42. COSTAS SUPERIORES CENTRAL: corte as peças uma vez com o tecido dobrado na linha do centro. 41. LATERAL: separe a peça na linha marcada. Corte cada parte duas vezes. 43. BABADO LATERAL INFERIOR. 44. MANGA. 45. BABADO DA MANGA: corte as peças duas vezes. A. BABADO CENTRAL INFERIOR DA FRENTE: 40 cm x 13 cm, uma vez. B. BABADO CENTRAL INFERIOR DAS COSTAS: 40 cm x 18 cm, uma vez. C. VIÉS DO DECOTE: 70 cm x 4 cm, uma vez com emendas.

MONTAGEM:

• Feche um dos ombros, unindo frente e costas.
• Arremate o decote com a montagem do viés de rolo, de acordo com Dicas de Costura.
• Feche o outro ombro.
• Faça a costura de união das partes superiores e inferiores laterais. Pesponte, pelo direito, rente à costura, prendendo as folgas sobre o avesso das peças superiores.
• Costure as peças laterais na frente e nas costas centrais. Bata as costuras a ferro, virando as folgas sobre o avesso das peças centrais e prenda com pespontos rentes.
• Una as peças superiores e inferiores das mangas com uma costura. Costure os babados nas bordas inferiores das mangas.
• Feche as laterais das mangas e dos babados inferiores das mangas.
• Embeba as bordas superiores das mangas no trecho marcado. Monte as mangas nas cavas.
• Prenda os babados laterais nos babados centrais da frente e das costas, unindo as bordas menores direito sobre direito.
• Franza os babados o suficiente para a montagem nas bordas inferiores das peças.
• Costure o direito dos babados pelo direito da borda inferior do modelo, coincidindo as costuras de união das peças centrais e laterais.
• Faça uma bainha fina presa com pespontos no babado inferior e nos babados das mangas.

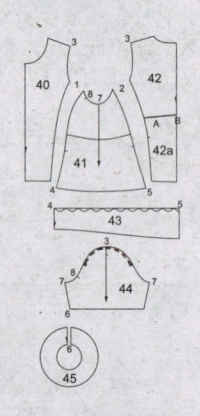

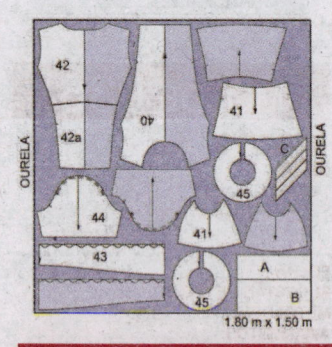

MOLDE 037

BLAZER
TAMANHO 56
PEÇAS: 11 a 17
LINHA DO MOLDE EM VERMELHO

FOLHA I
SUGESTÃO DE TECIDO: laise. FORRO: segunda pele.
METRAGEM: Tecido – 1,90 m x 1,40 m. Forro – 1,60 m x 1,60 m.
AVIAMENTOS: dois botões de 2 cm; um par de ombreiras.

COMO CORTAR: distribua as peças no tecido e no forro, observando as planilhas de corte. Blazer com 66 cm de comprimento.
PEÇAS: 11. FRENTE. 12. LATERAL DA FRENTE. 16. ACABAMENTO DA FRENTE: corte as peças duas vezes no tecido. 13. COSTAS: corte a peça duas vezes no tecido. Separe a peça na linha marcada. Corte o acabamento do decote uma vez com o tecido dobrado na linha do centro. Corte o trecho inferior duas vezes no forro. 14. PARTE SUPERIOR DA MANGA. 15. PARTE INFERIOR DA MANGA: corte as peças duas vezes no tecido e no forro. 17. FRENTE INTERNA: corte duas vezes no forro. A. VIVO: 20 cm x 8 cm, duas vezes. B. ESPELHO: 20 cm x 5 cm, duas vezes.

MONTAGEM:
• Costure as peças laterais na frente central externa, coincidindo o número 1 de junção.
• Feche as pences verticais da frente. Em seguida, feche a pence horizontal, deixando livre o trecho da abertura.
• Monte o falso bolso com vivo duplo nas peças da frente.
• Vinque as pregas da frente interna, direito sobre direito, na direção das setas, deixando A sobre B. Bata as pregas a ferro e prenda com alinhavos nas bordas das peças.
• Una as peças das costas com uma costura pelo centro, prendendo tecido e forro, separadamente.
• Vinque o forro sobre a linha do centro das costas, formando uma prega. Prenda a prega com alinhavos.
• Una as peças da frente com uma costura pelas bordas do centro das costas no trecho da gola, unindo as partes externas e internas, separadamente.
• Feche os ombros e as laterais externas e internas, separadamente. Deixe uma abertura em uma das costuras das peças de forro.
• Faça as costuras de união das mangas de tecido e de forro, separadamente. Embeba as bordas superiores das mangas entre os asteriscos (*). Monte as mangas nas cavas, prendendo tecido e forro, separadamente.
• Prenda o forro nas bordas da bainha inferior do tecido. Bata o forro a ferro, vincando a folga sobre o direito da bainha inferior do tecido.
• Costure os acabamentos nas bordas internas do forro da frente e na borda superior do forro das costas.
• Junte às peças externas e internas da frente, direito sobre direito, com uma costura contornando as bordas do trecho da gola, as bordas do traspasses e inferiores da frente.
• Em seguida, prenda o forro das mangas nas bordas das bainhas inferiores das mangas de tecido.
• Introduza as ombreiras entre o tecido e forro e prenda com uma costura nas bordas das costuras dos ombros do forro.
• Revire as peças, avesso sobre avesso, vincando as bainhas. Feche a abertura lateral do forro.
• Abra as casas e pregue os botões.

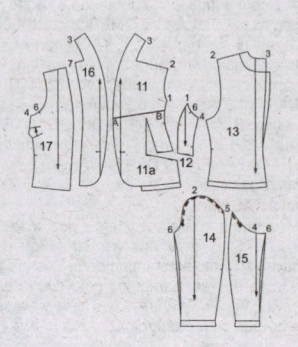

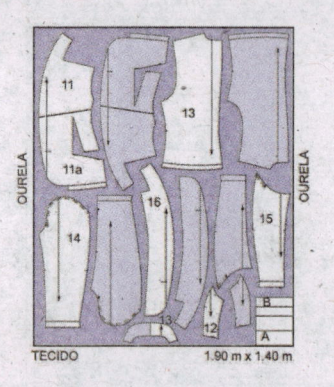

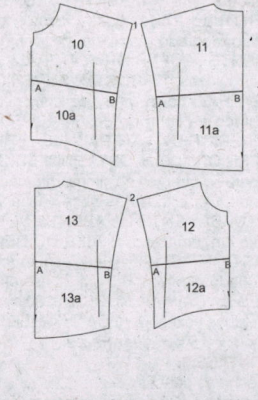

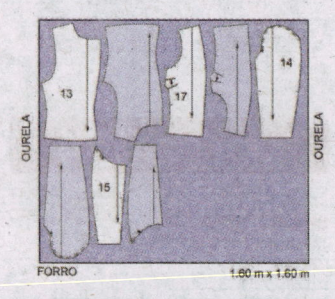

MOLDE 038

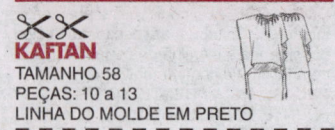

KAFTAN
TAMANHO 58
PEÇAS: 10 a 13
LINHA DO MOLDE EM PRETO

FOLHA D
SUGESTÃO DE TECIDO: crepe georgete.
METRAGEM: Tecido - 3,60 m x 1,50 m.
AVIAMENTOS: 90 cm x 16 cm de franja de seda; 2,20 m de cordão fino tipo Francisco com franja tassel.
COMO CORTAR: distribua as peças no tecido, observando a planilha de corte. Kaftan com 72 cm de comprimento.
PEÇAS: 10. FRENTE EXTERNA. 11. COSTAS EXTERNAS. 12. FRENTE INTERNA. 13. COSTAS INTERNAS: corte as peças uma vez com o tecido dobrado na linha do centro. A. VIÉS DO DECOTE: 85 cm x 3 cm, uma vez com emenda.

MONTAGEM:
• Junte frente e costas das peças externas e internas com uma costura pelos ombros.
• Junte as peças externas e internas, direito sobre direito, com uma costura contornando as bordas da abertura do centro da frente. Revire as peças. Pesponte rente às bordas da abertura.
• Una as bordas do decote com alinhavos.
• Vinque o viés do decote ao meio no comprimento, direito sobre direito. Costure rente às bordas menores do viés. Revire o viés, avesso sobre avesso.
• Costure as bordas do viés sobre o direito do decote. Vire o viés para o avesso do modelo e prenda com pespontos.
• Aplique a franja com pespontos pelo direito do decote, prendendo uma tira de cordão de 55 cm cada borda da abertura do decote.
• Faça uma bainha de lenço nas bordas externas das peças.
• Una a frente e as costas, avesso sobre avesso, vincando o modelo sobre as costuras dos ombros.
4Pesponte as laterais nos lugares indicados, unindo frente e costas.
4Aplique uma tira de cordão de 25 cm pelo avesso das bordas laterais das peças externas.

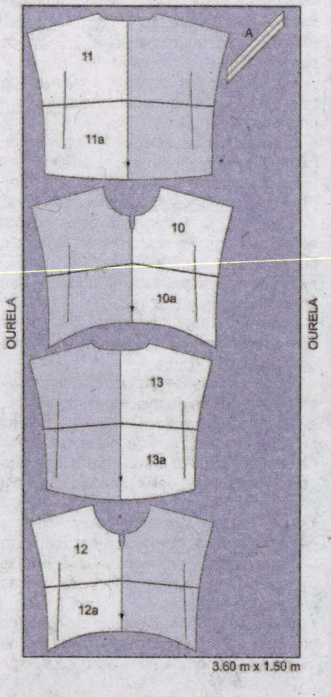

MOLDE 039

VESTIDO
TAMANHO 48
PEÇAS: 5 e 6
LINHA DO MOLDE EM AZUL

FOLHA G
SUGESTÃO DE TECIDO: malha. FORRO: liganete.
METRAGEM: Tecido - 1,20 m x 1,50 m. Forro – 0,70 m x 1,60 m. Molde para malha com 100% de alongamento na direção horizontal e 50% na direção vertical (veja em Dicas de Costura como calcular o alongamento).
AVIAMENTOS: dois botões de 1 cm; 10 cm de malha sanfonada (acabamentos); 10 cm de elástico roliço para alça; linha para malha e agulha ponta bola.
COMO CORTAR: prolongue as peças com as medidas das pontas das setas. Copie os acabamentos. Distribua as peças no tecido e no forro, observando as planilhas de corte. Vestido com 90 cm de comprimento.
PEÇAS: 5. FRENTE: corte uma vez com o tecido dobrado na linha do centro. 6. COSTAS: corte duas vezes. ACABAMENTO DO DECOTE: 65 cm x 3 cm, uma vez na malha sanfonada.

MONTAGEM:
• Una as peças das costas com uma costura pelo centro, sem fechar a abertura superior, prendendo as peças externas e os acabamentos, separadamente.
• Junte a peça externa e o acabamento

da frente, direito sobre direito, com uma costura pelas bordas das cavas.
• Vire o acabamento para o avesso da frente. Alinhave as bordas do decote. Vinque as pregas do decote da frente, direito sobre direito, na direção das setas, deixando A sobre B. Alinhave as pregas no decote.
• Junte as peças externas e os acabamentos das costas, direito sobre direito, com uma costura contornando as bordas da abertura do centro das costas. Prossiga com a costura pelas bordas dos ombros, prendendo os ombros da frente. Em seguida, una as peças das costas pelas bordas das cavas.
• Introduza as bordas laterais da frente entre as costas e o acabamento das costas. Feche as laterais, unido frente e costas das peças e dos acabamentos com a mesma costura. Revire os acabamentos para o avesso das costas.
• Embainhe as bordas menores do acabamento do decote para o avesso. Costure as bordas do acabamento pelo avesso do decote. Separe uma tira de elástico de 5 cm. Alinhave as pontas do elástico pelo avesso da borda superior da abertura do centro das costas. Dobre o acabamento ao meio para o direito do decote e prenda com pespontos sobre a primeira costura.
• Faça a bainha inferior. Pregue o botão, para o fechamento da abertura central das costas.

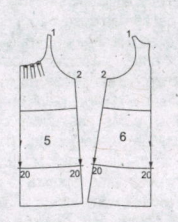

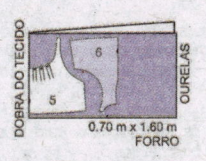

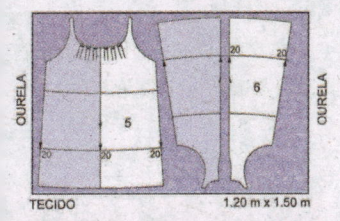

duas vezes no tecido e no forro.
MONTAGEM:
• Aplique a fita de gorgorão no lugar indicado na peça da frente externa com pespontos rentes às bordas maiores.
4 Prendendo tecido e forro, separadamente, faça as seguintes costuras:
• Costure as peças laterais inferiores nas peças da frente coincidindo o número 1 de junção.
• Em seguida, prenda as peças laterais superiores nas peças da frente com uma costura a partir do número 3 de junção.
• Una as peças das costas com uma costura pelo centro, entre as marcações das aberturas.
4 Junte frente e costas com uma costura pelos ombros e, com outra costura, pelas laterais.
• Junte tecido e forro, direito sobre direito, com uma costura pelas bordas do decote, bata a costura a ferro, virando as folgas sobre o avesso do forro e prenda com pespontos rentes.
• Embeba as bordas superiores das mangas entre os asteriscos (*).
4 Junte tecido e forro das mangas, direito sobre direito. Costure as bordas inferiores. Vire o forro para o avesso das mangas.
• Prossiga com a costura de união do tecido e do forro, direito sobre direito, pelas bordas das cavas. Para facilitar a montagem, deixe uma abertura no forro sobre a montagem das mangas. Vire o forro para o avesso das cavas. Embainhe as bordas da abertura e prenda com pontos à mão.
• Faça a montagem do zíper invisível na abertura do centro das costas externas, de acordo com Dicas de Costura. Costure o direito das bordas do forro pelo avesso das folgas do zíper.
• Torne a virar o forro para o avesso do tecido.
• Vire a folga do lado esquerdo da abertura inferior das costas (traspasse externo) para o direito e prenda com uma costura sobre a linha do vincar a bainha.
• Faça uma bainha fina presa com pespontos na borda da traspasse interno da abertura (lado direito).
• Vire a bainha inferior para o avesso, revirando a folga do traspasse externo. Prenda a bainha e a folga do traspasse externo com pontos invisíveis.
• Faça o traspasse do lado esquerdo da abertura sobre o lado direito. Pesponte a peça do lado esquerdo das costas de acordo com a marcação, prendendo as bordas superiores das folgas no avesso.
• Embainhe as bordas inferiores e as bordas da abertura do forro para o avesso. Prenda as bainhas com pespontos.

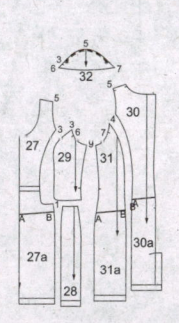

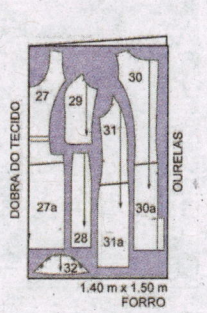

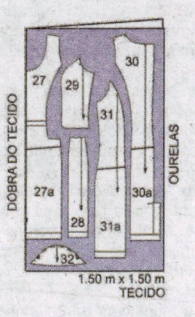

MOLDE 041

VESTIDO
TAMANHO 52
PEÇAS: 34 a 38
LINHA DO MOLDE EM VERDE

FOLHA J
SUGESTÃO DE TECIDO: malha.
METRAGEM: 1,50 m x 1,50 m. Molde para malha com 60% de alongamento na direção horizontal e 40% na direção vertical (veja em Dicas de Costura como calcular o alongamento). .
AVIAMENTOS: linha para malha e agulha ponta bola; 10 cm de malha lisa para os vivos.
COMO CORTAR: copie os acabamentos. Distribua as peças e os acabamentos no tecido, observando a planilha de corte. Vestido com 90 cm de comprimento.
PEÇAS: 34. FRENTE: corte uma vez com o tecido dobrado na linha do centro. 35. FUNDO DO BOLSO: copie o fundo menor do bolso a partir da linha da abertura. 36. COSTAS. 38. MANGA: corte as peças duas vezes. 37. INCRUSTAÇÃO DO OMBRO: corte duas vezes com o tecido dobrado na linha marcada. VIVO DO DECOTE DA FRENTE: 50 cm x 3,5 cm, uma vez na malha lisa. VIVO DO DECOTE DAS COSTAS: 50 cm x 3,5 cm, uma vez na malha lisa. VIVO DA ABERTURA DO BOLSO: 17 cm x 3,5 cm, duas vezes na malha lisa.
MONTAGEM:
• Feche as pences.
• Una as peças das costas com uma costura pelo centro.
• Vinque os vivos ao meio no comprimento, avesso sobre avesso. Alinhave as bordas dos vivos pelo direito do decote da frente e das costas.
• Vinque as incrustações, avesso sobre avesso. Alinhave as bordas das incrustações pelo avesso das bordas superiores da frente e das costas, sobre os vivos.
• Costure o direito dos acabamentos pelo avesso do modelo, sobre as folgas do zíper. Vire os acabamentos para o avesso. Pesponte rente às bordas superiores da frente e das costas, rente às costuras de montagem dos vivos.
• Costure o direito dos fundos menores dos bolsos pelo direito das bordas das aberturas laterais da frente, prendendo as bordas do vivo vincado ao meio. Vire os fundos dos bolsos para o avesso da frente. Pesponte rente às bordas das aberturas.
• Una os fundos menores e maiores dos bolsos, direito sobre direito, com uma costura contornando as bordas.
• Monte as mangas nas cavas. Junte frente e costas com uma costura pelas laterais, a partir das bordas inferiores das mangas.
• Vire as bainhas das mangas e da borda inferior para o avesso. Prenda as bainhas com pespontos duplos.

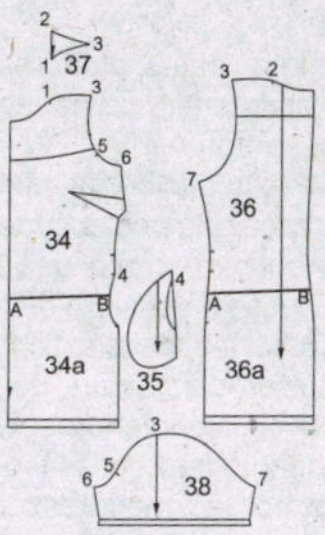

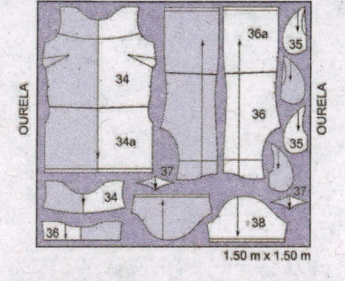

MOLDE 042

VESTIDO
TAMANHO 54
PEÇAS: 36 a 42
LINHA DO MOLDE EM AZUL

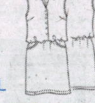

FOLHA P
SUGESTÃO DE TECIDO: crepe. FORRO: liganete.
METRAGEM: Tecido – 2,00 m x 1,40 m. Forro – 0,80 m x 1,60 m.
AVIAMENTOS: sete botões de 1,2 cm; 1,00 m x 1 cm de elástico; 20 cm de entretela.
COMO CORTAR: copie o acabamento superior e o fundo menor do bolso. Distribua as peças no tecido, observando a planilha de corte. Corte o acabamento também na entretela. Vestido com 54 cm de comprimento, a partir da saia.
PEÇAS: 36. FRENTE SUPERIOR. 41. FUNDO DO BOLSO: corte as peças duas vezes no tecido. 37. COSTAS SUPERIORES. 40. FRENTE INFERIOR EXTERNA: corte as peças uma vez com o tecido dobrado na linha do centro. 38. COLARINHO. 39. PÉ DE COLARINHO: corte as peças duas vezes com o tecido e uma vez com a entretela dobrados na linha do centro. 42. COSTAS EXTERNAS E FRENTE E COSTAS INTERNAS: corte uma vez com o tecido (externa) e duas vezes com o forro (internas) dobrados na linha do centro. A. VIÉS DA CAVA: 70 cm x 3 cm, duas vezes.
MONTAGEM:
• Prenda a entretela no avesso dos acabamentos e das partes internas do colarinho e do pé de colarinho.
• Feche as pences.
• Costure o direito dos acabamentos pelo direito das peças superiores da frente. Vire os acabamentos para o avesso, embainhe as bordas e prenda com pespontos. Pesponte rente às bordas dos traspasses do abotoamento.
• Junte frente e costas superiores com uma costura pelos ombros e, com outra costura, pelas laterais.
• Faça a montagem do colarinho simples no decote, de acordo com Dicas de Costura.
• Faça o traspasse do abotoamento. Alinhave as bordas inferiores traspassadas.
• Costure o direito dos fundos menores dos bolsos pelo direito das peças da frente, coincidindo o número de junção. Vire os fundos dos bolsos para o avesso da frente. Pesponte a 0,7 cm das bordas da abertura.

MOLDE 040

VESTIDO
TAMANHO 50
PEÇAS: 27 a 32
LINHA DO MOLDE EM PRETO

FOLHA A
SUGESTÃO DE TECIDO: algodão. FORRO: cetim.
METRAGEM: Tecido – 1,50 m x 1,50 m. Forro – 1,40 m x 1,50 m.
AVIAMENTOS: um zíper invisível de 65 cm; 30 cm x 2,5 cm de fita de gorgorão.
COMO CORTAR: distribua as peças no tecido e no forro, observando as planilhas de corte. Vestido com 1,10 m de comprimento.
PEÇAS: 27. FRENTE: corte uma vez com o tecido e o forro dobrados na linha do centro. 28. FRENTE INFERIOR LATERAL. 29. FRENTE SUPERIOR LATERAL. 30. COSTAS CENTRAIS. 31. COSTAS LATERAIS. 32. MANGA: corte as peças

- Una os fundos dos bolsos, direito sobre direito, com uma costura contornando as bordas.
- Junte frente e costas inferiores com uma costura pelas laterais, prendendo o tecido e o forro, separadamente.
- Prenda o direito das bordas do tecido das peças inferiores nas peças superiores. Em seguida, prenda o direito das bordas do forro pelo avesso da costura de montagem.
- Costure uma tira de elástico de 90 cm sobre as folgas da costura de união das peças superiores e inferiores, esticando o elástico o quanto for necessário.
- Feche as bordas menores do viés das cavas com uma costura. Prenda o direito de uma das bordas do viés pelo direito das cavas. Vire o viés para o avesso, embainhe a borda e prenda com pespontos.
- Faça as bainhas inferiores.

MONTAGEM:
- Junte frente e costas com uma costura pelos ombros e, com outra costura, pelas laterais.
- Una as peças da carcela, duas a duas, direito sobre direito, com uma costura pelas bordas dos traspasses. Revire as carcelas. Pesponte rente às bordas costuradas.
- Prenda o direito da borda da parte interna da carcela pelo avesso das peças da frente. Embainhe as bordas externas das carcelas pelo direito da costura de montagem e prenda com pespontos rentes.
- Faça a montagem do colarinho simples no decote, de acordo com Dicas de Costura.
- Feche as laterais das mangas. Monte as mangas nas cavas.
- Faça as bainhas.
- Prenda as aplicações de guipir com pespontos contornando as bordas pelo direito das peças da frente, de acordo com o modelo. Elimine o excesso de tecido por debaixo das aplicações.
- Abra as casas e pregue os botões.

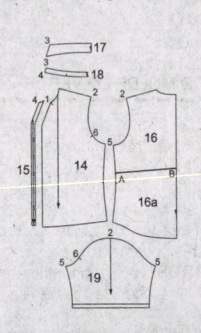

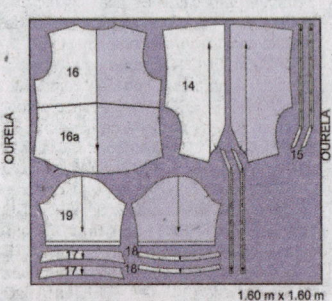

dos acabamentos, separadamente, com uma costura pelas laterais.
- Monte os acabamentos nas peças, direito sobre direito, com uma costura pelas bordas do decote; pelas bordas do abotoamento superior, pelas pontas das alcinhas e pelas bordas das cavas. Revire os acabamentos para o avesso. Pesponte a 0,7 cm das bordas costuradas.
- Una as peças inferiores da frente e das costas, separadamente, com uma costura pelo centro.
- Costure o direito do fundo menor do bolso pelo direito das bordas das aberturas das peças inferiores da frente. Vire os fundos dos bolsos para o avesso. Bata a ferro. Pesponte a 0,7 cm das bordas das aberturas.
- Una os fundos menores e maiores dos bolsos, direito sobre direito. Costure contornando as bordas.
- Junte frente e costas inferiores com uma costura pelas laterais e, com outra costura, pelas entrepernas.
- Prenda as peças superiores nas inferiores.
- Vinque as bordas menores do passador para o avesso. Prenda com pespontos. Embainhe as bordas maiores do passador para o avesso. Bata a ferro. Aplique o avesso do passador pelo direito do lugar indicado nas peças superiores com pespontos rentes às bordas maiores embainhadas.
- Una as tiras da faixa com uma costura, formando uma tira inteira. Vinque a faixa ao meio no comprimento, direito sobre direito. Una as bordas da faixa com uma costura, deixando uma abertura. Revire a faixa, embainhe as bordas da abertura e prenda com pontos à mão. Pesponte rente ás bordas costuradas.
- Introduza a faixa no passador.
- Faça as bainhas inferiores. Pregue os botões.

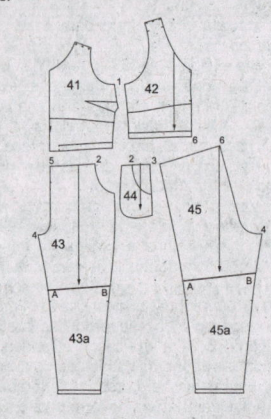

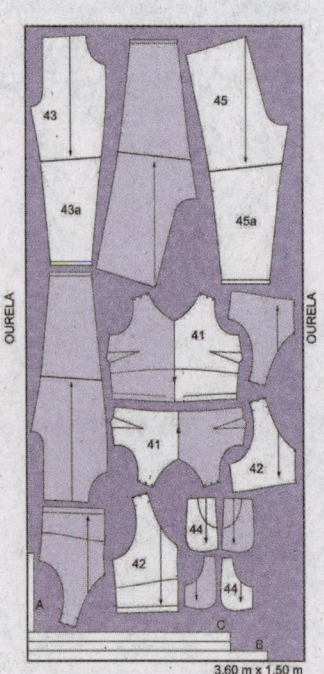

MOLDE 045

VESTIDO
TAMANHO 48
PEÇAS: 30 a 34
LINHA DO MOLDE EM VERDE

FOLHA F
SUGESTÃO DE TECIDO: renda com barra.
FORRO: liganete.
METRAGEM: Tecido – 1,40 m x 1,50 m.
Forro – 1,10 m x 1,60 m.
AVIAMENTOS: um zíper metálico de 50 cm
COMO CORTAR: distribua as peças no tecido e no forro, observando as planilhas de corte. Vestido com 88 cm de comprimento.
PEÇAS: 30. FRENTE CENTRAL: corte uma vez com a renda e o forro dobrados na linha do centro. 31. FRENTE LATERAL. 33. COSTAS: corte as peças duas vezes na renda e no forro. 32. PALA DA FRENTE: corte uma vez na renda, revirando o molde na linha do centro. 34. PALA DAS COSTAS: corte duas vezes na renda. A. ACABAMENTO DO DECOTE: 60 cm x 3 cm, uma vez no forro. B. ACABAMENTO DA CAVA: 60 cm x 3 cm, duas vezes no forro.

MONTAGEM:
- Vire as bainhas inferiores das peças de forro para o avesso. Prenda as bainhas com pespontos duplos.
- Alinhave o forro pelo avesso das peças de renda.
- Prenda as peças laterais na frente central
- Una as peças das costas com uma costura pelo centro, sem fechar a abertura superior.
- Junte frente e costas das palas e, separadamente, das peças da frente e das costas com uma costura pelos ombros.
- Prenda as palas nas peças da frente e das costas. Vire as folgas da costura sobre o avesso da frente e das costas. Prenda as folgas com pespontos rentes à costura.
- Prenda o direito das folgas da abertura do centro das costas pelo direito das folgas do zíper.
- Vinque as tiras dos acabamentos ao meio no comprimento. Costure as bordas dos acabamentos pelo direito do decote e das cavas.
- Feche as laterais, unindo frente e costas.
- Vire os acabamentos para o avesso e prenda com pespontos.

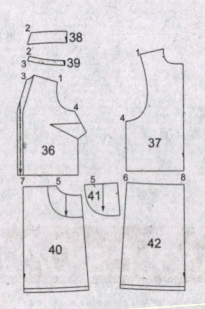

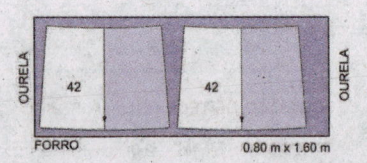

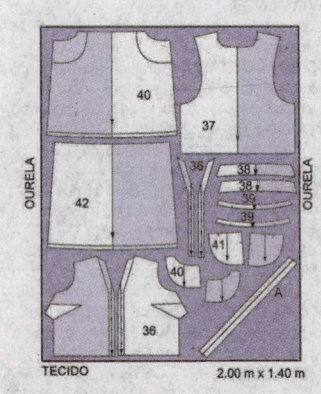

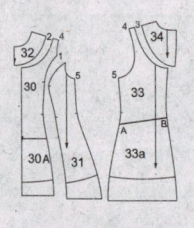

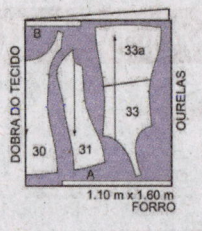

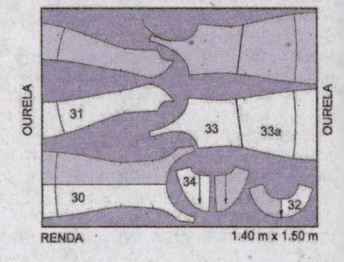

MOLDE 043

BLUSA
TAMANHO 56
PEÇAS: 14 a 19
LINHA DO MOLDE EM VERDE

FOLHA B
SUGESTÃO DE TECIDO: viscocrepe.
METRAGEM: 1,60 m x 1,60 m.
AVIAMENTOS: sete botões de 1,2 cm; 10 cm de entretela; duas aplicações de guipir; linha para malha e agulha ponta bola.
COMO CORTAR: distribua as peças no tecido, observando a planilha de corte. Camisa com 72 cm de comprimento.
PEÇAS: 14. FRENTE. 19. MANGA. 15. CARCELA: corte quatro vezes. 16. COSTAS: corte uma vez com o tecido dobrado na linha do centro. 17. COLARINHO. 18. PÉ DE COLARINHO: corte as peças duas vezes com o tecido e uma vez com a entretela dobrados na linha do centro.

MOLDE 044

MACACÃO
TAMANHO 58
PEÇAS: 41 a 45
LINHA DO MOLDE EM VERMELHO

FOLHA B
SUGESTÃO DE TECIDO: seda poliéster
METRAGEM: 3,60 m x 150 m.
AVIAMENTOS: sete botões de 1 cm.
COMO CORTAR: copie os acabamentos. Distribua as peças no tecido, observando a planilha de corte. Macacão com 38 cm de altura de gancho e 1,83 m cm de comprimento.
PEÇAS: 41. FRENTE SUPERIOR: corte uma vez com o tecido dobrado na linha do centro. 42. COSTAS SUPERIORES. 43. FRENTE INFERIOR. 45. COSTAS INFERIORES: corte as peças duas vezes. 44. FUNDO DO BOLSO: copie o fundo menor do bolso. Corte os fundos maior e menor do bolso duas vezes. A. ALCINHAS: 42 cm x 2,5 cm, uma vez. B. PASSADOR: 1,30 m x 5 cm, uma vez. C. FAIXA: 2,20 m x 5 cm, uma vez.

MONTAGEM:
- Feche as pences.
- Faça a tira das alcinhas como alça de rolo, de acordo com Dicas de Costura. Separe a tira em seis partes iguais
- Junte frente e costas das peças superiores e

MOLDE 046

CASAQUETO
TAMANHO 50
PEÇAS: 1 a 7
LINHA DO MOLDE EM PRETO

FOLHA B
SUGESTÃO DE TECIDO: renda. FORRO: segunda pele.
METRAGEM: Tecido – 1,90 m x 1,40 m. Forro – 1,60 m x 1,60 m.
AVIAMENTOS: dois botões de 2 cm; dois zíperes de 15 cm.
COMO CORTAR: copie o acabamento da frente. Distribua as peças na renda e no forro, observando as planilhas de corte. Corte o acabamento também na entretela. Blazer com 70 cm de comprimento.
PEÇAS: 1. FRENTE EXTERNA. 2. FRENTE LATERAL: corte as peças duas vezes na renda. 3. COSTAS CENTRAIS. 4. COSTAS LATERAIS. 5. PARTE MAIOR DA MANGA. 6. PARTE MENOR DA MANGA: corte as peças duas vezes na renda e no forro. 7. FRENTE INTERNA: corte duas vezes no forro. A. VIVO: 20 cm x 5 cm, duas vezes na renda e no forro. B. ESPELHO: 20 cm x 5 cm, duas vezes no forro.

MONTAGEM:
• Feche as pences.
• Faça as costuras do centro das costas das peças externas e internas, separadamente. Torne a unir as peças de cada vez com outra costura somente até as marcações feitas nas bordas superiores e inferiores, formando uma prega.
• Prenda as peças laterais na frente e nas costas centrais. Nas costas, faça as costuras unindo a renda e o forro, separadamente.
• Faça a montagem do falso bolso avivado nos lugares indicados nas peças da frente, prendendo os vivos nas bordas superiores e inferiores das aberturas e as folgas dos zíperes e do espelho pelo avesso.
• Junte frente e costas da renda e do forro, separadamente, com uma costura pelas laterais.
• Una as peças da frente e os acabamentos, separadamente, com uma costura pelo centro das costas do trecho da gola.
• Vire a bainha inferior do forro para o avesso.
• Costure o forro da frente pelo direito das bordas internas dos acabamentos da frente.
• Junte frente e costas com uma costura pelos ombros, unindo as peças externas e internas, separadamente.
• Faça as costuras de união das peças das mangas, coincidindo os números de junção.
• Embeba as bordas superiores das mangas no trecho marcado. Monte as mangas nas cavas, prendendo as peças externas e internas, separadamente.
• Una as peças externas e internas, direito sobre direito, com uma costura contornando as bordas externas, deixando uma abertura em uma das costuras laterais do forro.
• Costure o trecho da gola no decote, unindo as peças externas e internas, separadamente.
• Prenda o forro nas bordas das bainhas das mangas internas.
• Revire as peças, avesso sobre avesso. Feche a abertura lateral do forro.
• Abra a casa e pregue o botão.

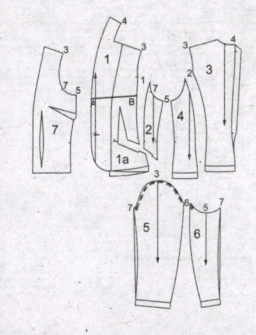

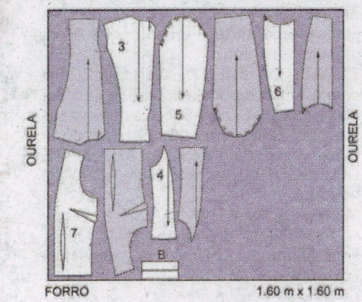

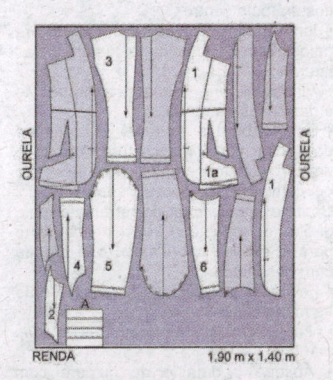

MOLDE 047

VESTIDO
TAMANHO 52
PEÇAS: 39 a 46
LINHA DO MOLDE EM VERDE

FOLHA M
SUGESTÃO DE TECIDO: viscose e renda. FORRO: viscose.
METRAGEM: Viscose – 1,80 m x 1,50 m. Renda - 1,60 m x 1,40 m de renda. Forro – 1,40 m x 1,50 m.
AVIAMENTOS: um zíper invisível de 35 cm; 4,60 m x 3,5 cm de renda de algodão, dois terminais para alça de 1 cm.
COMO · CORTAR: no modelo original, foi utilizada uma viscose bordada, aqui recomendamos viscose lisa. Distribua as peças no tecido e na renda, observando as planilhas de corte. Vestido com 1,55 m de comprimento.
PEÇAS: 39. FRENTE SUPERIOR CENTRAL: corte uma vez no tecido e o forro dobrados na linha do centro. 40. FRENTE SUPERIOR LATERAL: corte duas vezes na renda e no tecido. 41. COSTAS SUPERIORES: corte uma vez na renda, revirando o molde na linha do centro. 42. CÓS EXTERNO (FRENTE E COSTAS). 46. INCRUSTAÇÃO INFERIOR: corte as peças duas vezes no tecido. 43. FRENTE EXTERNA INFERIOR CENTRAL: corte uma vez no tecido. 44. FRENTE EXTERNA INFERIOR LATERAL: corte duas vezes no tecido. 45. COSTAS INFERIORES EXTERNAS E FRENTE E COSTAS INTERNAS - Costas externas: corte uma vez no tecido. Frente e costas internas: corte duas vezes com o forro dobrado na linha do centro. A. BABADO INFERIOR: 1,00 m x 43 cm, duas vezes. B. ALCINHAS: 48 cm x 3 cm, uma vez. C. ALÇA: 2,10 m x 3 cm, uma vez. D. VIÉS DO DECOTE: 30 cm x 3 cm, uma vez. E. VIÉS DAS CAVAS: 60 cm x 3 cm, duas vezes.

MONTAGEM:
• Prepare a tira das alcinhas conforme alça de rolo em Dicas de Costura. Separe a tira em doze tiras iguais.
• Alinhave as pontas das alças nos lugares indicados nas bordas da abertura do decote da frente externa.
• Junte tecido e forro da frente superior central, direito sobre direito, com uma costura pelas bordas do decote e da abertura do centro da frente.
• Prenda o direto do viés pelo direito do decote das costas. Vire o viés para o avesso, embainhe a borda e prenda com pespontos.
• Introduza os ombros das costas entre o tecido e forro da frente. Costure as bordas dos ombros, unindo frente e costas. Revire o forro para o avesso do tecido.
• Alinhave o tecido pelo avesso das rendas laterais.
• Prenda as peças laterais na frente superior central.
• Costure o direito do viés pelo direito das cavas. Vire o viés para o avesso das cavas, embainhe a borda e prenda com pespontos.
• Junte frente e costas superiores com uma costura pelas laterais, deixando livre a abertura lateral esquerda.
• Para fazer as pregas, vinque as peças do cós externo, da frente inferior central e da incrustação inferior nas linhas marcadas, avesso sobre avesso. Bata a ferro. Pesponte, pelo direito, a 1 cm das bordas vincadas.
• Bata as pregas do cós e da incrustação inferior a ferro, na direção das bordas inferiores.
• Junte frente e costas do cós com uma costura pela lateral direita.
• Aplique as rendas verticais com pespontos pelo direito das bordas da frente central e das peças laterais inferiores externas.
• Franza as bordas superiores dos babados inferiores.
• Aplique as rendas horizontais com pespontos nas bordas superiores e inferiores da incrustação preguegada.
• Em seguida, aplique as rendas com pespontos pelo direito dos babados inferiores e das peças inferiores.
• Junte frente e costas das peças inferiores externas e de forro, separadamente, com uma costura pelas laterais, deixando livre a abertura superior esquerda.
• Costure o cós nas peças superiores e inferiores externas.
• Prenda o direito da borda superior do forro pelo avesso da costura de união das peças superiores e inferiores. Vire o forro para o avesso das peças inferiores externas.
• Prepare a alça e introduza nas alcinhas da abertura do decote interno.
• Monte o zíper invisível na abertura lateral esquerda.
• Faça as bainhas.

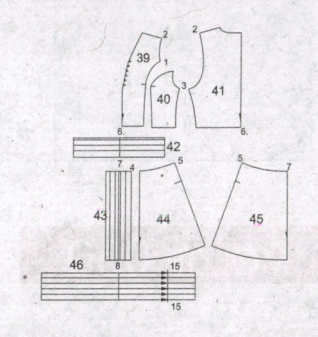

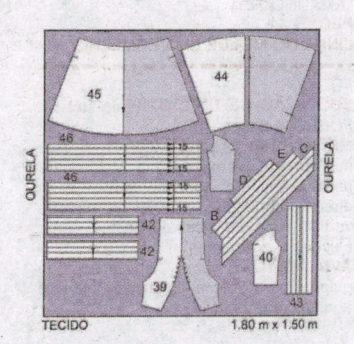

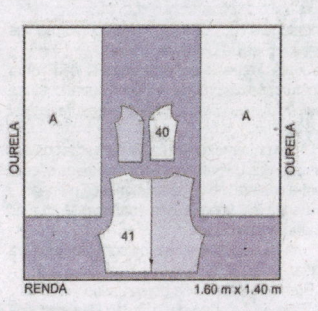

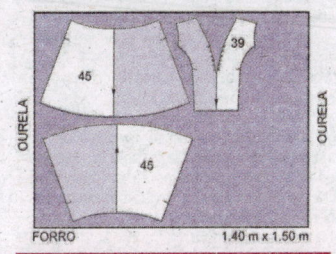

MOLDE 048

VESTIDO
TAMANHO 54
PEÇAS: 44 a 52
LINHA DO MOLDE EM VERMELHO

FOLHA A
SUGESTÃO DE TECIDO: malha de renda (três tipos). FORRO: helanca.
METRAGEM: Renda – 1,20 m (tipo 1), 1,40 m (tipo 2) e 0,50 m (tipo 3) x 1,60 m. Forro – 1,40 m x 1,60 m. Molde para forro com 60% de alongamento (veja em Dicas de Costura como calcular o alongamento).
AVIAMENTOS: um zíper invisível de 35 cm; 1,00 m x 8,5 cm de entremeio sem franja; 1,60 m x 6 cm de entremeio com franja; 10 cm x 3,2 cm de renda; linha para malha e agulha ponta bola.
COMO CORTAR: distribua as peças nos diferentes tipos de renda e no forro, observando as planilhas de corte. Vestido com 61 cm de comprimento, a partir da cintura.
PEÇAS: 44. FRENTE CENTRAL: separe a peça nas linhas superiores marcadas. Corte o trecho superior e o trecho inferior no entremeio com franja. Corte o trecho intermediário no entremeio sem franja. Corte o trecho inferior da peça uma vez na renda tipo 2, revirando o molde na linha do centro. 45. FRENTE INTERMEDIÁRIA: corte duas vezes no entremeio sem franja. 46. FRENTE LATERAL: corte duas vezes na renda tipo 1. 47. COSTAS: corte uma vez na renda tipo 1, revirando o molde na linha do centro. 48. MANGA: separe a peça na linha marcada. Corte o trecho superior duas vezes na renda tipo 3. Corte o trecho inferior duas vezes no entremeio com franja. 49. BABADO DA MANGA: corte duas vezes na renda tipo 2. 50. BABADO INFERIOR: corte duas vezes na renda tipo 2, revirando o molde na linha do centro. 51. FRENTE INTERNA. 52. COSTAS INTERNAS: corte as peças uma vez com o forro dobrado na linha do centro. A. ACABAMENTO DO DECOTE INTERNO: 90 cm x 5 cm, uma vez no forro. B. ACABAMENTO DAS CAVAS: 75 cm x 5 cm, duas vezes.

MONTAGEM:
• Vestido externo: faça as costuras de união dos entremeios da frente central, transpassando os entremeios superiores e inferiores com franja nas bordas superiores e inferiores do entremeio sem franja.
• Aplique o trecho superior formando pelos entremeios com uma costura pelo direito da borda superior da frente central.
• Arremate o decote da frente, aplicando uma tira de renda.
• Para completar as peças da frente, aplique o entremeio sem franja com pespontos pelo direito das bordas da frente central e da frente lateral
• Arremate o decote das costas com a

montagem do viés de rolo, conforme as explicações de Dicas de Costura.
• Junte frente e costas externas com uma costura pelos ombros e, com outra costura, pelas laterais, sem fechar a abertura lateral esquerda.
• Una o entremeio com franja com uma costura nas bordas da parte superior da manga e, com outra costura, no babado inferior da manga.
• Feche as laterais das mangas. Monte as mangas nas cavas.
• Una os babados inferiores com uma costura pelas laterais.
• Prenda o babado na borda inferior externa.
• Faça as bainhas das bordas inferiores dos babados da manga e da borda inferior.
• Monte o zíper invisível na abertura lateral esquerda.
• Vestido interno: junte frente e costas pelo ombro esquerdo ou direito.
• Vinque o acabamento ao meio no comprimento, avesso sobre avesso. Costure as bordas do acabamento pelo avesso do decote. Dobre o acabamento ao meio para o direito do decote e prenda com pespontos sobre a primeira costura.
• Feche o outro ombro.
• Arremate as cavas, prendendo as tiras dos acabamentos de acordo com a montagem do decote.
• Junte frente e costas com uma costura pelas laterais.
• Faça a bainha inferior.

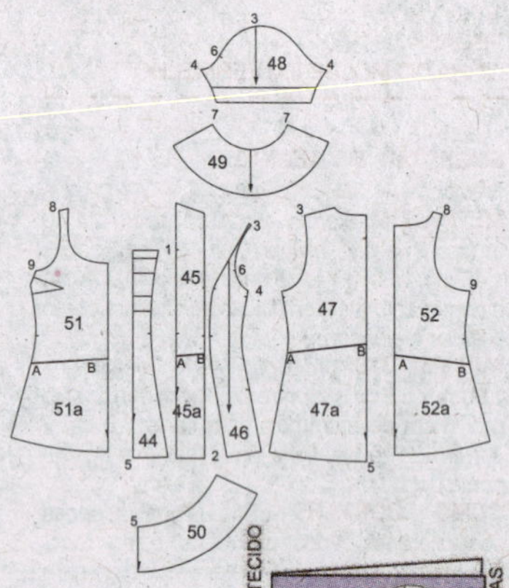

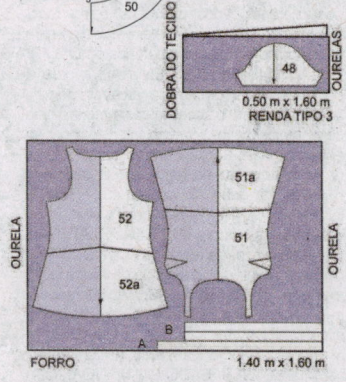

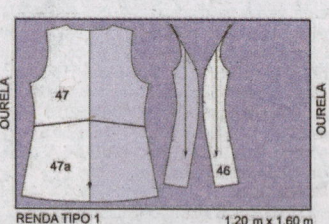

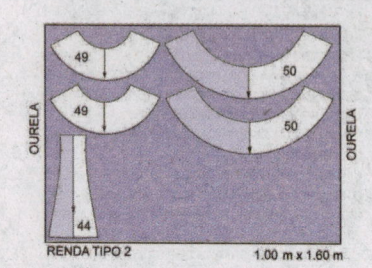

MOLDE 049
KIMONO
TAMANHO 56
PEÇAS: 27 a 29
LINHA DO MOLDE EM AZUL

FOLHA B
SUGESTÃO DE TECIDO: renda
METRAGEM: 2,00 m x 1,40 m.
AVIAMENTOS: 1,40 m x 14 cm de franja de seda.
COMO CORTAR: distribua as peças no tecido, observando a planilha de corte. Kimono com 99 cm de comprimento.
PEÇAS: 27. FRENTE. 29. MANGA: corte as peças duas vezes. 28. COSTAS: corte uma vez com a renda dobrada na linha do centro.
MONTAGEM:
• Junte frente e costas com uma costura pelos ombros.
• Monte as mangas nas cavas.
• Junte frente e costas com uma costura pelas laterais, a partir das bordas inferiores das mangas.
• Aplique a franja com pespontos pelo direito da borda inferior do modelo.
• Vire 1 cm das bordas do decote e da abertura da frente para o avesso. Prenda a borda da bainha com pespontos duplos.
• Vire as bainhas das mangas para o avesso. Prenda as bainhas com pespontos duplos.

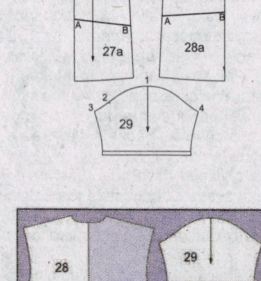

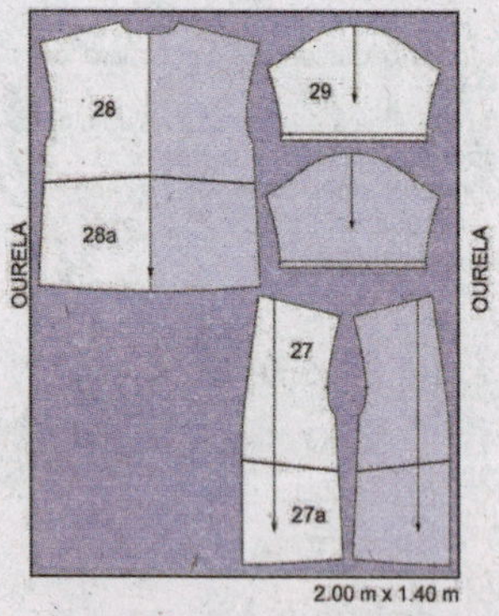

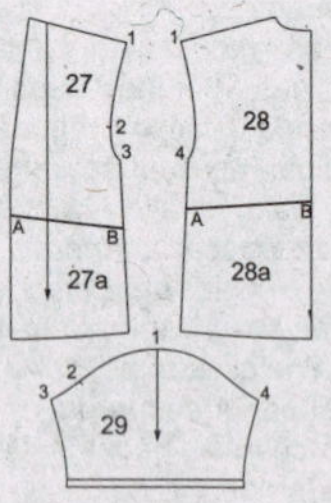

COMO CORTAR: distribua as peças na renda e no forro, observando as planilhas de corte. Vestido com 1,05 m de comprimento.
PEÇAS: 24. FRENTE: corte uma vez com a renda e o forro dobrados na linha do centro. 25. COSTAS: corte duas vezes na renda e no forro. 26. MANGA: corte duas vezes na renda. A. ARREMATE DO DECOTE: 90 cm x 3 cm, uma vez no forro.
MONTAGEM:
• Prendendo a renda e o forro, separadamente, faça as seguintes costuras:
• Feche as pences.
• Una as peças das costas com uma costura pelo centro.
• Junte frente e costas com uma costura pelos ombros e, com outra costura, pelas laterais.
• Alinhave o forro pelo avesso do decote e das cavas da renda.
• Una as bordas menores do arremate do decote com uma costura, formando um círculo. Dobre o arremate ao meio no comprimento, avesso sobre avesso. Costure as bordas do arremate pelo direito do decote. Vire o acabamento para o avesso sobre o forro e prenda com pespontos.
• Feche as laterais das mangas. Monte as mangas nas cavas.
• Faça as bainhas inferiores e das mangas.
• Aplique o detalhe de guipure com pespontos pelo direito do decote.

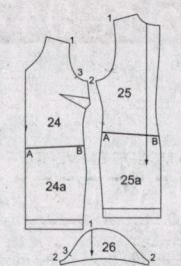

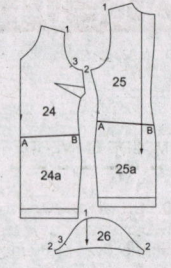

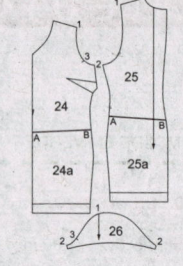

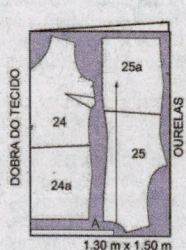

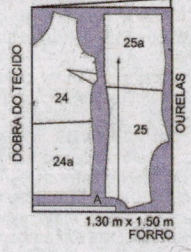

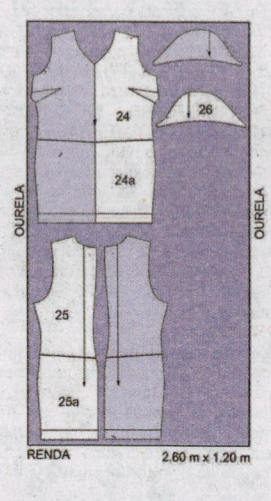

MOLDE 050
VESTIDO
TAMANHO 58
PEÇAS: 24 a 26
LINHA DO MOLDE EM VERMELHO

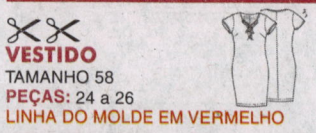

FOLHA G
SUGESTÃO DE TECIDO: renda stretch. FORRO: helanca.
METRAGEM: Tecido – 2,60 m x 1,20 m. Forro – 1,30 m x 1,50 m. Molde para renda com 80% de alongamento na direção horizontal e 40% na direção vertical (veja em Dicas de Costura como calcular o alongamento).
AVIAMENTOS: uma aplicação de guipure para decote; linha para malha e agulha ponta bola.

MOLDE 051
CAMISA
TAMANHO 48
PEÇAS: 3 a 9
LINHA DO MOLDE EM VERMELHO

FOLHA D
SUGESTÃO DE TECIDO: jeans
METRAGEM: 1,60 m x 1,50 m.
AVIAMENTOS: onze botões de pressão de 0,7 cm; 10 cm de entretela.
COMO CORTAR: distribua as peças no tecido, observando a planilha de corte. Camisa com 67 cm de comprimento.
PEÇAS: 3. FRENTE: corte duas vezes, sendo a peça do lado esquerdo somente até a linha marcada. 4. COSTAS: corte uma vez com o tecido dobrado na linha do centro. 5. COLARINHO. 6. PÉ DE COLARINHO: corte as peças duas vezes com o tecido e uma vez com a entretela dobrados na linha do centro. 7. CARCELA DA MANGA. 8. MANGA. 9. PUNHO: corte as peças duas vezes.
MONTAGEM:
• Feche as pences.
• Vinque o reforço e o acabamento do abotoamento da frente esquerda para o avesso. Prenda com pespontos.
• Vinque a frente direita, avesso sobre avesso, na linha do abotoamento externo. Bata a ferro. Pesponte rente à borda vincada.. Em seguida, torne a vincar a peça sobre a linha do traspasse interno do abotoamento. Bata a ferro. Faça coincidir as bordas dos traspasses externo e interno do abotoamento.
• Pesponte a peça do lado direito da frente, pelo direito, de acordo com a indicação inicial, prendendo a borda interna do abotoamento.
• Junte frente e costas com uma costura pelos ombros. Vire as folgas das costuras dos ombros sobre o avesso das costas e prenda com pespontos a 0,5 cm.
• Faça a montagem do colarinho simples no decote, de acordo com Dicas de Costura.
• Embeba as bordas superiores das mangas no trecho marcado. Monte as mangas nas cavas. Pesponte a 0,5 cm das cavas, prendendo as folgas no avesso.
• Junte frente e costas com outra costura pelas laterais, a partir das bordas inferiores das mangas.
• Vinque as pregas inferiores das mangas, direito sobre direito, na direção das setas, deixando A sobre B. Bata as pregas a ferro e prenda com alinhavos. Embeba as bordas inferiores das mangas o suficiente para a montagem dos punhos.
• Monte as carcelas nas aberturas das mangas e os punhos nas bordas inferiores das mangas, conforme as explicações de Dicas de Costura.
• Faça a bainha inferior.
• Prenda as pressões nos lugares marcados para o fechamento do traspasse do abotoamento da frente.

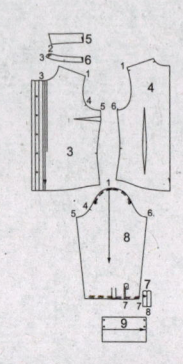

MOLDE 052

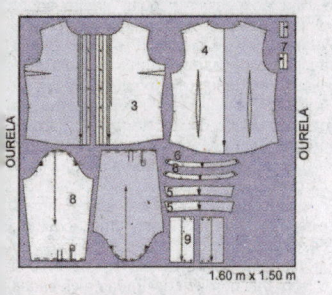

✂✂✂
SAIA
TAMANHO 50
PEÇAS: 61 a 65
LINHA DO MOLDE EM PRETO

FOLHA P
SUGESTÃO DE TECIDO: tencel
METRAGEM: 1,80 m x 1,50 m.
AVIAMENTOS: oito botões de 1,2 cm; 40 cm x 4 cm de elástico.
COMO CORTAR: distribua as peças no tecido, observando a planilha de corte. Saia com 73 cm de comprimento.
PEÇAS: 61. FRENTE. 62. CARCELA DO ABOTOAMENTO: copie o bolso da frente. Corte as peças duas vezes. 63. COSTAS: corte uma vez com o tecido dobrado na linha do centro. 64. CÓS DA FRENTE: corte quatro vezes. 65. CÓS DAS COSTAS: corte duas vezes com o tecido dobrado na linha do centro. A. VIÉS DO BOLSO: 24 cm x 3 cm, duas vezes. B. PRESILHA: 21 cm x 3,5 cm, uma vez.

MONTAGEM
• Vinque os acabamentos das aberturas dos bolsos ao meio no comprimento, avesso sobre avesso. Costure as bordas das acabamentos pelo direito das aberturas dos bolsos. Vire os acabamentos para o avesso dos bolsos e prenda com pespontos duplos.
• Embainhe as bordas laterais internas e as bordas inferiores dos bolsos. Prenda os bolsos pelo direito das peças da frente com pespontos duplos pelas bordas embainhadas.
• Junte frente e costas com uma costura pelas laterais.
• Franza as bordas superiores da frente nos lugares marcados, o suficiente para a montagem do cós.
• Vire a bainha inferior para o avesso, embainhe a borda e prenda com pespontos.
• Vinque as carcelas, direito sobre direito. Costure as bordas inferiores. Revire as carcelas.
• Prenda o direito das bordas internas das carcelas pelo avesso da frente. Vinque as carcelas, avesso sobre avesso. Pesponte rente às bordas vincadas. Embainhe as bordas externas das carcelas pelo direito da frente e prenda com pespontos rentes.
• Feche as laterais do cós, unindo frente e costas das peças externas e internas, separadamente. Junte as partes externas e internas do cós, direito sobre direito, com uma costura pelas bordas superiores e dos traspasses do abotoamento. Revire o cós.
• Prenda o direito da borda da parte interna do cós pelo avesso da borda superior do modelo. Embainhe a borda da parte externa do cós pelo direito. Bata a ferro. Prenda o cós com pespontos rentes à borda embainhada pelo direito da costura de montagem na peça de costas, formando um passador.
• Introduza uma tira de elástico de 40 cm no passador e costas. Prenda as pontas do elástico com pespontos nos lugares indicados nas laterais do cós. Finalize a montagem do cós, embainhando o restante da borda da parte externa pelo direito da frente.
• Prepare a tira das presilhas. Separe a tira em três partes iguais. Dobre as pontas das presilhas e prenda com pespontos de reforço nos lugares marcados.
• Abra as casas e pregue os botões.

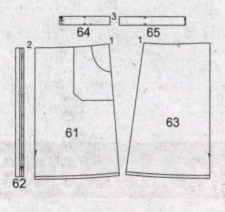

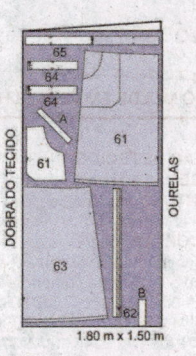

MOLDE 053

✂✂✂
VESTIDO
TAMANHO 52
PEÇAS: 24 a 31
LINHA DO MOLDE EM VERMELHO

FOLHA K
SUGESTÃO DE TECIDO: jeans.
METRAGEM: 2,20 m x 1,50 m.
AVIAMENTOS: seis ilhoses de 2,5 cm; 20 cm de entretela.
COMO CORTAR: distribua as peças no tecido, observando a planilha de corte. Vestido com 1,03 m de comprimento.
PEÇAS: 24. FRENTE SUPERIOR: corte uma vez com o tecido dobrado na linha do centro. 25. COSTAS SUPERIORES: separe a peça na linha marcada. Corte o trecho central uma vez com o tecido dobrado na linha do centro. Corte o trecho lateral duas vezes. 26. PALA DA FRENTE: corte quatro vezes no tecido e duas vezes na entretela. 27. PALA DAS COSTAS: corte duas vezes com o tecido e uma vez com a entretela dobrados na linha do centro. 28. MANGA. 30. BOLSO: corte as peças duas vezes. 29. FRENTE INFERIOR. 31. COSTAS INFERIORES: separe a peça na linha do cós. Corte o cós de cada peça duas vezes com o tecido e uma vez com a entretela. Corte as peças inferiores uma vez com o tecido dobrado na linha do centro. A. VIVO: 19 cm x 6 cm, duas vezes. B. ALÇA: 1,85 m x 4 cm, uma vez.

MONTAGEM:
• Prenda as peças laterais nas costas centrais. Vire as folgas das costuras sobre o avesso das peças laterais e prenda com pespontos.
• Junte frente e costas com uma costura pelos ombros. Vire as folgas da costura sobre o avesso das costas e prenda com pespontos duplos.
• Feche os ombros das palas, unindo as peças externas e internas, separadamente.
• Junte as partes internas e externas das palas, direito sobre direito, com uma costura pelas bordas da abertura do centro da frente e do decote. Revire as peças, avesso sobre avesso. Pesponte contornando as bordas da abertura e do decote.
• Costure o direito das bordas da parte interna da pala pelo avesso das peças da frente e das costas. Embainhe as bordas externas das palas pelo direito da costura de montagem, bata a ferro e prenda com pespontos duplos.
• Monte as mangas nas cavas. Bata as costuras a ferro, virando as folgas sobre o avesso das cavas e prenda com pespontos duplos.
• Vire as bainhas das mangas para o avesso, embainhe as bordas e prenda com pespontos. Revire as bainhas para o direito das mangas. Bata a ferro.
• Junte, frente e costas superiores, com uma costura pelas laterais, a partir das bordas inferiores das mangas.
• Prenda o direito dos vivos pelo direito dos bolsos com uma costura em cada lado da marcação da abertura. Corte a abertura, fazendo os piques das extremidades da marcação da abertura.
• Vinque os vivos, avesso sobre avesso, a 0,6 cm das costuras, coincidindo as bordas vincadas no centro das aberturas.
• Costure o direito das folgas dos piques nas extremidades dos vivos. Pesponte, pelo direito, contornando as aberturas.
• Embainhe as bordas laterais internas e inferiores dos bolsos. Aplique os bolsos nos lugares marcados pelo direito da frente com pespontos duplos pelas bordas embainhadas. Alinhave os bolsos nas laterais da frente.
• Junte frente e costas inferiores.
• Feche as laterais do cós, unindo as peças externas e internas, separadamente.
• Una as peças do cós, avesso sobre avesso. Costure as bordas do cós pelo direito das peças superiores e inferiores.
• Bata as costuras a ferro e prenda com pespontos duplos sobre o cós.
• Abra os ilhoses nos lugares marcados. Faça a bainha inferior.
• Prepare a alça e introduza nos ilhoses. Arremate as pontas da alça prendendo os terminais.

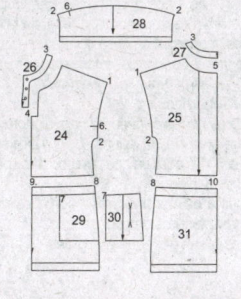

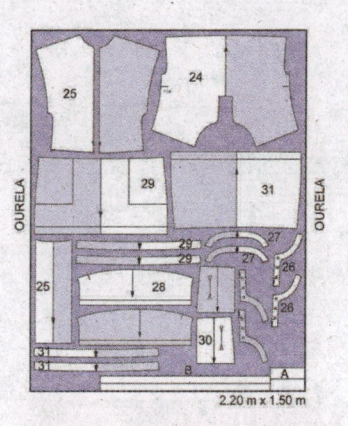

MOLDE 054

✂✂✂
VESTIDO
TAMANHO 54
PEÇAS: 34 a 46
LINHA DO MOLDE EM PRETO

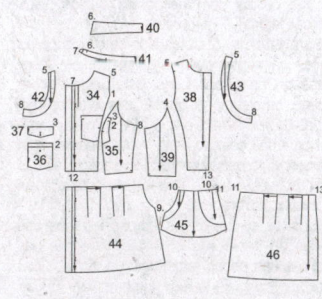

FOLHA A
SUGESTÃO DE TECIDO: brim jeans.
FORRO: popeline.
METRAGEM: 2,00 m x 1,50 m. Forro: 0,60 m x 1,40 m.
AVIAMENTOS: dez botões de 1,4 cm; linha para pesponto
COMO CORTAR: copie o acabamento e o espelho do fundo do bolso. Distribua as peças no tecido e no forro, observando as planilhas de corte. Vestido com 1,03 m de comprimento.
PEÇAS: 34. FRENTE CENTRAL. 35. FRENTE LATERAL. 36. BOLSO SUPERIOR. 38. COSTAS CENTRAIS. 39. COSTAS LATERAIS. 42. ACABAMENTO DA FRENTE. 43. ACABAMENTO DAS COSTAS. 44. FRENTE INFERIOR. 46. COSTAS INFERIORES: corte as peças duas vezes. 37. ABA: corte quatro vezes. 40. COLARINHO. 41. PÉ DE COLARINHO: corte as peças duas vezes com o tecido dobrado na linha do centro. 45. FUNDO DO BOLSO: corte duas vezes no forro.

MONTAGEM:
• Prenda as peças centrais nas peças laterais da frente e das costas. Vire as folgas das costuras sobre o avesso das peças centrais e prenda com pespontos rentes. Vire as bainhas superiores dos bolsos para o avesso.
• Embainhe as bordas laterais e inferiores dos bolsos. Aplique os bolsos nos lugares indicados nas peças da frente com pespontos rentes às bordas embainhadas.
• Una as abas, duas a duas, direito sobre direito, com uma costura pelas bordas laterais e inferiores. Revire as abas. Pesponte rente às bordas costuradas.
• Costure as bordas superiores das abas nos lugares indicados nas peças da frente. Vire as abas sobre os bolsos e prenda as bordas superiores com pespontos duplos.
• Vinque as pregas inferiores, direito sobre direito, na direção das setas. Bata as pregas a ferro e prenda com alinhavos nas bordas superiores das peças.
• Una as peças superiores e inferiores das costas com uma costura pelo centro. Pesponte rente às costuras.
• Junte frente e costas das peças superiores com uma costura pelos ombros.
• Vinque as pregas inferiores, direito sobre direito, na direção das setas. Bata as pregas a ferro e prenda com alinhavos nas bordas superiores das peças.
• Faça a montagem do bolso americano nas peças inferiores da frente, de acordo com Dicas de Costura.
• Prenda as peças superiores nas inferiores. Vire as folgas da costura sobre o avesso das peças superiores e prenda com pespontos a 0,7 cm.
• Desfie as bordas das cavas das peças, dos acabamentos e as bordas inferiores do modelo até 1 cm.
• Junte frente e costas com uma costura pelas laterais.
• Vinque os acabamentos do abotoamento para o avesso, embainhe as bordas e prenda com pespontos.
• Faça a montagem do colarinho simples no decote, de acordo com Dicas de Costura.
• Junte frente e costas dos acabamentos com uma costura pelos ombros e, com outra costura, pelas laterais.
• Prenda o direito dos acabamentos pelo avesso das cavas com uma costura a 1 cm das bordas. Revire o avesso dos acabamentos sobre o avesso das cavas.
• Abra as casas e pregue os botões.

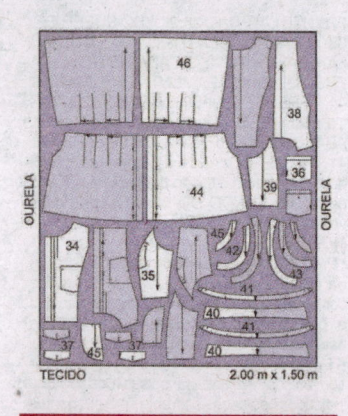

MOLDE 055

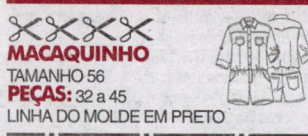

✂✂✂✂
MACAQUINHO
TAMANHO 56
PEÇAS: 32 a 45
LINHA DO MOLDE EM PRETO

FOLHA O
SUGESTÃO DE TECIDO: jeans. FORRO: popeline.
METRAGEM: Tecido – 2,80 m x 1,50 m. Forro – 0,60 m x 1,50 m.
AVIAMENTOS: nove botões de 1,2 cm; 1,20 m x 1 cm de elástico.
COMO CORTAR: copie o espelho do fundo do bolso. Distribua as peças no tecido, observando a planilha de corte. Macaquinho com 37 cm de altura de gancho e 1,13 m de comprimento.
PEÇAS: 32. FRENTE SUPERIOR: separe a peça na linha marcada. Corte a pala superior quatro vezes. Corte a peça maior duas vezes. 33. BOLSO DA FRENTE. 34. CARCELA DO ABOTOAMENTO. 39. MANGA. 40. ACABAMENTO DA MANGA. 41. ALÇA INTERNA DA MANGA. 42. FRENTE INFERIOR. 44. COSTAS INFERIORES. 45. BOLSO DAS COSTAS: separe as costas inferiores na linha marcada. Copie o fundo menor do bolso da frente. Corte todas as peças duas vezes no tecido. 35. COSTAS SUPERIORES: corte uma vez com o tecido dobrado na linha do centro. 36. PALA SUPERIOR DAS COSTAS: corte duas vezes com o tecido dobrado na linha do centro. 37. COLARINHO. 38. PÉ DE COLARINHO: corte as peças duas vezes com o tecido dobrado na linha do centro. 43. FUNDO DO BOLSO: corte as duas vezes no forro.
MONTAGEM:
• Feche as pences. Pesponte rente às costuras das pences verticais da frente.
• Vire as bainhas superiores dos bolsos para o avesso. Bata a ferro. Prenda as bainhas dos bolsos da frente com pespontos.
• Embainhe as bordas laterais e inferiores dos bolsos para o avesso. Bata a ferro. Prenda os bolsos nos lugares indicados nas peças d frente e das costas com pespontos duplos pelas bordas laterais e inferiores.
• Para fazer as costuras dos ombros, una as palas da frente, duas a duas, avesso sobre avesso. Una as palas das costas, direito sobre direito. Introduza as bordas dos ombros das palas da frente entre as peças externa e interna da pala das costas. Junte frente e costas com uma costura pelos ombros. Revire as palas das costas, avesso sobre avesso. Pesponte rente às costuras dos ombros.
• Costure o direito das bordas internas das palas da frente e das costas no direito das bordas das peças superiores da frente e das costas, coincidindo os números de junção. Embainhe as bordas das partes externas das palas pelo direito das costuras, bata a ferro e prenda com pespontos duplos.
• Vinque as alças das mangas, direito sobre direito. Una as bordas das alças com uma costura, deixando livres as bordas de montagem. Revire as alças. Pesponte rente às bordas costuradas e vincadas das alças. Prenda as alças nos lugares indicados pelo avesso das mangas.
• Embeba as bordas superiores das mangas entre os asteriscos (*). Monte as mangas nas cavas.
• Junte frente e costas superiores com uma costura pelas bordas laterais, a partir das bordas inferiores das mangas.
• Feche as bordas menores dos acabamentos das mangas com uma costura, direito sobre direito, formando dois círculos.
• Costure o direito das bordas internas das carcelas do abotoamento e dos acabamentos das mangas pelo direito das peças superiores da frente e das mangas, respectivamente. Vinque as carcelas e os acabamentos nas linhas marcadas, avesso sobre avesso. Embainhe as bordas externas das carcelas e dos acabamentos pelo direito das peças, bata a ferro e prenda com pespontos rentes. Pesponte rente às bordas dos traspasses das carcelas.
• Faça a montagem do colarinho simples no decote e o bolso americano nas peças inferiores da frente, de acordo com Dicas de Costura.
• Prenda as palas nas bordas superiores das costas. Faça pespontos duplos sobre as costuras, prendendo as folgas no avesso das peças inferiores das costas.
• Una as peças inferiores da frente e das costas, sem fechar a falsa abertura da frente. Una as peças contornando as bordas da falsa abertura. Vinque a peça do lado esquerdo da frente para o avesso, na linha do centro da frente. Pesponte rente à borda vincada. Faça os pespontos da frente esquerda, de acordo com a indicação, prendendo as bordas dos acabamentos da falsa braguilha.
• Una as bordas superiores da frente inferior com alinhavos. Faça o traspasse das carcelas do abotoamento superior. Alinhave as bordas inferiores traspassadas das carcelas.
• Junte frente e costas inferiores com uma costura pelas laterais e, com outra costura, pelas entrepernas.
• Prenda as peças superiores nas inferiores.
• Costure uma tira de elástico de 1,12 m sobre as folgas da costura de união das peças superiores e inferiores.
• Faça uma bainha fina presa com pespontos na bordas inferiores das peças.
• Abra as casas e pregue os botões.

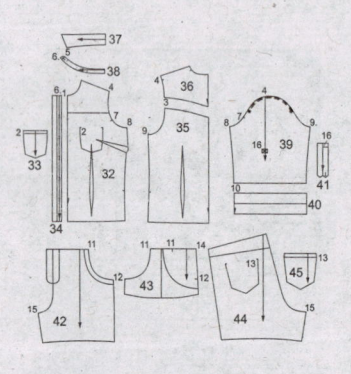

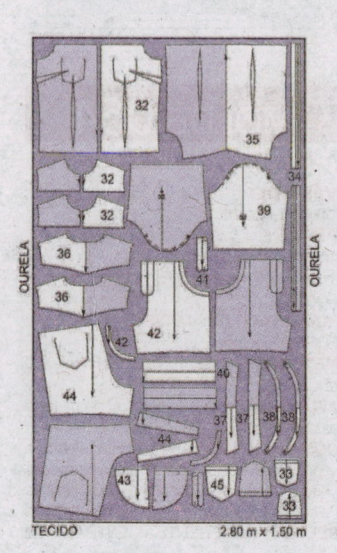

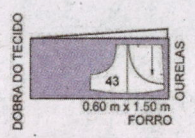

MOLDE 056

✂✂✂
VESTIDO
TAMANHO 58
PEÇAS: 6 a 15
LINHA DO MOLDE EM VERMELHO

FOLHA J
SUGESTÃO DE TECIDO: tricoline stretch.
METRAGEM: 2,60 m x 1,40 m.
AVIAMENTOS: onze botões de 1,2 cm; 30 cm de entretela.
COMO CORTAR: distribua as peças no tecido, observando a planilha de corte. Vestido com 1,05 m de comprimento.
PEÇAS: 6. FRENTE CENTRAL. 7. FRENTE LATERAL. 8. BOLSO. 12. COSTAS LATERAIS. 15. MANGA: corte as peças duas vezes. 9. ABA. 14. ALÇAS INTERNAS: corte as peças duas vezes no tecido e na entretela. 10. CARCELA DO ABOTOAMENTO: corte quatro vezes no tecido e duas vezes na entretela. 11. COSTAS CENTRAIS: corte uma vez no tecido, formando uma peça inteira. 13. GOLA: corte duas vezes com o tecido e uma vez com a entretela dobrados na linha do centro.
MONTAGEM:
• Junte as peças centrais e laterais da frente e das costas com uma costura. Bata as costuras a ferro, virando as folgas sobre o avesso das peças centrais e prenda com pespontos a 0,5 cm das costuras.
• Vire as bainhas superiores dos bolsos para o avesso. Prenda as bainhas com pespontos.
• Embainhe as bordas laterais e inferiores dos bolsos. Bata a ferro. Prenda os bolsos nos lugares indicados nas peças da frente com pespontos rentes às bordas laterais e inferiores.
• Vinque as abas, direito sobre direito. Una as bordas menores com uma costura. Revire as abas. Pesponte a 0,5 cm das bordas costuradas e vincadas das abas.
• Costure as bordas superiores das abas nos lugares marcados nas peças da frente. Vire as abas para baixo e pesponte rente à costura.
• Junte frente e costas com uma costura pelos ombros e laterais.
• Vire a bainha inferior para o avesso. Prenda a bainha com pespontos.
• Una as carcelas, duas a duas, direito sobre direito, com uma costura pelas bordas da abertura do decote e dos traspasses, sendo a carcela do lado esquerdo somente até o lugar indicado. Faça um pique nas folgas da costura, para montagem na frente esquerda.
• Vire as carcelas, direito sobre direito. Costure as bordas inferiores. Revire as carcelas. Pesponte rente às bordas costuradas das carcelas.
• Costure o direito das bordas das partes internas das carcelas pelo avesso das peças da frente. Embainhe a borda externa da carcela esquerda no direito da frente, bata a ferro e prenda com pespontos rentes.
• Faça o traspasse do trecho inferior das carcelas, deixando a carcela do lado direito sobre a carcela esquerda. Pesponte pelo direito da peça do lado direito da frente, a partir do número 11 de junção, unindo as duas peças, porém sem agarrar a borda externa da carcela do lado direito.
• Embainhe a borda externa da carcela do lado direito pelo direito da peça do lado direito da frente, bata a ferro e prenda com alinhavos. Finalmente, pesponte, pelo direito, rente à borda embainhada da carcela direita.
• Una as peças da gola, direito sobre direito. Costure as bordas superiores e laterais. Revire a gola. Prenda o direito da borda da parte interna da gola pelo avesso do decote. Pesponte a 0,5 cm da costura. Embainhe a borda externa da gola no direito do decote, bata a ferro e prenda com pespontos rentes. Pesponte a 0,5 cm das bordas laterais e superior da gola.
• Vinque as alças, direito sobre direito. Una as bordas com uma costura, deixando livres as bordas superiores de montagem. Revire as alças. Pesponte a 0,5 cm das bordas costuradas e vincadas das alças. Prenda as alças nos lugares indicados pelo avesso das mangas.
• Feche as laterais das mangas. Monte as mangas nas cavas.
• Faça as bainhas das mangas.
• Abra as casas e pregue os botões.

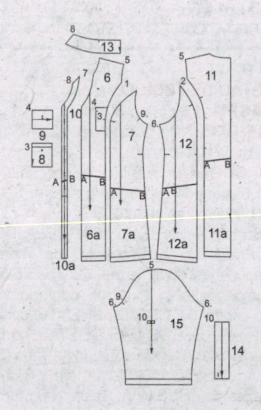

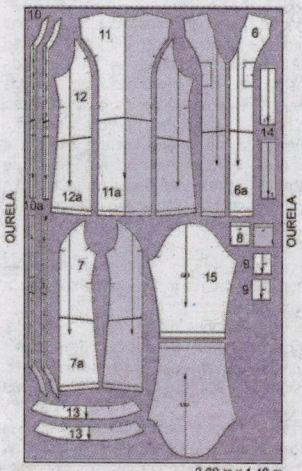

MOLDE 057

✂✂✂
VESTIDO
TAMANHO 48
PEÇAS: 41 a 49
LINHA DO MOLDE EM PRETO

FOLHA H
SUGESTÃO DE TECIDO: crepe stretch, tule bordado e tule stretch. REFORÇO E FORRO: segunda pele bege e preto.
METRAGEM: Crepe – 1,40 m x 1,50 m. Tule bordado – 0,60 m x 1,40 m. Tule stretch – 0,50 m x 1,40 m. Segunda pele – 0,60 m (reforço bege) e 0,50 m (forro preto) x 1,60 m. Molde para tecido com 50% de alongamento (veja em Dicas de Costura como calcular o alongamento).
AVIAMENTOS: um zíper invisível de 65 cm; linha para malha e agulha ponta bola; um par de colchetes.
COMO CORTAR: distribua as peças nos

tecidos, no forro e no reforço, observando as planilhas de corte. Vestido com 1,10 m de comprimento.
PEÇAS: 41. FRENTE SUPERIOR CENTRAL. 42. FRENTE SUPERIOR LATERAL. 47. COSTAS CENTRAIS. 48. COSTAS LATERAIS: corte as peças duas vezes no crepe. 43. PALA LATERAL DA FRENTE: corte duas vezes no tule bordado e no reforço. 44. PALA SUPERIOR DA FRENTE: corte uma vez com o tule bordado, o reforço e o forro dobrados na linha do centro. 45. PALA DO OMBRO: corte quatro vezes. 46. FRENTE INFERIOR: corte uma vez com o tecido dobrado na linha do centro. 49. MANGA: corte duas vezes no tule stretch. A. ACABAMENTO DO DECOTE DAS COSTAS: 20 cm x 3 cm, duas vezes.
MONTAGEM:
• Prenda as peças de tule bordado com alinhavos pelo direito das bordas dos reforços.
• Faça as costuras do centro da frente superior e das costas centrais.
• Prenda as peças centrais da frente superior e das costas nas peças laterais. Vire as folgas das costuras sobre o avesso das peças laterais e prenda com pespontos a 0,7 cm.
• Junte tecido e forro da pala superior da frente, direito sobre direito, com uma costura pelas bordas do decote. Vire as folgas da costura sobre o avesso do forro e prenda com pespontos a 0,7 cm. Vire o forro para o avesso da pala.
• Costure a pala pelo direito das peças centrais e laterais superiores da frente. Pesponte, pelo direito, a 0,7 cm da costura, prendendo as folgas no avesso da frente central e lateral.
• Junte as peças superiores e inferiores da frente com uma costura. Vire as folgas da costura sobre o avesso da frente inferior e prenda com pespontos a 0,7 cm.
• Monte as palas laterais nas peças da frente. Pesponte a 0,7 cm das costuras de montagem.
• Embainhe uma das bordas menores das tiras dos acabamentos do decote das costas para o avesso. Costure uma das bordas dos acabamentos no direito do decote das costas.
• Faça a montagem do zíper invisível na abertura do centro das costas. Vire os acabamentos do decote para o avesso e prenda com pespontos.
• Una as palas dos ombros da frente, duas a duas, direito sobre direito. Costure as bordas do decote. Em seguida, introduza as bordas da frente e das costas entre as peças das palas e costure. Revire as palas, avesso sobre avesso. Pesponte a 0,7 cm das bordas superiores e inferiores das palas.
• Junte frente e costas com uma costura pelas laterais.
• Feche as laterais das mangas.
• Monte as mangas nas cavas.
• Faça as bainhas.
• Pregue os colchetes, para o fechamento da abertura do decote.

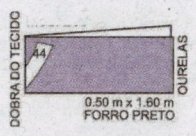

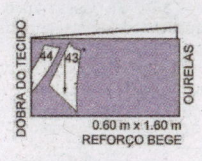

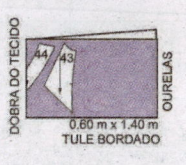

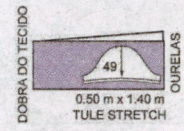

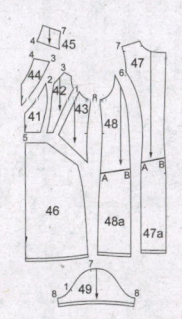

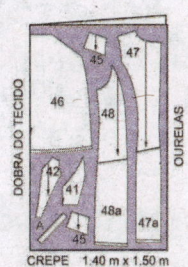

bordas superiores da frente, prendendo as bordas franzidas das palas.
• Em seguida, una as peças pelas bordas superiores das costas, prendendo as palas de renda e pelas bordas das cavas.
• Revire o forro para o avesso do tecido.
• Vire a bainha inferior e, em seguida una as bainhas das bordas da abertura da frente esquerda para o avesso. Prenda as bainhas com pespontos duplos.
• Faça a bainha inferior do forro.
• Pregue o botão, para o fechamento da abertura.

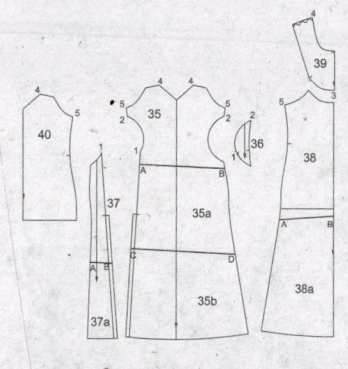

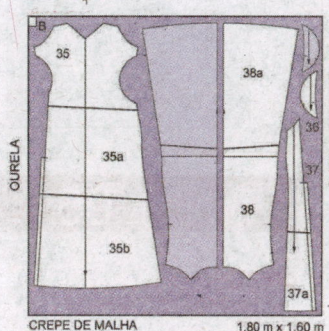

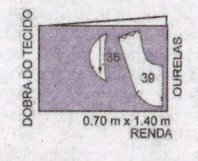

MOLDE 058

VESTIDO
TAMANHO 54
PEÇAS: 35 a 40
LINHA DO MOLDE EM VERMELHO

FOLHA F
SUGESTÃO DE TECIDO: crepe de malha e renda. FORRO: malha poliéster.
METRAGEM: Crepe – 1,80 m x 1,60 m. Renda – 0,70 m x 1,40 m. Forro – 1,00 m x 1,50 m. Molde para tecido com 90% de alongamento na direção horizontal e 40% na direção vertical (veja em Dicas de Costura como calcular o alongamento).
AVIAMENTOS: um botão de 1 cm; linha para malha e agulha ponta bola.
COMO CORTAR: distribua as peças no tecido, observando a planilha de corte. Vestido com 1,55 m de comprimento.
PEÇAS: 35. FRENTE MAIOR. 37. FRENTE MENOR ESQUERDA: corte as peças uma vez no tecido. 36. FRENTE LATERAL: corte duas vezes na renda e no tecido. 38. COSTAS: corte duas vezes no forro e no tecido, sendo forro somente até a linha marcada. 39. PALA SUPERIOR: corte duas vezes na renda. 40. FRENTE INTERNA: corte uma vez com o forro dobrado na linha do centro. A. ACABAMENTO DO DECOTE DA PALA: 55 cm x 3 cm, duas vezes no forro. B. ALÇA: 5 cm x 3,5 cm, uma vez no tecido.
MONTAGEM:
• Una as peças maiores e menor da frente esquerda com uma costura, se fechar a abertura inferior.
• Alinhave a renda da frente lateral pelo direito do reforço de tecido.
• Prenda as peças laterais nas peças da frente, coincidindo os números 1 e 2 de montagem.
• Embainhe as bordas da abertura do cento das costas e das cavas das palas para o avesso. Prenda as bainhas com pespontos.
• Prepare a alcinha conforme alça de rolo em Dicas de Costura.
• Costure o direito de uma das bordas dos acabamentos pelo direito do decote. Vire o acabamento para o avesso, embainhe a borda e prenda com pespontos, prendendo também as pontas da alcinha na borda no lado esquerdo do decote.
• Franza a frente das palas o suficiente para a montagem nas bordas superiores da frente.
• Una as peças das costas com uma costura pelo centro, prendendo tecido e forro, separadamente.
• Faça as costuras laterais do tecido e do forro, separadamente.
• Junte tecido e forro, direito sobre direito, com uma costura pelas bordas do decote da frente. Prossiga com a montagem pelas

PEÇAS: 50. FRENTE CENTRAL: corte quatro vezes no tecido. 51. FRENTE LATERAL. 53. COSTAS LATERAIS. 54. MANGA: corte as peças duas vezes no tecido e no forro. 52. COSTAS CENTRAIS: para a parte externa, corte uma vez com o tecido dobrado na linha do centro. Para a parte interna, separe o molde na linha marcada. Corte o acabamento superior uma vez com o tecido e o trecho inferior uma vez com o forro, sempre dobrados na linha do centro.
MONTAGEM:
• Junte as peças externas e internas da frente central, direito sobre direito, com uma costura pelas bordas inferiores.
• Costure o direito do fundo do bolso cortado no forro pelo direito do trecho da abertura da frente central externa. Vire o fundo do bolso para o avesso da peça. Pesponte a 0,7 cm da abertura.
• Costure o direito do fundo do bolso cortado no tecido pelo direito do trecho da abertura da frente lateral externa.
• Prenda o acabamento na borda superior das costas central de forro.
• Junte as peças centrais e laterais das costas com uma costura, prendendo as partes externas e internas, separadamente.
• Vire as folgas das costuras de união das peças laterais e central das costas externas sobre o avesso da peça central e prenda com pespontos a 0,7 cm das costuras.
• Feche as laterais das peças externas e internas, separadamente. Deixe uma abertura em uma das costuras do forro.
• Prenda o forro na borda da bainha inferior do tecido.
• Junte as peças centrais e laterais da frente externa e interna, separadamente, com uma costura deixando livre a abertura do bolso nas peças externas.
• Contorne as bordas dos fundos dos bolsos de tecido e de forro da frente com uma costura.
• Vire as folgas das costuras de união das peças centrais e laterais da frente sobre o avesso das peças centrais externas e prenda com pespontos a 0,7 cm das costuras.
• Unindo as peças externas e internas, separadamente, costure a frente nos ombros das costas.
• Feche as laterais das mangas. Monte as mangas nas cavas.
• Junte as peças externas e internas, direito sobre direito, com uma costura pelas bordas inferiores das mangas.
• Costure o direito das bordas dos zíperes pelo direito das aberturas das mangas externas.
• Prossiga com a costura de união das peças externas e internas, direito sobre direito, com uma costura pelas bordas do decote e do centro da frente, prendendo o zíper destacável.
• Revire as peças, avesso sobre avesso, vincando as bainhas. Feche a abertura lateral do forro.
• Prenda as bainhas com pespontos. Pesponte a 0,7 cm do centro da frente e do contorno da montagem dos zíperes nas mangas.

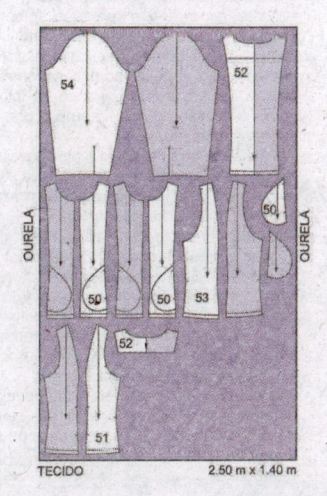

MOLDE 059

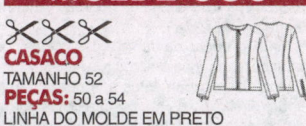

CASACO
TAMANHO 52
PEÇAS: 50 a 54
LINHA DO MOLDE EM PRETO

FOLHA O
SUGESTÃO DE TECIDO: malha matelassê. FORRO: helanca.
METRAGEM: Tecido – 2,50 m x 1,40 m. Forro – 1,60 m x 1,60 m. Molde para malha com 20% de alongamento (veja em Dicas de Costura como calcular o alongamento).
AVIAMENTOS: um zíper metálico destacável de 60 cm; dois zíperes metálicos de 15 cm; linha para malha e agulha ponta bola.
COMO CORTAR: copie o fundo do bolso. Distribua as peças no tecido e no forro, observando as planilhas de corte. Casaco com 72 cm de comprimento.

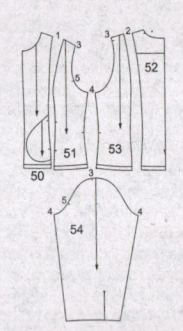

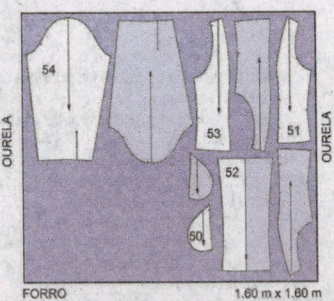

MOLDE 060

BLUSA
TAMANHO 50
PEÇAS: 55 a 60
LINHA DO MOLDE EM AZUL

FOLHA N
SUGESTÃO DE TECIDO: musseline.
METRAGEM: 1,70 m x 1,50 m.
AVIAMENTOS: dois botões de 2,2 cm; três botões de 1,2 cm; 20 cm de entretela.
COMO CORTAR: distribua as peças no tecido, observando a planilha de corte. Blusa com 74 cm de comprimento.
PEÇAS: 55. FRENTE. 58. COSTAS: corte as peças uma vez com o tecido dobrado na linha do centro. 56. GOLA INTERNA: corte uma vez com o tecido e a entretela dobrados na linha do centro. 57. GOLA EXTERNA. 59. MANGA: corte as peças duas vezes. 60. PUNHO: corte duas vezes no tecido na entretela. A. ACABAMENTO DA ABERTURA DA MANGA: 20 cm x 4 cm, duas vezes.

MONTAGEM:
• Prenda a entretela no avesso das peças.
• Costure a frente nos ombros e nas laterais das costas.
• Faça a costura do centro das costas da gola externa.
• Franza a gola externa nas linhas marcadas até 11 cm no centro das costas e até 9 cm nas marcações laterais.
• Junte as partes externas e internas da gola, direito sobre direito, com uma costura pelas bordas dos traspasses do abotoamento e pelas bordas superiores. Bata a costura a ferro, virando as folgas sobre o avesso da gola interna e prenda com pespontos rentes.
• Revire a gola, avesso sobre avesso. Faça o traspasse do abotoamento da gola, coincidindo a linha do centro. Alinhave as bordas inferiores traspassadas.
• Prenda as bordas da gola pelo direito das peças da frente e do contorno do decote.
• Costure o direito dos acabamentos pelo avesso das aberturas das mangas. Vinque os acabamentos ao meio para o direito das mangas, embainhe as bordas e prenda com pespontos rentes.
• Feche as laterais das mangas.
• Vinque as pregas inferiores das mangas, direito sobre direito, na direção das setas, deixando A sobre B. Bata as pregas a ferro e prenda com alinhavos nas bordas das mangas.
• Monte as mangas nas cavas. Monte os punhos nas bordas inferiores das mangas, de acordo com Dicas de Costura.
• Faça a bainha inferior.
• Abra as casas e pregue os botões.

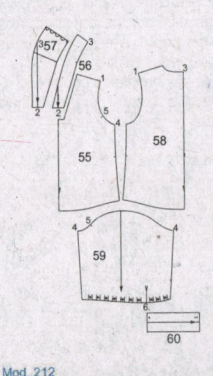

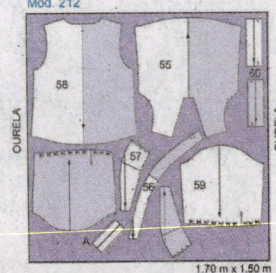

MOLDE 061

COLETE
TAMANHO 48/50/52
PEÇAS: 14 a 18
LINHA DO MOLDE EM VERDE
TAM. 48
TAM. 50
TAM. 52

FOLHA G
SUGESTÃO DE TECIDO: suede.
METRAGEM: 1,60 m (tam. 48/50/52) x 1,40 m.
COMO CORTAR: copie as peças, de acordo com o tamanho escolhido. Distribua as peças no tecido, observando a planilha de corte. Colete com 67 cm (tam. 48), 68 cm (tam. 50) e 69 cm (tam. 52) de comprimento.
PEÇAS: 14. FRENTE CENTRAL: corte quatro vezes. 15. FRENTE LATERAL. 16. BOLSO. 18. COSTAS LATERAIS: corte as peças duas vezes. 17. COSTAS CENTRAIS: copie o acabamento superior. Corte a peça e o acabamento uma vez com o tecido dobrado na linha do centro. A. ACABAMENTO DA CAVA: 72 cm x 3 cm, duas vezes, em viés.

MONTAGEM:
• Vinque as bainhas superiores dos bolsos para o avesso. Prenda as bainhas com pespontos.
• Alinhave as bordas laterais e inferiores dos bolsos pelo direito das bordas da frente lateral.
• Junte as peças da frente e das costas com uma costura pelos ombros.
• Monte os acabamentos nas peças, direito sobre direito, com uma costura pelas bordas do decote, dos traspasses. Costure as bordas inferiores da frente.
• Revire os acabamentos para o avesso das peças.
• Prenda as peças laterais na frente e nas costas centrais.
• Vire as folgas das costuras sobre o avesso das peças laterais e prenda com pespontos a 0,7 cm.
• Junte frente e costas com uma costura pelas laterais. Vire as folgas das costuras laterais sobre o avesso das costas e prenda com pespontos a 0,7 cm.
• Una as bordas menores dos acabamentos das cavas com uma costura, direito sobre direito. Costure o direito de uma das bordas dos acabamentos pelo direito das cavas. Vire as folgas das costuras sobre o avesso dos acabamentos e prenda com pespontos rentes. Revire os acabamentos para o avesso das cavas, embainhe as bordas e prenda com pespontos.
• Pesponte a 0,7 cm das bordas do decote, dos traspasses da frente e pelas bordas inferiores da frente central.
• Prenda o direito das bordas da bainha inferior pelo direito das peças internas da frente central. Vire os acabamentos para o avesso e prenda com pespontos.

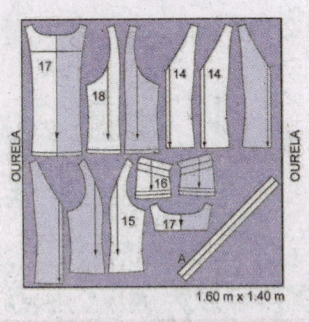

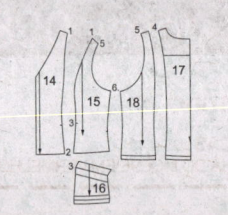

MOLDE 062

BLAZER
TAMANHO 50
PEÇAS: 19 a 26
LINHA DO MOLDE EM PRETO

FOLHA I
SUGESTÃO DE TECIDO: linho stretch.
FORRO: acetato.
METRAGEM: Tecido – 2,20 m x 1,40 m. Forro – 1,60 m x 1,50 m.
AVIAMENTOS: três botões dourados de 2,2 cm; 10 cm de entretela; um par de ombreiras.
COMO CORTAR: copie o acabamento da frente. Distribua as peças no tecido e no forro, observando as planilhas de corte. Corte o acabamento também na entretela. Blazer com 75 cm de comprimento.
PEÇAS: 19. FRENTE MAIOR EXTERNA: corte duas vezes no tecido. 20. ABA: corte quatro vezes no tecido e duas vezes na entretela. 21. FRENTE LATERAL: corte duas vezes no forro. Elimine o trecho inferior do molde. Corte o trecho superior duas vezes no tecido. 22. COSTAS CENTRAIS: corte uma vez com o tecido dobrado na linha do centro. Para a parte interna, corte a mesma peça duas vezes no forro. 23. COSTAS LATERAIS. 25. PARTE MAIOR DA MANGA. 26. PARTE MENOR DA MANGA: corte as peças duas vezes no tecido e no forro. 24. GOLA: corte duas vezes com o tecido e uma vez com a entretela dobrados na linha do centro.

MONTAGEM:
• Prenda a entretela no avesso das peças.
• Una as abas, duas a duas, direito sobre direito, com uma costura pelas bordas externas, deixando livres as bordas superiores para a montagem. Revire as abas. Bata a ferro.
• Monte as peças laterais na frente externa, prendendo as bordas superiores das abas, coincidindo a numeração de montagem.
• Faça a costura central das costas internas, contornando as bordas. Bata as costas internas a ferro, vincando sobre a linha do centro.
• Prenda as peças laterais nas costas centrais, unindo tecido e forro separadamente.
• Feche as laterais de tecido e forro separadamente, deixando uma abertura em uma das costas forro.
• Prenda a bordas inferior do forro pelo direito da borda da bainha inferior do tecido.
• Monte os acabamentos nas peças, direito sobre direito, com uma costura pelas bordas dos traspasses e pelas bordas inferiores da frente.
• Em seguida, prenda o forro nas bordas internas dos acabamentos da frente, deixando a folga do forro sobre a bainha do tecido.
• Junte frente e costas das peças externas e internas, separadamente, com uma costura pelos ombros.
• Una as peças da gola, direito sobre direito. Costure as bordas superiores e laterais. Revire a gola. Alinhave a gola pelo direito do decote externo.
• Faça as costuras de união das mangas, prendendo o tecido e o forro separadamente, coincidindo os números de junção. Embeba as bordas superiores das mangas no trecho marcado.
• Monte as mangas nas cavas externas e internas, separadamente.
• Prenda as ombreiras nas folgas das costuras dos ombros externos.
• Junte as peças externas e internas, direito sobre direito, com uma costura pelas bordas do decote, prendendo a gola. Prossiga com a montagem unindo as peças pelas bordas dos traspasses do abotoamento.
• Prenda o forro nas bordas das bainhas de tecido das mangas.
• Revire as peças, avesso sobre avesso. Feche a abertura lateral do forro.
• Abra as casas e pregue os botões.

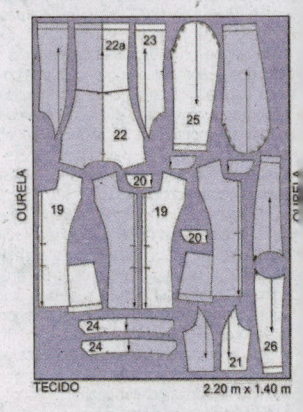

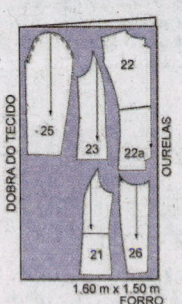

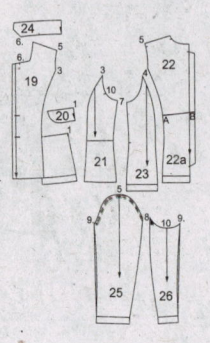

MOLDE 063

✂✂✂
TÚNICA
TAMANHO 54/56/58
PEÇAS: 1 a 7
LINHA DO MOLDE EM AZUL
TAM. 54 ――――
TAM. 56 －－－－
TAM. 58 ••••••
FOLHA I
SUGESTÃO DE TECIDO: algodão stretch.
METRAGEM: 2,00 m (tam. 54/56) e 2,40 m (tam. 58) x 1,40 m. Molde para tecido com 20% de alongamento (veja em Dicas de Costura como calcular o alongamento).
AVIAMENTOS: 20 cm de entretela.
COMO CORTAR: copie as peças, de acordo com o tamanho escolhido. Distribua as peças no tecido, observando a planilha de corte. Túnica com 30 cm de comprimento, a partir da cintura.
PEÇAS: 1. FRENTE. 3. COSTAS: corte as peças uma vez com o tecido dobrado na linha do centro. 2. CARCELA DA FRENTE: corte duas vezes com o tecido e a entretela dobrados na linha do centro. 4. COLARINHO. 5. PÉ DE COLARINHO: corte as peças duas vezes com o tecido e uma vez com a entretela dobrados na linha do centro. 6. MANGA: corte duas vezes. 7. CARCELA DA MANGA: corte quatro vezes com o tecido e duas vezes com a entretela dobrados na linha do centro.
MONTAGEM:
• Feche as pences.
• Prenda a entretela no avesso das peças.
• Junte frente e costas com uma costura pelos ombros e, com outra costura, pelas laterais.
• Una as duas carcelas da frente, direito sobre direito, com uma costura pelo centro, sem fechar a abertura superior.
• Prenda o direito da borda interna da carcela pelo avesso da frente. Vinque a carcela, avesso sobre avesso. Embainhe a borda externa da carcela sobre o direito da peça, bata a ferro e prenda com pespontos rentes.
• Faça a montagem do colarinho simples no decote, conforme Dicas de Costura.
• Feche as laterais das mangas.
• Una as peças externas e internas das carcelas das mangas, duas a duas, com uma costura pelas bordas laterais.
• Una as duas carcelas de cada manga, direito sobre direito, com uma costura, deixando livres as aberturas. Vinque as carcelas, direito sobre direito. Costure as bordas inferiores. Revire as carcelas, avesso sobre avesso.
• Costure as bordas das partes externas e internas das carcelas pelo direito das mangas, coincidindo a numeração de montagem. Pesponte as mangas, pelo direito, contornando as costuras de montagem das carcelas.
• Faça a bainha inferior.
• Monte as mangas nas cavas.

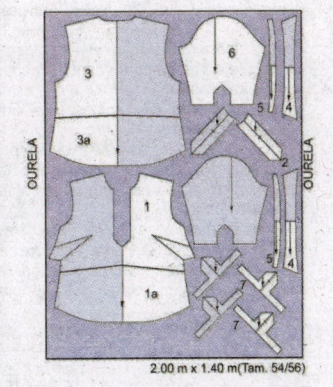

2.40 m x 1.40 m (Tam. 58)

2.00 m x 1.40 m (Tam. 54/56)

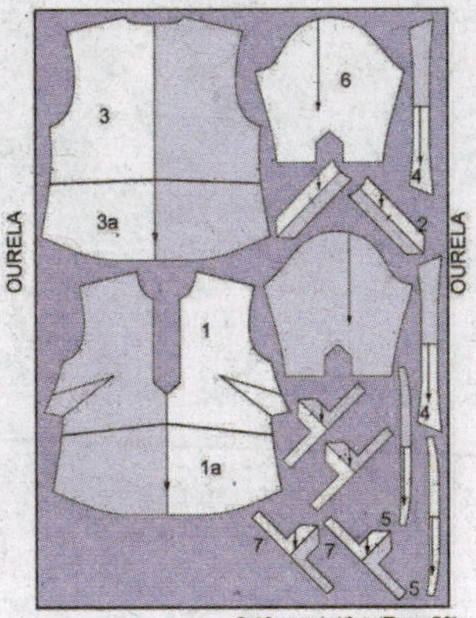

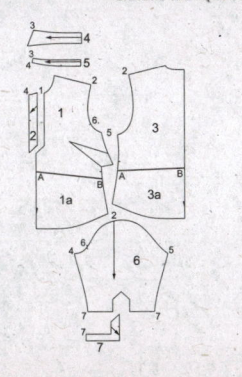

MOLDE 064

✂✂✂
CARDIGÃ
TAMANHO 50/52/54
PEÇAS: 8 a 13
LINHA DO MOLDE EM VERDE
TAM. 50 ――――
TAM. 52 －－－－
TAM. 54 ••••••
FOLHA K
SUGESTÃO DE TECIDO: suede.
METRAGEM: 1,80 m (tam. 50/52) e 1,90 m (tam. 54) x 1,40 m.
AVIAMENTOS: oito botões de 1,2 cm.
COMO CORTAR: copie as peças de acordo com o tamanho escolhido. Distribua as peças no tecido, observando a planilha de corte. Cardigã com 31 cm de comprimento, a partir da cintura.
PEÇAS: 8. FRENTE. 10. CARCELA DO ABOTOAMENTO. 13. MANGA: copie o bolso da frente, deixando uma folga de 3 cm para a bainha superior. Corte todas as peças duas vezes. 9. COSTAS. 12. ACABAMENTO DO DCOTE DAS COSTAS: corte as peças uma vez com o tecido dobrado na linha do centro. 11. BITOLA PARA A MARCAÇÃO DAS CASAS: copie e reserve a peça.
MONTAGEM:
• Para as bainhas, vinque 3 cm das bordas superiores dos bolsos para o avesso. Prenda as bainhas com pespontos duplos.
• Embainhe as bordas laterais e inferiores dos bolsos. Prenda os bolsos nos lugares indicados nas peças da frente com pespontos rentes às bordas laterais e inferiores embainhadas.
• Junte frente e costas com uma costura pelos ombros.
• Monte as mangas nas cavas.
• Junte frente e costas com uma costura pelas laterais, a partir das bordas inferiores das mangas.
• Vire as bainhas das mangas e da borda inferior para o avesso. Prenda as bainhas com pespontos.
• Prenda as bordas do acabamento do decote das costas pelo direito das bordas superiores das carcelas da frente.
• Vinque as carcelas, direito sobre direito. Una as bordas inferiores das carcelas com uma costura. Revire as carcelas, avesso sobre avesso. Prenda as bordas das carcelas e do acabamento das costas nas peças da frente e das costas, coincidindo a numeração de montagem.
• Para marcar as casas, coloque a bitola sobre a carcela da frente, coincidindo a linha do centro e a linha do ombro. Marque as casas.
• Faça as casas e pregue os botões.

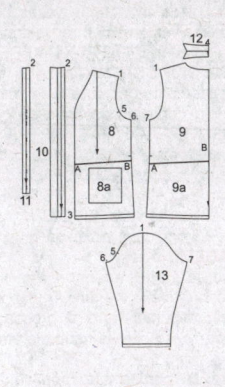

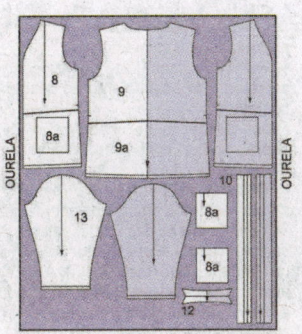

1.80 m x 1.40 m (Tam. 50/52)
1.90 m x 1.40 m (Tam. 54)

MOLDE 065

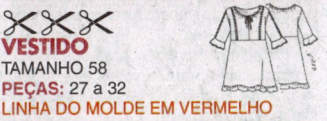

✂✂✂
VESTIDO
TAMANHO 58
PEÇAS: 27 a 32
LINHA DO MOLDE EM VERMELHO
FOLHA D
SUGESTÃO DE TECIDO: viscose chifonada.
METRAGEM: 2,60 m x 1,40 m.
AVIAMENTOS: 1,90 m x 2 cm de renda de poliéster.
COMO CORTAR: distribua as peças no tecido, observando a planilha de corte. Vestido com 1,18 m de comprimento.
PEÇAS: 27. FRENTE SUPERIOR CENTRAL. 28. FRENTE SUPERIOR LATERAL. 30. MANGA: separe a manga nas linhas indicadas. Corte todas as peças duas vezes. 29. COSTAS SUPERIORES. 31. FRENTE INFERIOR. 32. COSTAS INFERIORES: corte as peças uma vez com o tecido dobrado na linha do centro. A. BABADO DA MANGA: 65 cm x 9 cm, duas vezes. B. BABADO INFERIOR: 1,18 m x 9,5 cm, duas vezes. C. ALÇA: 1,85 m x 3,5 cm, uma vez.
MONTAGEM:
• Prenda o direito das bordas das rendas pelo direito das bordas das peças superiores da frente e das bordas das mangas.
• Bata as costuras a ferro, vincando as folgas das costuras sobre o avesso. Pesponte, pelo direito, rente às costuras de montagem das rendas e prenda com pespontos rentes.
• Una as peças superiores da frente com uma costura pelo centro, sem fechar a abertura superior.
• Bata a costura do centro da frente a ferro, virando as folgas sobre o avesso. Prenda as folgas com pespontos no trecho da abertura.
• Junte frente e costas superiores com uma costura pelos ombros e, com outra costura, pelas laterais.
• Vinque o passador do decote para o avesso. Prenda a borda do passador com pespontos.
• Vinque a alça ao meio no comprimento, direito sobre direito. Una as bordas maiores com uma costura. Revire a alça e introduza no passador.
• Feche as laterais das mangas e dos babados das mangas.
• Junte frente e costas das peças inferiores e dos babados inferiores com uma costura pelas laterais.
• Faça uma bainha fina presa com pespontos nas bordas inferiores dos babados. Franza as bordas superiores dos babados o suficiente para a montagem nas mangas e na borda inferior do modelo.
• Costure os babados pelo direito das mangas e da borda inferior do modelo.
• Embeba as bordas superiores das mangas no trecho marcado. Monte as mangas nas cavas.
• Junte as peças superiores e inferiores com uma costura.

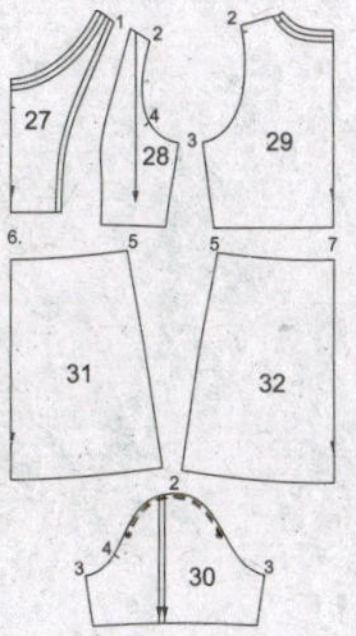

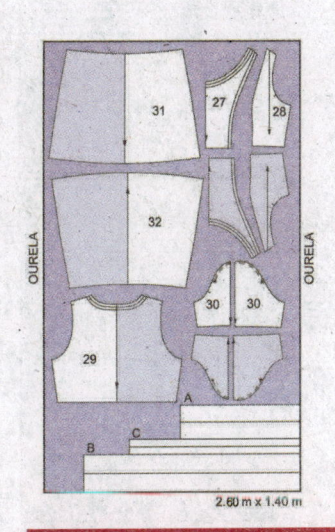

2.60 m x 1.40 m

MOLDE 066

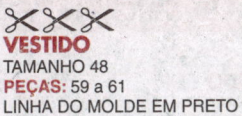

✂✂✂
VESTIDO
TAMANHO 48
PEÇAS: 59 a 61
LINHA DO MOLDE EM PRETO
FOLHA D
SUGESTÃO DE TECIDO: seda. FORRO: segunda pele.
METRAGEM: Tecido – 1,60 m x 1,40 m. Forro – 1,20 m x 1,60 m.
AVIAMENTOS: um zíper invisível de 30 cm.
COMO CORTAR: distribua as peças no tecido e no forro, observando as planilhas de corte. Vestido com 93 cm de comprimento.
PEÇAS: 59. FRENTE. 60. COSTAS: corte as peças uma vez com o tecido e o forro

153

dobrados na linha do centro. 61. MANGA: corte quatro vezes no tecido.
MONTAGEM:
• Feche as pences.
• Junte frente e costas das peças de tecido e de forro, separadamente, com uma costura pelos ombros e, com outra costura, pelas laterais, deixando livre a abertura lateral esquerda.
• Junte as peças de tecido e de forro, separadamente, com uma costura pelo decote. Bata a costura a ferro, virando as folgas sobre o avesso do forro e prenda com pespontos rentes.
• Vire o forro para o avesso do tecido. Bata a ferro. Alinhave as bordas das cavas, unindo tecido e forro.
• Feche as laterais das mangas. Junte as mangas, duas a duas, direito sobre direito, com uma costura pelas bordas inferiores. Bata a costura a ferro, virando as folgas sobre ao avesso da parte interna da manga e prenda com pespontos rentes. Revire as mangas, avesso sobre avesso. Monte as mangas nas cavas.
• Faça a montagem do zíper invisível na abertura lateral esquerda externa, de acordo com Dicas de Costura. Costure o direito das bordas do forro pelo avesso das folgas do zíper. Torne a revirar o forro para o avesso.
• Faça as bainhas inferiores.

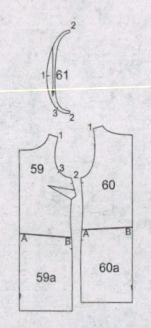

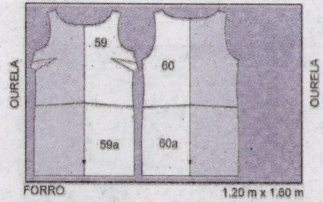

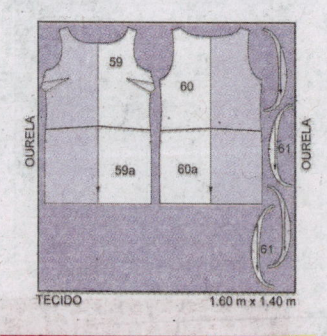

MOLDE 067
VESTIDO 
TAMANHO 50
PEÇAS: 36 a 44
LINHA DO MOLDE EM VERMELHO

FOLHA G
SUGESTÃO DE TECIDO: viscose.
METRAGEM: 2,20 m x 1,50 m.
AVIAMENTOS: um zíper invisível de 35 cm; três botões forrados de 1,4 cm; 0,80 m de seda em tom contrastante; 20 cm de entretela.
COMO CORTAR: distribua as peças no tecido, observando a planilha de corte.

Vestido com 1,10 m de comprimento.
PEÇAS: 36. FRENTE SUPERIOR. 42. MANGA. 43. ACABAMENTO INFERIOR DA MANGA: corte as peças duas vezes. 37. COSTAS SUPERIORES: corte uma vez com o tecido dobrado na linha do centro. 38. CARCELA DO ABOTOAMENTO DA FRENTE: corte duas vezes no tecido e na entretela 39. ACABAMENTO DO DECOTE DAS COSTAS: corte duas vezes com o tecido e uma vez com a entretela dobrados na linha do centro. 40. PALA DA FRENTE. 41. PALA DAS COSTAS: corte as peças duas vezes com o tecido e uma vez com a entretela dobrados na linha do centro. 44. FRENTE E COSTAS INFERIORES: corte duas vezes com o tecido dobrado na linha do centro. VIVO DA PALA: 1,04 m (superior) e 1,09 m (inferior) x 3,5 cm, uma vez, cada tira, na seda. VIVO DA MANGA: 50 cm x 3,5 cm, duas vezes na seda.
MONTAGEM:
• Vinque as pregas superiores da frente, direito sobre direito, na direção das setas. Bata as pregas a ferro e prenda com alinhavos nas bordas superiores das peças.
• Franza as bordas inferiores da frente superior no trecho marcado.
• Junte frente e costas superiores com uma costura pelas laterais, sem fechar a abertura lateral esquerda.
• Prenda a entretela no avesso das carcelas e do acabamento do decote das costas.
• Una as peças do acabamento, direito sobre direito, com uma costura pelas bordas do decote.
• Costure as bordas dos ombros do acabamento nos ombros das carcelas.
• Prenda o direito das bordas internas das carcelas e do acabamento pelo avesso da frente e das costas. Vire as peças, avesso sobre avesso. Embainhe as bordas externas das carcelas e dos acabamentos sobre o direito da frente e das costas, bata a ferro e prenda com pespontos rentes.
• Faça o traspasse da carcela direita sobre a carcela esquerda. Una as bordas inferiores traspassadas com alinhavos.
• Franza as bordas superiores das mangas no trecho marcado. Feche as laterais das mangas e dos acabamentos das mangas, separadamente.
• Feche as bordas menores dos vivos com uma costura, direito sobre direito. Vinque os vivos ao meio no comprimento, avesso sobre avesso.
• Alinhave as bordas dos vivos pelo direito das bordas externas dos acabamentos das mangas. Prenda o direito das bordas internas dos acabamentos pelo avesso das bordas inferiores das mangas.
• Vinque os acabamentos nas linhas marcadas, avesso sobre avesso. Pesponte os acabamentos, pelo direito rente às costuras de montagem dos acabamentos, prendendo-os nas mangas.
• Monte as mangas nas cavas.
• Junte frente e costas das palas com uma costura pela lateral direita.
• Costure as bordas do viés maior, depois de vincado ao meio, pelo direito da borda superior da parte externa da pala.
• Junte as partes externas e internas da pala, direito sobre direito, com uma costura pelas bordas superiores, prendendo as peças superiores. Revire as palas, avesso sobre avesso.
• Una as peças inferiores com uma costura pelas laterais, deixando livre a abertura superior esquerda.
• Franza as peças inferiores o suficiente para a montagem no cós.
• Alinhave a outra tira de viés pelo direito do franzido das peças inferiores.
• Junte as peças superiores e inferiores com uma costura, coincidindo as aberturas da lateral esquerda.
• Faça a montagem do zíper invisível na abertura lateral esquerda, conforme Dicas de Costura.
• Faça a bainha inferior.
• Pregue os botões nos lugares indicados no centro da frente.

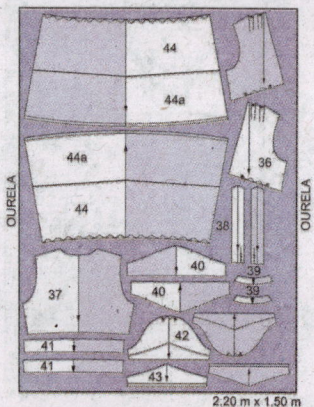

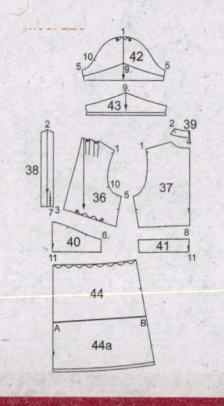

MOLDE 068
COLETE
TAMANHO 52
PEÇAS: 29 a 35
LINHA DO MOLDE EM AZUL

FOLHA G
SUGESTÃO DE TECIDO: camurça sintética.
METRAGEM: 1,70 m x 1,40 m.
AVIAMENTOS: dez ilhoses.
COMO CORTAR: distribua as peças no tecido, observando a planilha de corte. Colete com 80 cm de comprimento.
PEÇAS: 29. FRENTE SUPERIOR CENTRAL. 30. FRENTE SUPERIOR LATERAL. 32. FRENTE INFERIOR (CENTRAL E LATERAL). 34. ACABAMENTO DA FRENTE: separe a peça 32 na linha marcada. Corte cada peça duas vezes. 31. COSTAS SUPERIORES (CENTRAIS E LATERAIS). 33. COSTAS INFERIORES (CENTRAIS E LATERAIS): separe as peças 31 e 33 nas linhas marcadas. Corte as peças centrais uma vez com o tecido dobrado na linha do centro. Corte as peças laterais duas vezes. 35. ACABAMENTO DAS COSTAS: corte uma vez com o tecido dobrado na linha do centro. A. PRESILHAS: 38 cm x 5 cm, uma vez. B. ALÇAS DA FRENTE: 55 cm x 4 cm, duas vezes.
MONTAGEM:
• Junte as peças centrais e laterais da frente e das costas com uma costura. Vire as folgas sobre o avesso das peças e prenda com pespontos a 0,5 cm das costuras.
• Prenda as peças superiores nas inferiores. Vire as folgas das costuras sobre o avesso das peças superiores e prenda com pespontos a 0,7 cm.
• Junte frente e costas das peças e dos acabamentos, separadamente, com uma costura pelos ombros e, com outra costura, pelas laterais.
• Embainhe as bordas internas dos acabamentos para o avesso. Prenda bainha com pespontos.
• Monte os acabamentos nas peças, direito sobre direito, com uma costura pelas bordas externas. Nas bordas inferiores da frente, faça a montagem, prendendo os acabamentos sobre a linha da dobra da bainha. Revire os acabamentos para o avesso.
• Vinque a tira das presilhas ao meio no comprimento, direito sobre direito. Una as bordas maiores com uma costura. Revire as presilhas e centralize a costura. Separe a tira em quatro partes iguais. Prenda as presilhas nos lugares indicados.
• Vire a bainha inferior para o avesso. Prenda a bainha com pespontos. Pesponte, pelo direito, a 0,7 cm das bordas do centro da frente, do decote e cavas.
• Abra os ilhoses nos lugares marcados nas peças centrais da frente.
• Vinque as alças ao meio no comprimento, avesso sobre avesso. Embainhe as bordas das alças para o avesso. Feche as alças com pespontos rentes às bordas embainhadas.
• Introduza as alças nos ilhoses da frente. Faça um nó em cada ponta das alças.

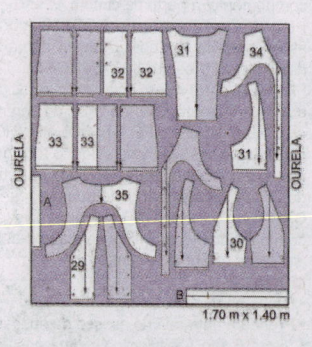

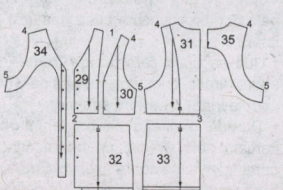

MOLDE 069
BLUSA 
TAMANHO 54
PEÇAS: 20 a 22
LINHA DO MOLDE EM PRETO

FOLHA M
SUGESTÃO DE TECIDO: viscose.
METRAGEM: 1,60 m x 1,50 m.
COMO CORTAR: distribua as peças no tecido, observando a planilha de corte Blusa com 80 cm de comprimento.
PEÇAS: 20. FRENTE: corte uma vez com o tecido dobrado na linha do centro. 21. COSTAS. 22. MANGA: corte as peças duas vezes. A. VIÉS DO DECOTE: 83 cm x 3,5 cm, uma vez. B. VIÉS DA ABERTURA: 72 cm x 3,5 cm, duas vezes.
MONTAGEM:
• Feche os ombros, unindo frente e costas.
• Vinque o viés do decote ao meio no comprimento, avesso sobre avesso. Costure as bordas do viés pelo avesso do decote. Dobre o viés ao meio para o direito do decote e prenda com pespontos sobre a primeira costura.
• Una as peças das costas com uma costura pelo centro.
• Monte as mangas nas cavas da frente.
• Monte o viés nas aberturas superiores das mangas, de acordo com a montagem do viés do decote.
• Monte as mangas nas cavas das costas.
• Junte frente e costas com uma costura pelas laterais a partir das bordas inferiores das mangas, sem fechar as aberturas inferiores.
• Faça as bainhas das mangas, das bordas inferiores e das aberturas laterais inferiores.

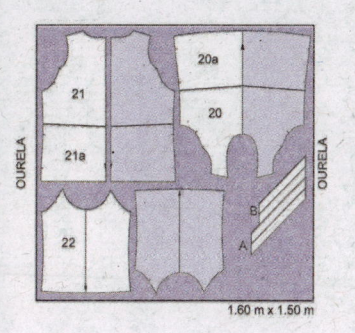

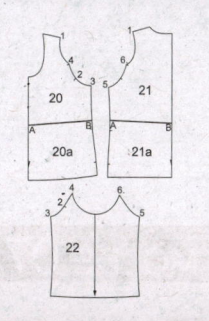

Dicas de Costura.
• Vinque os punhos, direito sobre direito. Una as bordas menores dos punhos com uma costura, prendendo as pontas de uma alcinha no lugar indicado. Revire os punhos.
• Costure o direito da borda interna do punho pelo avesso da manga. Embainhe a borda externa do punho pelo direito das mangas, bata a ferro e prenda com pespontos rentes.
• Monte as mangas nas cavas.
• Faça a bainha inferior.
• Pregue os botões.

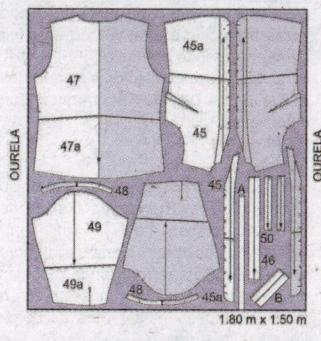

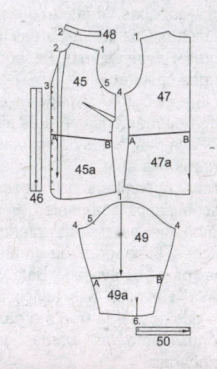

MOLDE 070

TÚNICA
TAMANHO 56
PEÇAS: 45 a 50
LINHA DO MOLDE EM VERDE

FOLHA J
SUGESTÃO DE TECIDO: linho
METRAGEM: 1,80 m x 1,50 m.
AVIAMENTOS: onze botões de 1 cm; 20 cm de entretela.
COMO CORTAR: copie o acabamento da frente. Distribua as peças no tecido, observando a planilha de corte. Corte o acabamento também na entretela. Blusa com 84 cm de comprimento.
PEÇAS: 45. FRENTE. 49. MANGA: corte as peças duas vezes. **46. CARCELA:** corte uma vez no tecido e na entretela. **47. COSTAS:** corte uma vez com o tecido dobrado na linha do centro. **48. GOLA:** corte duas vezes com o tecido e uma vez com a entretela dobrados na linha do centro. **50. PUNHO:** corte duas vezes no tecido e na entretela. **A. ALCINHAS:** 60 cm x 3 cm, uma vez. **B. ACABAMENTO DA ABERTURA DA MANGA:** 22 cm x 4 cm, duas vezes.
MONTAGEM:
• Prenda a entretela no avesso das peças.
• Feche as pences.
• Costure a frente nos ombros e nas laterais das costas.
• Prepare a tira das alcinhas conforme a explicação de alça de rolo em Dicas de Costura. Separe a tira em 10 partes iguais. Alinhave as alcinhas pelo direito dos lugares indicados na borda do centro da frente direita.
• Vinque a carcela, direito sobre direito. Una as bordas superiores e inferiores com uma costura. Revire a peça.
• Alinhave as bordas da carcela pelo direito do lugar indicado na pela do lado direito da frente, sobre as pontas das alcinhas.
• Monte os acabamentos nas peças, direito sobre direito, com uma costura pelas bordas dos traspasses e pelas bordas inferiores.
• Revire os acabamentos para o avesso.
• Una as peças da gola, direito sobre direito. Costure as bordas superiores e laterais da gola. Prenda o direito da borda da parte interna da gola no avesso do decote. Embainhe a borda externa da gola no direito do decote, bata a ferro e prenda com pespontos rentes.
• Arremate as bordas das aberturas das mangas com o viés de rolo, de acordo com

• Junte frente e costas das peças laterais superiores e inferiores com uma costura.
• Una as bordas maiores das aplicações do cós com uma costura, direito sobre direito. Revire as aplicações e centralize a costura. Bata a ferro.
• Introduza uma aplicação menor e outra maior em cada fivela. Costure a ponta da alça, prendendo a fivela.
• Prenda as aplicações com pespontos rentes às bordas maiores pelo direito dos lugares indicados no centro do cós.
• Monte o cós nas bordas das peças laterais superiores e inferiores da frente e das costas.
• Para formar a prega do centro das costas do forro, faça a costura central das costas do forro, contornando as bordas. Bata a costura a ferro, vincando o fundo da prega sobre o avesso de um dos lados das costas.
• Costure as peças centrais das costas nas peças laterais, unido tecido e de forro, separadamente.
• Feche as laterais do forro, deixando uma abertura em uma das costuras.
• Monte os acabamentos nas peças externas da frente, direito sobre direito, com uma costura pelas bordas dos traspasses do abotoamento. Bata as costuras a ferro, virando as folgas sobre o avesso dos acabamentos e prenda com pespontos rentes, indo com os pespontos somente até a marcação de casa do primeiro botão.
• Prenda a borda inferior do forro na bainha inferior do tecido, de acordo com a indicação, indo com a costura até a borda da bainha.
• Vinque a bainha inferior do tecido para o avesso. Bata o forro a ferro, vincando a bainha inferior do forro sobre a bainha do tecido, de maneira que as bordas dos ombros
• Costure as peças centrais da frente externa nas peças laterais. Prossiga com a costura, prendendo o forro e a bainha inferior do tecido nas bordas internas dos acabamentos da frente.
• Costure o acabamento na borda superior do forro das costas.
• Feche os ombros, unindo as peças externas e internas, separadamente.
• Una as peças da gola, direito sobre direito, com uma costura pelas bordas superiores e laterais. Revire a gola. Bata a ferro. Alinhave a gola pelo direito do decote externo.
• Faça as costuras de união das peças das mangas de tecido e de forro, separadamente, coincidindo a numeração de montagem.
• Embeba as bordas superiores das mangas no trecho marcado.
• Monte as mangas nas cavas, prendendo tecido e forro, separadamente.
• Prenda as ombreiras nas folgas das costuras dos ombros.
• Junte as peças externas e internas, direito sobre direito, com uma costura pelas bordas do decote, prendendo a gola.
• Em seguida, prenda o forro nas bordas das bainhas inferiores das mangas.
• Revire as peças, avesso sobre avesso, vincando as bainhas.
• Feche a abertura lateral do forro.
• Abra as casas e pregue os botões.

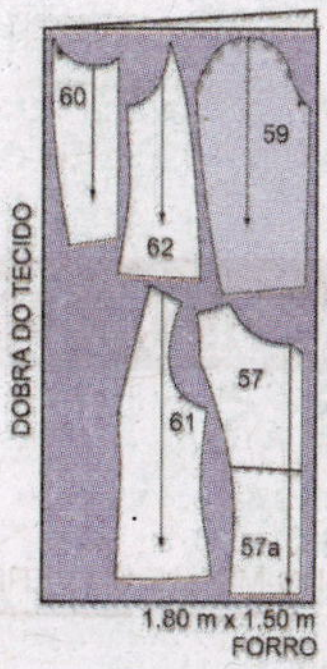

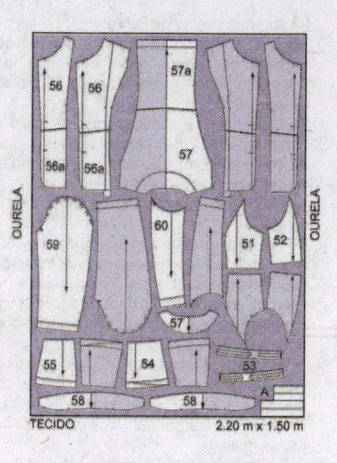

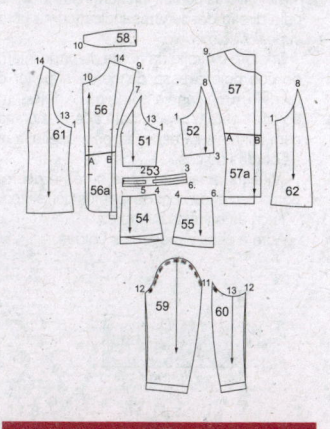

MOLDE 071

BLAZER
TAMANHO 58
PEÇAS: 51 a 62
LINHA DO MOLDE EM PRETO

FOLHA F
SUGESTÃO DE TECIDO: gabardine stretch. **FORRO:** cetim.
METRAGEM: Tecido – 2,20 m x 1,50 m. Forro – 1,80 m x 1,50 m.
AVIAMENTOS: três botões de 1,7 cm; 40 cm de entretela; um par de ombreiras; duas fivelas de 3,5 cm x 1,5 cm.
COMO CORTAR: copie os acabamentos. Distribua as peças no tecido e no forro, observando as planilhas de corte. Corte os acabamentos também na entretela. Blazer com 80 cm de comprimento.
PEÇAS: 51. LATERAL SUPERIOR DA FRENTE. 52. LATERAL SUPERIOR DAS COSTAS. 53. CÓS LATERAL. 54. LATERAL INFERIOR DA FRENTE. 55. LATERAL INFERIOR DAS COSTAS. 56. FRENTE CENTRAL EXTERNA: corte as peças duas vezes no tecido. **57. COSTAS CENTRAIS:** para a peça externa, corte uma vez com o tecido dobrado na linha do centro. Para a peça interna, corte duas vezes no forro somente até as linhas marcadas. **58. GOLA:** corte duas vezes com o tecido e uma vez com a entretela dobrados na linha do centro. **59. PARTE MAIOR DA MANGA. 60. PARTE MENOR DA MANGA:** corte as peças duas vezes no tecido e no forro. **61. FRENTE INTERNA: 62. COSTAS INTERNAS:** corte duas vezes no forro. **A. APLICAÇÃO DO CÓS:** 16 cm (frente) e 23 cm (costas) x 3,5 cm, duas vezes.
MONTAGEM:

MOLDE 072

PANTACOURT
TAMANHO 50
PEÇAS: 20 a 25
LINHA DO MOLDE EM AZUL

FOLHA E
SUGESTÃO DE TECIDO: jeans stretch. **FORRO:** popeline.
METRAGEM: Tecido – 1,40 m x 1,50 m. Forro – 0,40 m x 1,40 m.
AVIAMENTOS: um zíper metálico de 15 cm; linha para pesponto.
COMO CORTAR: copie o acabamento da abertura e o espelho do fundo do bolso. Distribua as peças no tecido e no forro, observando a planilha de corte. Pantacourt com 77 cm de comprimento.
PEÇAS: 20. FRENTE. 23. COSTAS. 24. BOLSO DAS COSTAS: separe a pala das costas. Corte as peças duas vezes. **21. FUNDO DO BOLSO:** corte duas vezes no forro. **22. BOLSINHO:** corte uma vez. **25. CÓS:** corte quatro vezes. **A. BRAGUILHA:** 19 cm x 12 cm, uma vez. **B. ACABAMENTO DA BRAGUILHA:** 18 cm x 6 cm, uma vez. **C. PRESILHA:** 42,5 cm x 4,5 cm, uma vez.
MONTAGEM:
• Vire as bainhas superiores dos bolsos das costas e do bolsinho para o avesso. Prenda as bainhas co pespontos.
• Embainhe as bordas laterais do bolsinho.
• Faça a montagem do bolso americano nas peças da frente, conforme Dicas de Costura, prendendo o bolsinho no lugar indicado no fundo do bolso direito.
• Embainhe as bordas laterais e inferiores dos bolsos das costas. Aplique os bolsos nos lugares indicados nas peças das costas com pespontos duplos pelas bordas laterais e inferiores.
• Prenda as palas nas bordas superiores das costas. Vire as folgas sobre o avesso das palas e prenda com pespontos duplos.
• Una as peças da frente e das costas, separadamente, com uma costura pelo centro, sem fechar a abertura superior da frente.
• Faça a montagem do zíper com braguilha

na abertura central da frente.
- Vire as folgas das costuras centrais da frente e das costas sobre o avesso das peças do lado esquerdo e prenda com pespontos rentes.
- Junte frente e costas com uma costura pelas laterais. Para reforço, vire as folgas da costura sobre o avesso das peças das costas e prenda com pespontos rentes.
- Feche as entrepernas, unindo frente e costas.
- Faça a costura central das costas do cós, prendendo as peças externas e internas, separadamente. Una as partes externas e internas do cós, direito sobre direito, com uma costura pelas bordas superiores e dos traspasses. Revire o cós.
- Vire as bordas maiores da tira da presilha para o avesso, coincidindo no centro da tira. Bata a ferro. Pesponte rente às bordas maiores da tira. Separe a tira em cinco partes iguais.
- Alinhave as pontas inferiores das presilhas pelo direito dos lugares indicados na borda superior do modelo.
- Costure o direito da borda da parte interna do cós pelo avesso da borda superior do modelo. Embainhe a borda da parte externa do cós sobre o direito, bata a ferro e prenda com alinhavos. Pesponte, pelo direito, rente às bordas do cós.
- Vire as presilhas sobre o cós e dobre a borda e prenda com pespontos de reforço.
- Faça as bainhas inferiores.
- Abra a casa e pregue os botões.

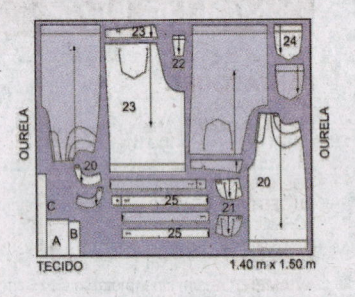

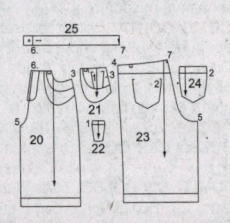

MOLDE 073

BLUSA
TAMANHO 52
PEÇAS: 23 a 31
LINHA DO MOLDE EM PRETO

FOLHA J
SUGESTÃO DE TECIDO: jeans stretch.
METRAGEM: 1,30 m x 1,50 m. Molde para tecido com 30% de alongamento (veja em Dicas de Costura como calcular o alongamento).
AVIAMENTOS: um zíper separável de 60 cm.
COMO CORTAR: distribua as peças no tecido, observando a planilha de corte. Blusa com 73 cm de comprimento.
PEÇAS: 23. FRENTE CENTRAL. 24. FRENTE LATERAL. 26. BOLSO. 28. COSTAS LATERAIS. 30. MANGA. 31. ACABAMENTO DA FRENTE: corte todas as peças duas vezes. 25. PALA DA FRENTE: corte quatro vezes. 27. COSTAS CENTRAIS: corte uma vez com o tecido dobrado na linha do centro. 29. PALA DAS COSTAS: corte duas vezes com o tecido dobrado na linha do centro. A. VIÉS DO DECOTE: 60 cm x 3 cm, uma vez. B. VIÉS INFERIOR DA MANGA: 46 cm x 3 cm, duas vezes.

MONTAGEM:
- Junte as peças centrais e laterais da frente e das costas, separadamente, com uma costura. Bata as costuras a ferro, virando as folgas sobre o avesso das peças centrais e prenda com pespontos duplos.
- Vire as bainhas superiores dos bolsos para o avesso, bata a ferro e prenda com pespontos.
- Una as palas da frente, duas a duas, direito sobre direito. Una as bordas inferiores com uma costura, prendendo as bordas superiores das peças da frente, conforme a numeração de montagem. Revire as palas da frente, avesso sobre avesso.
- Pesponte, pelo direito do modelo, a 0,7 cm da costura de montagem nas peças da frente.
- Una as partes externa e interna das palas das costas, direito sobre direito. Introduza os ombros das palas da frente entre as bordas das palas das costas e costure. Revire a pala das costas, avesso sobre avesso. Pesponte, rente às costuras dos ombros.
- Costure o direito da borda interna da costas pelo avesso das peças das costas. Embainhe a borda externa da pala pelo direito da costura, bata a ferro e prenda com pespontos duplos.
- Prenda o direito das bordas dos acabamentos pelo avesso das folgas do zíper. Vinque as bordas das peças da frente para o avesso, sobre a linha do centro da frente. Pesponte as peças centrais da frente, pelo direito, a 0,7 cm das bordas vincadas, prendendo as folgas do zíper e os acabamentos no avesso.
- Una as peças e os acabamentos com alinhavos no decote.
- Embainhe s bordas menores do viés do decote para o avesso.
- Arremate o decote e as bordas inferiores das mangas com a montagem do viés de rolo, de acordo com Dicas de Costura.
- Embeba as bordas superiores das mangas no trecho marcado. Monte as mangas nas cavas. Junte frente e costas com uma costura pelas laterais, a partir das bordas inferiores das mangas.
- Faça a bainha inferior.

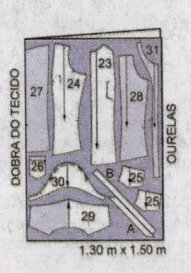

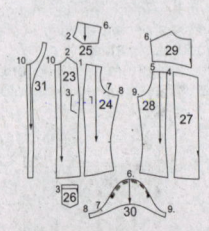

SUGESTÃO DE TECIDO: jeans.
METRAGEM: 2,00 m x 1,50 m.
AVIAMENTOS: dezessete botões de 1,2 cm, 20 cm de entretela.
COMO CORTAR: copie as aplicações superiores. Distribua as peças no tecido, observando a planilha de corte. Vestido com 92 cm de comprimento.
PEÇAS. 31. FRENTE. 32. BOLSO. 37. MANGA: corte as peças duas vezes. 33. ABA: corte quatro vezes no tecido e duas vezes na entretela. 34. COSTAS: corte uma vez com o tecido dobrado na linha do centro. 35. COLARINHO. 36. PÉ DE COLARINHO: corte cada peça duas vezes no tecido e uma vez na entretela, formando peças inteiras. 38. PUNHO: corte duas vezes no tecido e na entretela. A. CARCELA DA MANGA. 14 cm x 5 cm, duas vezes.

MONTAGEM:
- Feche as pences.
- Vire as bainhas superiores dos bolsos para o avesso. Prenda as bordas das bainhas com pespontos.
- Embainhe as bordas laterais e inferiores dos bolsos. Bata ferro. Prenda os bolsos nos lugares marcados nas peças da frente com pespontos rentes às bordas laterais e inferiores.
- Una as abas, duas a duas, direito sobre direito. Costure as bordas laterais e inferiores. Revire as abas. Pesponte rente às bordas costuradas.
- Costure as bordas superiores das abas nos lugares marcados. Vire as abas para baixo. Faça pespontos duplos nas bordas superiores das abas.
- Feche os ombros das peças e das aplicações, separadamente.
- Embainhe as bordas inferiores das aplicações superiores da frente e das costas para o avesso. Bata a ferro. Alinhave o avesso das aplicações pelo direito das peças da frente e das costas. Pesponte rente às bordas inferiores embainhadas.
- Pesponte rente às costuras dos ombros.
- Costure o direito das aplicações da frente pelo direito das bordas dos traspasses do abotoamento. Vire os acabamentos para o avesso, embainhe as bordas e prenda com pespontos.
- Faça a montagem do colarinho simples no decote, conforme Dicas de Costura.
- Monte as mangas nas cavas.
- Junte frente e costas com uma costura pelas laterais, a partir das bordas inferiores das mangas.
- Vinque as pregas das mangas, direito sobre direito, na direção das setas, deixando A sobre B. Bata as pregas a ferro.
- Faça a montagem das carcelas nas aberturas das mangas e, em seguida, a montagem dos punhos de acordo com Dicas de costura.
- Faça a bainha inferior.
- Abra as casas e pregue os botões.

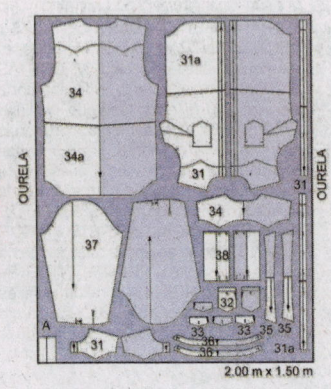

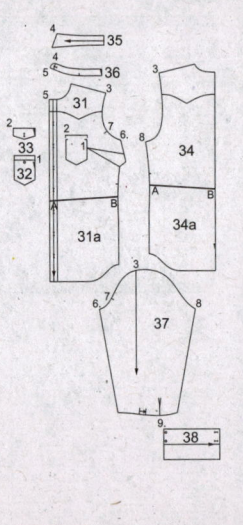

MOLDE 074

VESTIDO
TAMANHO 52
PEÇAS: 31 a 38
LINHA DO MOLDE EM VERMELHO

FOLHA E

MOLDE 075

BLAZER
TAMANHO 46
PEÇAS: 39 a 47
LINHA DO MOLDE EM PRETO

FOLHA B
SUGESTÃO DE TECIDO: sarja. FORRO: liganete.
METRAGEM: Tecido – 1,80 m x 1,50 m. Forro – 1,40 m x 1,60 m.
AVIAMENTOS: Três botões de 2,2 cm; sete botões de 1 cm; 20 cm de entretela.
COMO CORTAR: copie o acabamento. Distribua as peças no tecido e no forro, observando as planilhas de corte. Blazer com 76 cm de comprimento.
PEÇAS: 39. FRENTE CENTRAL. 40. FRENTE LATERAL. 44. COSTAS LATERAIS. 46. PARTE MAIOR DA MANGA. 47. PARTE MENOR DA MANGA: corte as peças duas vezes no tecido e no forro. 41. FUNDO DO BOLSO: corte quatro vezes no tecido, sendo o fundo menor somente até a linha marcada. 42. ABA: corte quatro vezes no tecido e duas vezes na entretela. 43. COSTAS CENTRAIS: corte uma vez com o tecido e o forro dobrados na linha do centro. 45. GOLA: corte duas vezes com o tecido e uma vez com a entretela dobrados na linha do centro.

MONTAGEM:
- Vinque a entretela o avesso das abas. Vinque as abas, direito sobre direito, com uma costura pelas bordas menores. Revire as abas.
- Faça a montagem do bolso embutido nos lugares indicados nas peças da frente, prendendo as abas e os fundos menores dos bolsos nas bordas inferiores das aberturas.
- Junte as peças centrais e laterais da frente e das costas com uma costura, coincidindo os números de junção.
- Junte frente e costas com uma costura pelas laterais.
- Faça as mesmas costuras nas peças de forro. Deixe uma abertura em uma das costuras laterais do forro.
- Costure o forro nas bordas da bainha inferior do tecido.
- Prenda os acabamentos nas peças da frente, direito sobre direito, com uma costura pelas bordas dos traspasses d abotoamento. No trecho da lapela, vire a folgas das costuras sobre o avesso da peças da frente e prenda com pespontos rentes. Em seguida, vire as folgas sobre o avesso dos acabamentos e prenda com pespontos rentes.
- Costure o direito dos acabamentos pel direito das bordas inferiores da frente.
- Prenda o forro e a bainha inferior da frent nas bordas internas dos acabamentos.
- Junte frente e costas externas e interna separadamente, com uma costura pelo

ombros.
• Faça as costuras de união das peças da gola, deixando livre o decote. Revire a gola. Alinhave a gola pelo direito do decote externo.
• Junte as peças das mangas de tecido e de forro, separadamente, com uma costura coincidindo o número 6 de montagem, sem fechar a abertura inferior. Vire as folgas da costura das peças de tecidos sobre o avesso das peças maiores das mangas e prenda com pespontos duplos.
• Feche as laterais das mangas de tecido e de forro, separadamente, conforme o número 8 de junção.
• Embeba as bordas superiores das mangas no trecho marcado. Monte as mangas nas cavas de tecido e de forro, separadamente.
• Costure o forro pelo direito das bordas das bainhas inferiores de tecido das mangas.
• Vire o forro para o direito do tecido das mangas, vincando as bainhas nas linhas marcadas. Junte tecido e forro, direito sobre direito, com uma costura contornando as bordas das aberturas. Revire tecido e forro das mangas, avesso sobre avesso, vincando as bainhas inferiores do tecido.
• Junte as peças externas e internas, direito sobre direito, com uma costura pelas bordas do decote, prendendo a gola.
• Revire as peças, avesso sobre avesso. Feche a abertura lateral do forro.
• Abra as casas e pregue os botões.

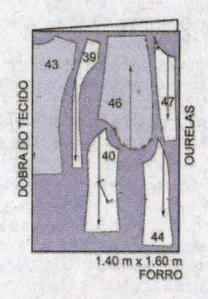

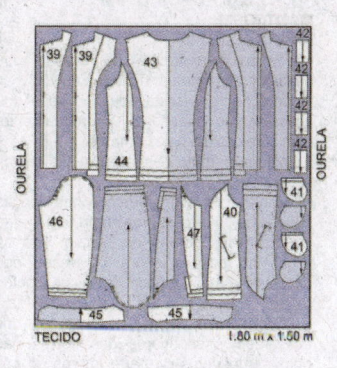

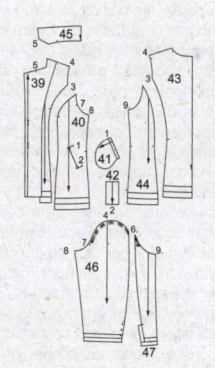

Molde 076

SAIA TAMANHO 54
PEÇAS: 6 a 11
LINHA DO MOLDE EM VERDE

FOLHA 0
SUGESTÃO DE TECIDO: microfibra stretch.
FORRO: liganete.
METRAGEM: Tecido – 1,40 m x 1,50 m. Forro – 0,80 m x 1,60 m. Molde para tecido com 20% de alongamento (veja em Dicas de Costura como calcular o alongamento).
AVIAMENTOS: um zíper metálico de 20 cm; 10 cm de entretela.
COMO CORTAR: distribua as peças no tecido e no forro, observando as planilhas de corte. Saia com 60 cm de comprimento.
PEÇAS: 6. FRENTE EXTERNA: corte duas vezes no tecido. 7. FUNDO DA PREGA CENTRAL DA FRENTE: corte uma vez com o tecido dobrado na linha do centro. 8. COSTAS: corte duas vezes no tecido e no forro. 9. FRENTE INTERNA: corte uma vez com o forro dobrado na linha do centro. 10. CÓS DA FRENTE: corte duas vezes com o tecido e uma vez com a entretela dobrados na linha do centro. 11. CÓS DAS COSTAS: corte quatro vezes no tecido e duas vezes na entretela. A. REFORÇO DA ABERTURA: 23 cm x 8 cm, uma vez.
MONTAGEM:
• Feche as pences.
• Una as peças das costas com uma costura pelo centro, sem fechar a abertura superior.
• Junte frente e costas com uma costura pelas laterais.
• Faça as mesmas costuras nas peças de forro.
• Vire as bainhas inferiores das peças de tecido para o avesso. Prenda as bainhas com pespontos.
• Prenda o direito das bordas laterais do fundo da prega pelo direito das bordas das peças da frente externa.
• Revire o fundo da prega sobre o avesso das peças da frente.
• Vinque a prega, deixando A sobre B. Pesponte, pelo direito, rente à linha do centro da frente, indo até a marcação AB, prendendo o fundo da prega no avesso. Em seguida, pesponte a 0,7 cm da costura de montagem do fundo da prega.
• Feche as laterais do cós, unindo as partes externas e internas, separadamente, Junte as partes externas e internas do cós, direito sobre direito, com uma costura pelas bordas superiores. Vire as folgas da costura sobre o avesso do cós interno e prenda com pespontos rentes.
• Costure o cós, pelo direito das bordas superiores externas e internas, separadamente.
• Vinque o reforço ao meio no comprimento, direito sobre direito. Una as bordas superiores e inferiores com uma costura. Revire o reforço.
• Prenda o direito da borda da parte externa da abertura pelo direito das folgas do zíper. Costure o direito da borda da parte interna da abertura pelo avesso das folgas do zíper, prendendo as bordas do reforço na borda do lado direito da abertura.
• Revire as peças, avesso sobre avesso. Faça a bainha inferior do forro.

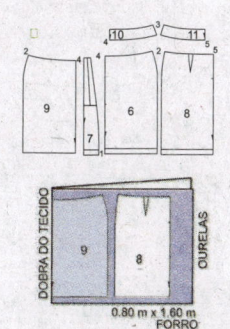

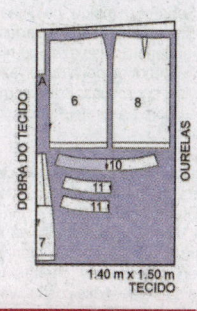

Molde 077

VESTIDO
TAMANHO 52
PEÇAS: 12 a 22
LINHA DO MOLDE EM VERMELHO

FOLHA P
SUGESTÃO DE TECIDO: malha jacquard.
METRAGEM: 2,10 m x 1,50 m. Molde para malha com 50% de alongamento (veja em Dicas de Costura como calcular o alongamento).
AVIAMENTOS: linha para malha e agulha ponta bola.
COMO CORTAR: copie o acabamento do decote das costas. Distribua as peças no tecido, observando a planilha de corte. Vestido com 1,02 m de comprimento.
PEÇAS: 12. ABA DO DECOTE ESQUERDO: 13. ABA DO DECOTE DIREITO. 14. FRENTE SUPERIOR ESQUERDA CENTRAL. 15. FRENTE SUPERIOR DIREITA CENTRAL: corte as peças uma vez. 16. FRENTE SUPERIOR LATERAL. 18 COSTAS SUPEROR LATERAL. 20. MANGA: corte as peças duas vezes. 17. COSTAS SUPERIORES CENTRAL: corte uma vez com o tecido dobrado na linha do centro. 19. PALA DO OMBRO. 22. FRENTE E COSTAS INFERIORES LATERAL: corte as peças quatro vezes. 21. FRENTE E COSTAS INFERIORES CENTRAL: corte duas vezes com o tecido dobrado na linha do centro.
MONTAGEM:
• Vinque as pregas da parte externa da aba, direito sobre direito, na direção das setas, deixando A sobre B. Alinhave as pregas nas bordas das peças.
• Vinque as abas, avesso sobre avesso. Costure as bordas da aba menor pelo avesso da borda do lado esquerdo do decote. Vire a aba para o direito do decote. Una as bordas externas dom alinhavos.
• Da mesma maneira, monte a aba na borda do lado direito do decote da frente, prendendo as bordas inferiores da peça central esquerda e da aba esquerda.
• Vire a aba maior para o direito da frente. Una as bordas externas com alinhavos.
• Prenda as peças laterais na frente e nas costas superior central, coincidindo a numeração de montagem.
• Prenda o direito do acabamento pelo direito do decote das costas. Vire as folgas da costura sobre o avesso do acabamento e prenda com pespontos rentes. Vire o acabamento para o avesso do decote das costas e prenda com pespontos.
• Una as palas dos ombros, duas a duas, direito sobre direito. Una as bordas internas das palas com uma costura, prendendo as peças centrais, as abas e as peças laterais da frente. Revire as palas, avesso sobre avesso. Una as bordas das cavas com alinhavos.
• Junte frente e costas com uma costura pelas laterais. Feche as laterais das mangas. Monte as mangas nas cavas.
• Prenda as peças laterais na frente e nas costas superiores inferiores.
• Feche as laterais inferiores, unindo frente e costas.
• Junte as peças superiores e inferiores com uma costura.
• Faça as bainhas das mangas e da borda inferior.

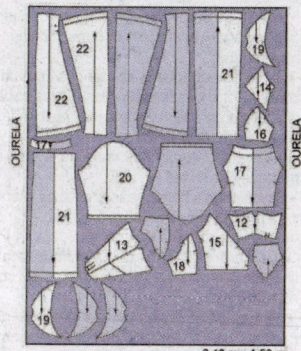

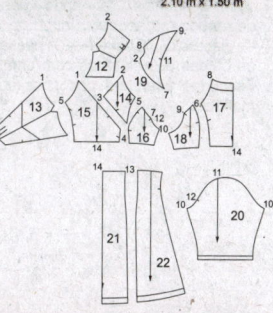

Molde 078

BLUSA
TAMANHO 56
PEÇAS: 53 a 57
LINHA DO MOLDE EM AZUL

FOLHA J
SUGESTÃO DE TECIDO: cetim.
METRAGEM: 1,80 m x 1,50 m.
AVIAMENTOS: dois terminais para alça; 60 cm x 0,7 cm de elástico; dez ilhoses de 0,8 cm.
COMO CORTAR: distribua as peças no tecido, observando a planilha de corte. Vestido com 75 cm de comprimento.
PEÇAS: 53. FRENTE: separe a pala na linha marcada. Corte a peça maior uma vez com o tecido dobrado na linha do centro. Corte a pala duas vezes com o tecido dobrado na linha do centro. 54. COSTAS: corte uma vez com o tecido dobrado na linha do centro. 55. PALA DAS COSTAS: corte duas vezes com o tecido dobrado na linha do centro. 56. MANGA. 57. BABADO INFERIOR DA MANGA: corte as peças duas vezes. A. ALÇA: 1,30 m x 4 cm, uma vez.
MONTAGEM:
• Feche as pences.
• Junte as partes externa e interna da pala da frente, direito sobre direito, com uma costura contornando as bordas da abertura e do decote. Revire as palas, avesso sobre avesso. Pesponte rente às bordas costuradas.
• Abra os ilhoses nos lugares marcados na pala da frente.
• Prenda as bordas da pala no direito das bordas da peça da frente, coincidindo o número de junção. Pesponte a peça da frente rente à pala pelo avesso, prendendo as folgas da montagem da pala no avesso.
• Una as peças da pala das costas, direito sobre direito. Introduza os ombros da frente entre as bordas da pala das costas. Una as palas das costas com uma costura pelas bordas do decote e dos ombros, prendendo os ombros da frente. Revire a pala das costas, avesso sobre avesso.
• Franza a borda superior das costas no trecho marcado.
• Costure o direito da borda da parte interna da pala pelo avesso da borda superior das costas. Embainhe a borda externa da pala pelo direito, bata a ferro e prenda com pespontos rentes.
• Junte frente e costas com uma costura pelas laterais, deixando livres as aberturas inferiores.

157

- Franza as bordas superiores dos babados das mangas o suficiente para montagem nas mangas.
- Junte os babados e as mangas com uma costura, direito sobre direito. Vire as folgas das costuras sob re o avesso da manga a prenda com pespontos rentes.
- Feche as laterais das mangas. Monte as mangas nas cavas.
- Embainhe as bordas das aberturas laterais e as bordas inferiores para o avesso. Prenda as bainhas com pespontos.
- Prepare a alça de rolo e introduza nos ilhoses. Arremates as pontas das alças com os terminais.
- Vire as bainhas das bordas inferiores das mangas para o avesso. Prenda as bainhas com pespontos, formando passadores, deixando uma abertura. Introduza uma tira de elástico de 30 cm em cada passador. Una as bordas dos elásticos com uma costura. Feche as aberturas dos passadores das mangas.

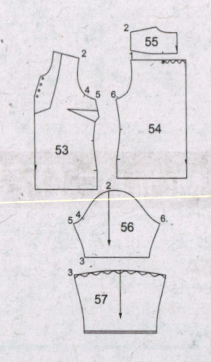

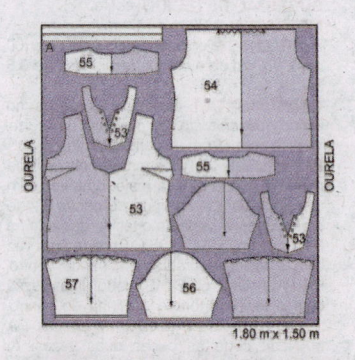

forro. Separe o molde na linha marcada. Para o acabamento da abertura, corte o trecho superior duas vezes no tecido. Corte o trecho inferior da peça duas vezes no forro.
51. GOLA: corte duas vezes com o tecido e uma vez com a entretela dobrados na linha do centro.

MONTAGEM:
- Faça a costura central das costas.
- Una a frente central externa e os acabamentos da frente, direito sobre direito, com uma costura pelas bordas dos traspasses e pelas bordas inferiores.
- Prenda as peças centrais nas peças laterais da frente e das costas. Vire as folgas das costuras sobre o avesso das peças centrais e prenda com pespontos a 0,7 cm.
- Prenda o direito do acabamento da abertura do bolso com alfinetes pelo direito das peças da frente. Costure contornando a marcação da abertura do bolso. Solte os alfinetes. Corte a abertura. Revire o acabamento para o avesso da frente, introduzindo-o pela abertura.
- Prenda o fundo menor do bolso na borda inferior do acabamento.
- Prenda o direito das folgas do zíper com alfinetes no avesso da frente, sobre o acabamento. Pesponte, pelo direito da frente, contornando a marcação da abertura, prendendo o zíper no avesso. Solte os alfinetes.
- Una os fundos dos bolsos, dois a dois, com uma costura contornando as bordas.
- Junte frente e costas com uma costura pelos ombros, prendendo as peças externas e os acabamentos, separadamente. Feche as laterais, unindo frente e costas.
- Una as peças da gola, direito sobre direito. Una as bordas superiores e laterais da gola com uma costura. Revire a gola.
- Alinhave a gola pelo direito do decote externo.
- Monte os acabamentos nas peças, direito sobre direito, com uma costura do decote, prendendo a gola. Revire os acabamentos para o avesso, vincando a bainha inferior.
- Feche as laterais das mangas. Embeba as bordas superiores das mangas no trecho marcado. Monte as mangas nas cavas.
- Bata as bainhas a ferro sobre o avesso do modelo e prenda com pontos invisíveis.
- Abra as casas e pregue os botões.

MOLDE 079

BLAZER
TAMANHO 50
PEÇAS: 46 a 52
LINHA DO MOLDE EM VERMELHO

FOLHA C
SUGESTÃO DE TECIDO: malha viscose.
METRAGEM: 1,80 m x 1,60 m. Molde para malha com 20% de alongamento (veja em Dicas de Costura como calcular o alongamento).
AVIAMENTOS: três botões de 2,5 cm; dois zíperes de 15 cm; 40 cm de failete para forro; 30 cm de entretela.
COMO CORTAR: copie o acabamento das costas. Distribua as peças na malha, observando a planilha de corte. Blazer com 70 cm de comprimento.
PEÇAS: 46. FRENTE CENTRAL: corte quatro vezes na malha, sendo duas peças para acabamento, e duas vezes na entretela. 47. FRENTE LATERAL. 49. COSTAS CENTRAIS. 50. COSTAS LATERAIS. 52. MANGA: corte as peças duas vezes. 48. FUNDO DO BOLSO: corte duas vezes no

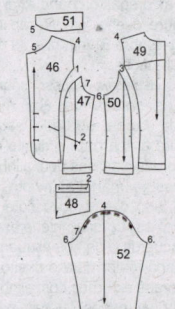

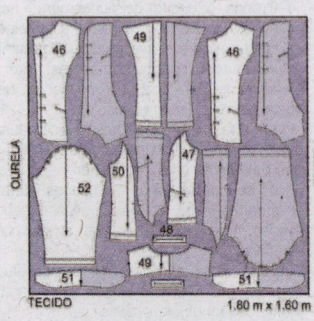

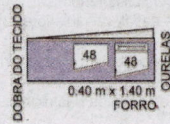

MOLDE 080

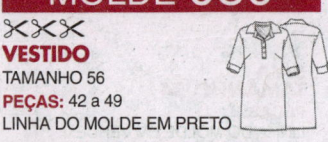

VESTIDO
TAMANHO 56
PEÇAS: 42 a 49
LINHA DO MOLDE EM PRETO

FOLHA M
SUGESTÃO DE TECIDO: cetim
METRAGEM: 2,00 m x 1,50 m.
AVIAMENTOS: seis botões de 1,4 cm; 30 cm de entretela.
COMO CORTAR: distribua as peças no tecido, observando a planilha de corte. Vestido com 1,13 m de comprimento.
PEÇAS: 42. FRENTE. 44. COSTAS: separe a pala das costas na linha marcada. Corte a frente, a pala e a peça das costas uma vez com o tecido dobrado na linha do centro. 43. CARCELA DO ABOTOAMENTO. 49. PUNHO: corte as peças duas vezes no tecido e na entretela. 45. COLARINHO. 46. PÉ DE COLARINHO: corte as peças duas vezes com o tecido e a entretela dobrados na linha do centro. 47. MANGA: corte duas vezes. 48. ALÇA: corte quatro vezes no tecido e duas vezes na entretela.

MONTAGEM:
- Feche as pences.
- Monte as carcelas no centro da frente, conforme as explicações de montagem de carcela para manga em Dicas de Costura.
- Costure a pala na borda superior das costas.
- Junte frente e costas com uma costura pelos ombros e, com outra costura, pelas laterais.
- Faça a montagem do colarinho simples no decote, de acordo com Dicas de Costura.
- Embeba as bordas superiores das mangas no trecho marcado. Feche as laterais das mangas.
- Una as peças das alças, duas a duas, direito sobre direito, com uma costura pelas bordas externas, deixando livres as bordas de montagem. Revire as alças. Pesponte rente às bordas costuradas.
- Feche os punhos, unindo as bordas menores com uma costura, direito sobre direito.
- Vinque os punhos ao meio, avesso sobre avesso. Costure as bordas dos punhos pelo direito das bordas inferiores das mangas, prendendo as alças nos lugares indicados pelo avesso.
- Monte as mangas nas cavas.
- Faça a bainha inferior.
- Abra as casas e pregue os botões.

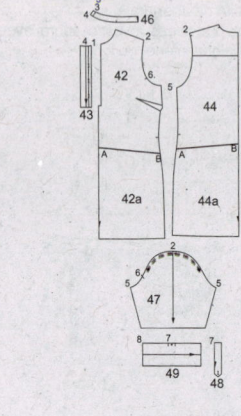

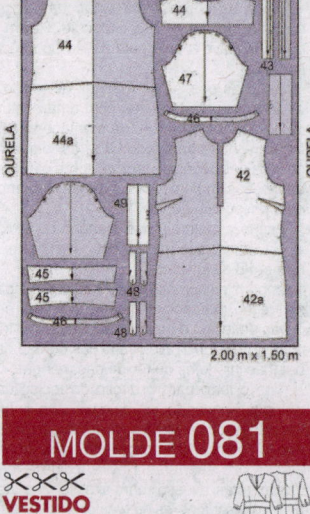

MOLDE 081

VESTIDO
TAMANHO 50
PEÇAS: 50 a 55
LINHA DO MOLDE EM VERDE

FOLHA B
SUGESTÃO DE TECIDO: crepe stretch
METRAGEM: 1,70 m x 1,50 m.
AVIAMENTOS: um zíper invisível de 55 cm; oito botões dourados de 1 cm; 40 cm de entretela.
COMO CORTAR: copie os acabamentos. Distribua as peças no tecido, observando a planilha de corte. Corte os acabamentos também na entretela. Vestido com 1,10 m de comprimento.
PEÇAS: 50. FRENTE SUPERIOR. 51. COSTAS SUPERIORES. 53. MANGA: corte as peças duas vezes. 52. CÓS (FRENTE E COSTAS): para a frente, corte duas vezes com o tecido e uma vez com a entretela dobrados na linha do centro. Para as costas, corte a peça quatro vezes no tecido e duas vezes na entretela. 54. ACABAMENTO DA ABERTURA DA MANGA: corte duas vezes no tecido e na entretela. 55. FRENTE E COSTAS INFERIORES: para a frente, corte uma vez com o tecido dobrado na linha do centro. Para as costas, corte duas vezes. A. ALÇAS: 35 cm x 2 cm, uma vez.

MONTAGEM:
- Feche as pences.
- Prenda a entretela no avesso dos acabamentos e da parte interna do cós.
- Junte frente e costas das peças e dos acabamentos superiores, separadamente, com uma costura pelos ombros.
- Costure a frente nas laterais das costas superiores.
- Monte os acabamentos nas peças superiores, direito sobre direito, com uma costura pelas bordas do decote. Vire as folgas da costura sobre o avesso dos acabamentos e prenda com pespontos rentes.
- Costure as bordas inferiores dos acabamentos superiores das costas nas bordas superiores da parte interna do cós das costas.
- Junte frente e costas do cós com uma costura pelas bordas laterais, prendendo as peças externas e internas, separadamente.
- Prepare a tira das alças como alça de rolo, de acordo com Dicas de Costura. Separe a tira em sete partes iguais.
- Em seguida, prenda do direito dos acabamentos pelo direito da abertura superior das costas, deixando livre o trecho de montagem do zíper. Faça a montagem prendendo as pontas de uma das alcinhas na borda superior do lado esquerdo da abertura.
- Vire os acabamentos para o avesso das peças superiores. Faça o traspasse da frente superior, coincidindo a linha do centro. Alinhave as bordas inferiores traspassadas.
- Feche as laterais das mangas.
- Monte os acabamentos nas mangas, direito sobre direito, com uma costura contornando as bordas da abertura inferior, prendendo as

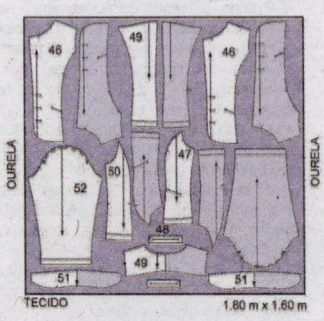

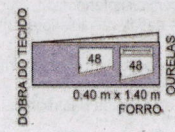

pontas das alças nos lugares marcados.
• Vire os acabamentos para o avesso das mangas. Contorne as aberturas das mangas com pespontos a 0,7 cm da costura.
4Monte as mangas nas cavas.
• Una as costas inferiores com uma costura pelo centro, entre as marcações das aberturas superiores e inferiores.
• Feche as laterais inferiores, unindo frente e costas.
• Vire as folgas das aberturas inferiores para o direito e prenda com uma costura sobre a linha da dobra da bainha inferior. Vire as folgas para o avesso, vincando a bainha inferior.
• Junte as partes externas e internas do cós, direito sobre direito, com uma costura pelas bordas superiores, prendendo as peças superiores. No centro das costas, faça a costura, prendendo a parte interna do cós e as bordas do acabamento superior, separadamente.
• Costure o direito da borda inferior da parte externa do cós pelo direito das peças inferiores.
• Monte o zíper invisível na abertura central das costas, de acordo com Dicas de Costura. Prenda o direito das bordas do acabamento superior e da parte interna do cós pelo avesso das folgas do zíper. Revire os acabamentos das costas e o cós, avesso sobre avesso. Pesponte, pelo direito, a 0,7 cm da borda superior do cós, prendendo a borda da parte interna no avesso.
• Faça as bainhas. Pregue os botões.

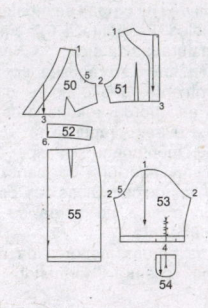

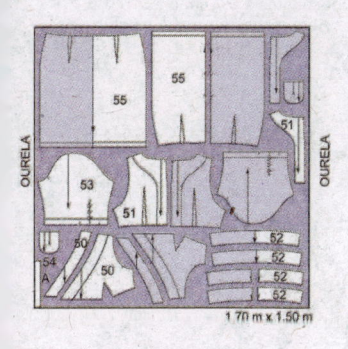

PEÇAS: 56. FRENTE SUPERIOR CENTRAL. 57. FRENTE INFERIOR CENTRAL 59. FRENTE LATERAL. 60. COSTAS SUPERIORES CENTRAL. 61. COSTAS INFERIORES CENTRAL. 62. COSTAS LATERAIS: corte as peças duas vezes. 58. FUNDO DO BOLSO: corte quatro vezes. A. VIÉS DO DECOTE: 90 cm x 4 cm, uma vez. B. ACABAMENTO DA CAVA: 62 cm x 4 cm, duas vezes.
MONTAGEM:
• Una todas as peças centrais da frente e das costas com uma costura pelo centro, deixando livre a abertura para a montagem do zíper nas costas superiores.
• Monte o zíper invisível na abertura superior das costas, de acordo com Dicas de Costura.
• Abra as costuras do centro da frente e das costas, revirando as folgas sobre o avesso das peças. Prenda as bordas das folgas com pespontos a 0,7 cm das costuras.
• Prenda as peças superiores nas peças inferiores. Abra as costuras, revirando as folgas sobre o avesso. Prenda as bordas das folgas com pespontos a 0,7 cm das costuras.
• Junte frente e costas com uma costura pelos ombros.
• Costure o direito do viés pelo direito do decote. Vire as folgas da costura sobre o avesso do viés e prenda com pespontos rentes.
• Vire o viés para o avesso do decote e prenda a borda com pespontos a 0,7 cm.
• Costure o direito de um dos fundos dos bolsos pelo direito das bordas das aberturas das peças centrais inferiores.
• Una os fundos dos bolsos, dois a dois, com uma costura contornando as bordas.
• Prenda as peças laterais nas peças centrais da frente e das costas, sem fechar as aberturas dos bolsos.
• Abra a costura de união das peças centrais e laterais, virando as folgas sobre o avesso das peças. Prenda as folgas com pespontos a 0,7 cm das costuras.
• Feche as laterais, unindo frente e costas.
• Arremate as cavas com a montagem dos acabamentos, de acordo com a montagem do acabamento no decote.
• Faça a bainha inferior.

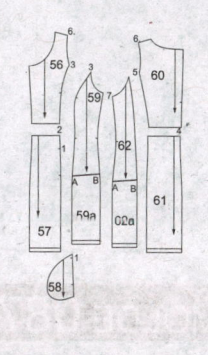

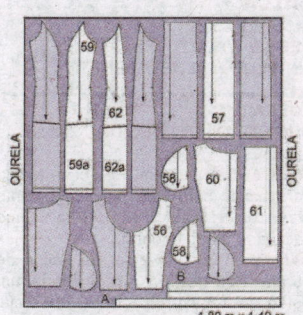

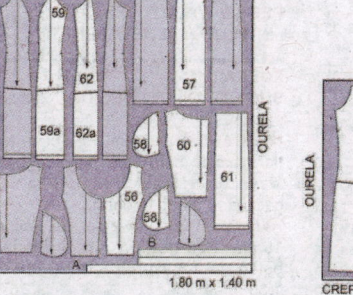

MOLDE 083

✂✂✂
VESTIDO
TAMANHO 52
PEÇAS: 12 a 16
LINHA DO MOLDE EM PRETO

FOLHA N
SUGESTÃO DE TECIDO: crepe stretch e tule stretch
METRAGEM: Crepe – 1,20 m x 1,50 m. Tule – 1,00 m x 1,40 m. Molde para crepe com 25% e tule com 50% de alongamento (veja em Dicas de Costura como calcular o alongamento).
AVIAMENTOS: um zíper invisível de 40 cm.
COMO CORTAR: distribua as peças no crepe e no tule, observando as planilhas de corte. Vestido com 1,15 m de comprimento.
PEÇAS: 12. FRENTE. 14. COSTAS: corte as peças uma vez com o tule dobrado na linha do centro. 13. PALA DA FRENTE. 15. PALA DAS COSTAS: corte as peças duas vezes com o tule dobrado na linha do centro. 16. MANGA: corte duas vezes.
MONTAGEM:
• Feche as pences.
• Junte frente e costas das peças externas e internas das palas com uma costura pelos ombros.
• Una as partes externa e interna da pala, direito sobre direito, com uma costura pelas bordas do decote. Vire as folgas da costura sobre o avesso do decote interno e prenda com pespontos rentes. Revire as palas, avesso sobre avesso. Una as bordas das cavas e as bordas inferiores das palas com alinhavos.
• Junte frente e costas com uma costura pelas laterais, deixando livre o trecho da abertura lateral esquerda.
• Costure as bordas das palas pelo direito das peças da frente e das costas. Vire as folgas das costuras sobre o avesso das peças da frente e das costas. Pesponte as peças da frente e das costas, prendendo as folgas da costura no avesso.
• Monte o zíper invisível na abertura lateral esquerda, conforme Dicas de Costura.
• Feche as laterais das mangas. Monte as mangas nas cavas.
• Faça uma bainha fina presa com pespontos nas bordas externas.

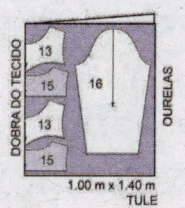

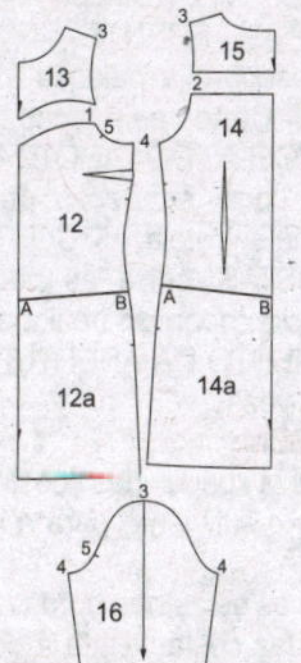

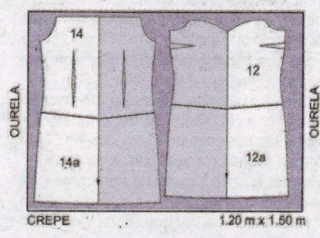

MOLDE 084

✂✂✂
BLUSA
TAMANHO 52
PEÇAS: 20 a 23
LINHA DO MOLDE EM AZUL

FOLHA N
SUGESTÃO DE TECIDO: viscocrepe
METRAGEM: 1,80 m x 1,60 m. Molde para malha com 100% de alongamento (veja em Dicas de Costura como calcular o alongamento).
AVIAMENTOS: linha para malha e agulha ponta bola.
COMO CORTAR: distribua as peças no tecido, observando a planilha de corte. Blusa com 68 cm de comprimento.
PEÇAS: 20. FRENTE EXTERNA (DIREITA). 21. FRENTE INTERNA (ESQUERDA): corte as peças uma vez. 22. COSTAS: corte uma vez com o tecido dobrado na linha do centro. 23. MANGA: corte duas vezes.
MONTAGEM:
• Franza os ombros da frente o suficiente para a montagem nos ombros das costas.
• Junte frente e costas com uma costura pelos ombros.
• Vire a bainha do decote e a bainha da borda do traspasse da frente externa para o avesso. Prenda a bainha com pespontos duplos. Em seguida faça a bainha inferior da frente externa, também com pespontos duplos.
• Vinque as pregas da lateral esquerda da frente externa, direito sobre direito, no sentido das setas. Prenda as pregas com alinhavos.
• Faça o traspasse da frente externa sobre a frente interna, coincidindo a linha do centro. Una as bordas traspassadas da lateral esquerda das peças da frente com alinhavos.
• Monte as mangas nas cavas.
• Junte frente e costas com uma costura pela lateral esquerda, a partir da borda inferior da manga esquerda.
• Vire a bainha inferior da frente interna e a bainha das costas para o avesso. Prenda a bainha com pespontos duplos.
• Una as peças da frente com alinhavos pela lateral direita.
• Junte frente e costas com uma costura pela lateral direita, a partir da borda inferior da manga direita.
• Faça as bainhas inferiores das mangas.

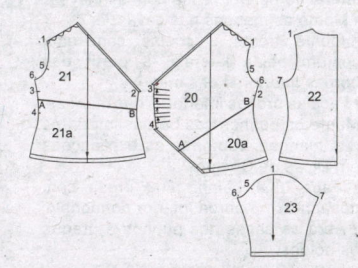

MOLDE 082

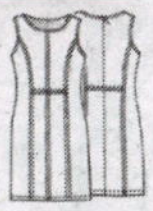

✂✂✂
VESTIDO
TAMANHO 54
PEÇAS: 56 a 62
LINHA DO MOLDE EM PRETO

FOLHA H
SUGESTÃO DE TECIDO: suede
METRAGEM: 1,80 m x 1,40 m.
AVIAMENTOS: um zíper invisível de 30 cm. Molde para tecido com 35% de alongamento (veja em Dicas de Costura como calcular o alongamento).
COMO CORTAR: distribua as peças no tecido, observando a planilha de corte. Vestido com 1,10 m de comprimento.

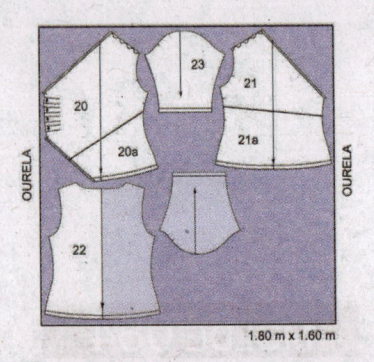

MOLDE 085

BATA 
TAMANHO 56
PEÇAS: 24 a 29
LINHA DO MOLDE EM VERDE

FOLHA P
SUGESTÃO DE TECIDO: voal texturizado
METRAGEM: 2,00 m x 1,40 m.
AVIAMENTOS: cinco botões de 1 cm; 40 cm de entretela.
COMO CORTAR: copie o acabamento da frente. Distribua as peças no tecido, observando a planilha de corte. Corte o acabamento também na entretela. Bata com 80 cm de comprimento.
PEÇAS: 24. FRENTE. 25. COSTAS: corte as peças uma vez com o tecido dobrado na linha do centro. 26. COLARINHO. 27. PÉ DE COLARINHO: corte as peças duas vezes com o tecido e a entretela dobrados na linha do centro. 28. MANGA: corte duas vezes. 29. PUNHO: corte duas vezes no tecido e na entretela. A. ACABAMENTO: 17 cm x 4 cm, duas vezes.
MONTAGEM:
• Costure frente nos ombros das costas.
• Prenda a entretela no avesso das peças.
• Costure o direito do acabamento pelo direito das bordas da abertura a frente. Vire as folgas da costura sobre o avesso do acabamento e prenda com pespontos rentes. Revire o acabamento para o avesso da frente. Bata a ferro. Prenda a borda do acabamento com pespontos no avesso da frente.
• Faça a montagem do colarinho simples no decote, de acordo com Dicas de Costura.
• Costure o direito de uma das bordas das tiras dos acabamentos pelo avesso das aberturas das mangas. Vinque os acabamentos ao meio, avesso sobre avesso. Embainhe a borda externa dos acabamentos sobre o direito da costura de montagem, bata a ferro e prenda com pespontos rentes.
• Faça com uma costura enviesada sobre os acabamentos no final das aberturas das mangas, para acentuar o bico. Para fazer o traspasse das bordas da abertura, vire os acabamentos para o avesso da borda mais distante da lateral da peça. Prenda com alinhavos.
• Monte as mangas nas cavas.
• Junte frente e costas com uma costura pelas laterais, a partir das bordas inferiores das mangas.
• Faça as pregas inferiores das mangas. Monte os punhos nas bordas inferiores das mangas, conforme as explicações em Dicas de Costura.
• Faça uma bainha fina presa com pespontos na borda inferior do modelo.
• Abra as casas nos punhos e pregue os botões.

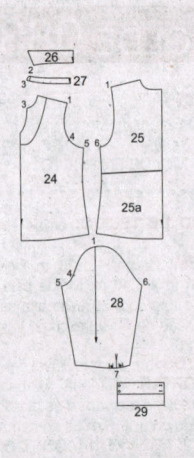

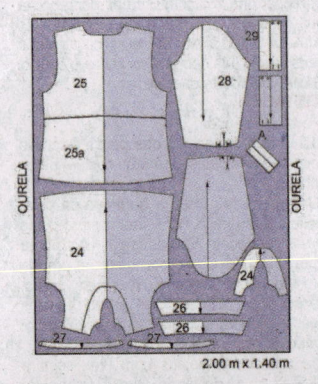

uma costura, deixando livre o trecho de montagem no decote. Revire a gola, avesso sobre avesso.
• Costure o direito da borda externa da gola pelo direito do decote. Embainhe a borda da parte interna da gola no avesso do decote, bata a ferro e prenda com pespontos rentes.
• Costure o direito de uma das bordas dos acabamentos pelo avesso das aberturas das mangas. Vinque os acabamentos ao meio, avesso sobre avesso. Embainhe a borda externa dos acabamentos sobre o direito da costura de montagem, bata a ferro e prenda com pespontos rentes.
• Faça com uma costura enviesada sobre os acabamentos no final das aberturas das mangas, para acentuar o bico. Para formar o traspasse da abertura da manga, vire os acabamentos para o avesso da borda mais distante da borda lateral da peça. Prenda com alinhavos.
• Feche as laterais das mangas. Monte as mangas nas cavas.
• Franza as bordas inferiores das mangas o suficiente para a montagem nos punhos. Monte os punhos nas bordas inferiores das mangas, conforme Dicas de Costura.
• Faça uma bainha fina presa com pespontos na borda inferior do modelo.
• Abra as casas e pregue os botões.

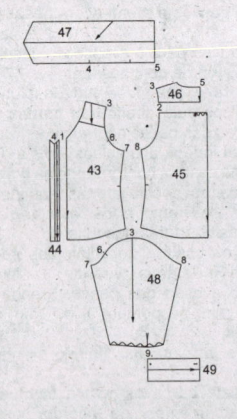

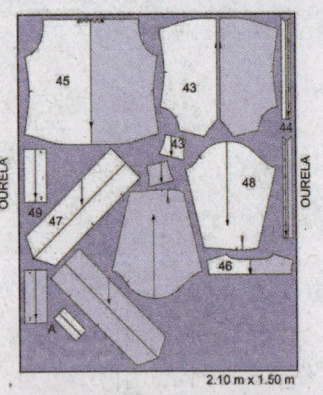

MOLDE 086

CAMISA 
TAMANHO 52
PEÇAS: 43 a 49
LINHA DO MOLDE EM VERMELHO

FOLHA P
SUGESTÃO DE TECIDO: viscose
METRAGEM: 2,10 m x 1,50 m.
AVIAMENTOS: nove botões de 1,2 cm; 20 cm de entretela.
COMO CORTAR: distribua as peças no tecido, observando a planilha de corte. Camisa com 74 cm de comprimento.
PEÇAS: 43. FRENTE. 47. GOLA. 48. MANGA: separe a pala da frente na linha marcada. Corte as peças duas vezes. 44. CARCELA DO ABOTOAMENTO. 49. PUNHO: corte as peças duas vezes no tecido e na entretela. 45. COSTAS. 46. PALA DAS COSTAS: corte as peças uma vez com o tecido dobrado na linha do centro. A. ACABAMENTO DA ABERTURA: 17 cm x 4 cm, duas vezes.
MONTAGEM:
• Franza a peça das costas no trecho marcado, o suficiente para a montagem na pala.
• Costure as palas nas bordas superiores da frente e das costas. Bata a costura a ferro, virando as folgas sobre o avesso da pala e prenda com pespontos a 0,5 cm.
• Junte frente e costas com uma costura pelos ombros e, com outra costura, pelas laterais.
• Costure o direito das bordas internas das carcelas pelo avesso das peças da frente. Vinque as carcelas, direito sobre direito. Costure as bordas superiores, somente até o número 4 de junção.
• Faça um pique nas folgas do decote, na direção do número 4 de junção.
• Revire as carcelas, avesso sobre avesso. Embainhe as bordas externas das carcelas pelo direito das costuras de montagem, bata a ferro e prenda com pespontos rentes.
• Faça a costura do centro das costas da gola, unindo as peças. Vinque a gola, direito sobre direito. Una as bordas da gola com

MOLDE 087

CALÇA 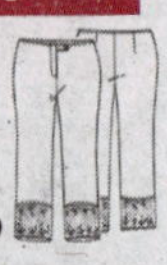
TAMANHO 58
PEÇAS: 30 a 33
LINHA DO MOLDE EM PRETO

FOLHA M
SUGESTÃO DE TECIDO: gabardine stretch.
METRAGEM: 2,20 m x 1,50 m. Molde para tecido com 20% de alongamento (veja em Dicas de Costura como calcular o alongamento).
AVIAMENTOS: um zíper de náilon de 15 cm; 1,50 m x 0,20 m de renda; um botão de 1,5 cm; 20 cm de entretela; 1,30 m de viés.
COMO CORTAR: copie os acabamentos, sendo o acabamento das costas com a pence fechada. Distribua as peças no tecido, observando a planilha de corte. Corte os acabamentos também na entretela. Calça com 26,5 cm de altura de gancho e 1,08 m de comprimento, sendo 8 cm abaixo da cintura.
PEÇAS: 30. FRENTE. 31. COSTAS: corte as peças duas vezes. 33. ALÇA: corte duas vezes no tecido e uma vez na entretela. 32. BARRA: corte duas vezes na renda. A. BRAGUILHA: 21 cm x 9 cm, uma vez. B. ACABAMENTO DA BRAGUILHA: 19 cm x 4 cm, uma vez.
MONTAGEM:
• Feche as pences.
• Prenda a entretela no avesso da alça e dos acabamentos.
• Junte frente e costas das peças e dos acabamentos, separadamente, com uma costura pelas laterais.
• Feche as entrepernas.
• Revire um dos lados da calça e enfie no outro lado coincidindo direito com direito do tecido. Costure as bordas do centro da frente, deixando livre a abertura superior; as bordas do gancho e do centro das costas. Revire as peças.
• Arremate a borda inferior do acabamento com a montagem do viés de rolo, conforme Dicas de Costura.
• Prenda o direito do acabamento pelo direito da borda superior do modelo.
• Una as peças da alça, direito sobre direito, com uma costura pelas bordas, deixando livres as bordas de montagem. Revire a alça. Pesponte a 0,7 cm das bordas costuradas da alça.
• Vinque a tira da braguilha ao meio no comprimento, direito sobre direito. Costure as bordas superiores da braguilha. Revire a braguilha.
• Faça a montagem do zíper com braguilha na abertura do centro da frente, de acordo com Dicas de Costura, prendendo a alça na borda do lado direito da abertura.
• Feche as bordas menores da renda com uma costura, formando dois círculos.
• Costure as peças da barra de renda pelo direito das bordas inferiores do modelo. Vire as folgas da costura sobre o avesso do tecido e prenda com pespontos a 0,7 cm.
• Abra a casa e pregue o botão.

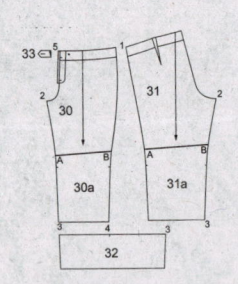

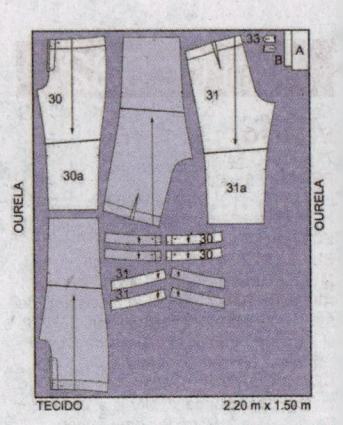

MOLDE 088

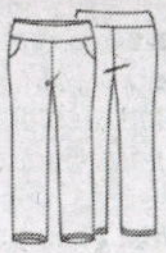

CALÇA
TAMANHO 50/54/58 **FOLHA A**
TAMANHO 48/52/56 **FOLHA E**
PEÇAS: 1 a 5
LINHA DO MOLDE EM AZUL
TAM. 48/50
TAM. 52/54
TAM. 56/58

SUGESTÃO DE TECIDO: moletom
METRAGEM: 2,20 m (todos os tamanhos) x 1,40 m. Molde para malha com 70% de alongamento nas duas direções (veja em Dicas de Costura como calcular o alongamento).
AVIAMENTOS: 90 cm (tam. 48/50), 1,00 m (tam. 52/54) e 1,10 m (tam. 56/58) x 5 cm de elástico; linha para malha e agulha ponta bola.
COMO CORTAR: copie as peças, de acordo com o tamanho escolhido. Distribua as peças no tecido, observando a planilha de corte. Calça com 1,12 m de comprimento.
PEÇAS: 1. FRENTE. 2. FUNDO DO BOLSO. 3. COSTAS: copie o fundo menor do bolso. Corte todas as peças duas vezes. 4. CÓS DA FRENTE. 5. CÓS DAS COSTAS: corte as peças duas vezes com o tecido dobrado na linha do centro.
MONTAGEM:
• Costure o fundo menor do bolso pelo direito das peças da frente, coincidindo o número de junção. Vire as folgas da costura sobre o avesso do fundo menor do bolso e prenda com pespontos rentes.
• Una os fundos menores e maiores do bolso, direito sobre direito, com uma costura contornando as bordas.
• Una as peças da frente e das costas, separadamente, com uma costura pelo centro.
• Costure a frente nas bordas laterais e nas entrepernas das costas.
• Costure as laterais do cós externo e interno, separadamente.
• Junte as partes externa e interna do cós, direito sobre direito. Costure as bordas superiores.
• Separe uma tira de elástico de 86 cm (tam. 48), 90 cm (tam. 50), 94 cm (tam. 52), 98 cm (tam. 54), 1,02 m (tam. 56) e 1,06 m (tam.58).
• Una as bordas menores do elástico com uma costura. Aplique o elástico pelo avesso da parte interna do cós com pespontos pelas bordas superiores e inferiores. Ao costurar sobre o elástico, estique-o para manter a elasticidade.
• Vinque o cós, avesso sobre avesso. Prenda as bordas do cós pelo direito da borda superior do modelo.
• Faça as bainhas inferiores.

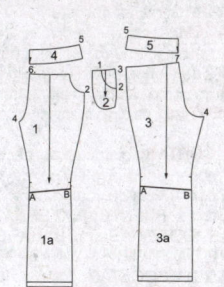

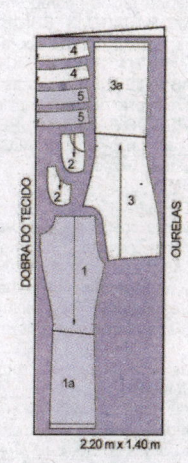

MOLDE 089

VESTIDO
TAMANHO 48
PEÇAS: 49 a 52
LINHA DO MOLDE EM VERMELHO

FOLHA G
SUGESTÃO DE TECIDO: malha suede
METRAGEM: 2,40 m x 1,50 m. Molde para malha com 50% de alongamento (veja em Dicas de Costura como calcular o alongamento).
AVIAMENTOS: ilhoses de 1 cm; dois terminais para alça; linha para malha e agulha ponta bola.
COMO CORTAR: distribua as peças no tecido, observando a planilha de corte. Vestido com 1,05 m de comprimento.
PEÇAS: 49. FRENTE: copie a carcela da abertura na linha marcada. Corte a carcela e a peça duas vezes. 50. COSTAS. 51. FRENTE DA MANGA. 52. COSTAS DA MANGA: copie as aplicações das aberturas das mangas. Corte as peças e as aplicações duas vezes. A. ALÇAS: 1,60 m x 3 cm, três vezes sem emendas.
MONTAGEM:
• Feche as pences.
• Una as peças da frente e das costas, separadamente, com uma costura pelo centro, sem fechar a abertura superior da frente.
• Faça as costuras de união das mangas, coincidindo o número 1, em fechar a abertura inferior.
• Junte frente e costas com uma costura pelos ombros e, com outra costura, pelas laterais.
• Abra as folgas de todas as costuras. Pesponte, pelo direito, rente às costuras, prendendo as folgas no avesso.
• Una as aplicações, duas a duas, com uma costura pelo centro, sem fechar as aberturas.
• Costure o direito das bordas das aplicações pelo avesso das aberturas do centro da frente e das mangas. Vire o avesso das aplicações pelo direito das peças e prenda as bordas com pespontos rentes.
• Feche as laterais das mangas.
• Embeba as bordas superiores das mangas no trecho marcado. Monte as mangas nas cavas.
• Abra os ilhoses nos lugares marcados. Pesponte a barra e as bordas inferiores das mangas nas linhas marcadas.
• Emende as tiras das alças, duas a duas, com uma costura. Prepare as alças de rolo, conforme Dicas de Costura. Introduza as alças nos ilhoses.
• Introduza as pontas da alça da frente nos terminais e prenda com um nó.

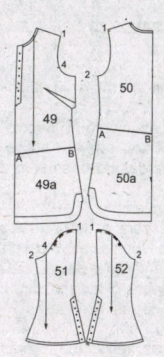

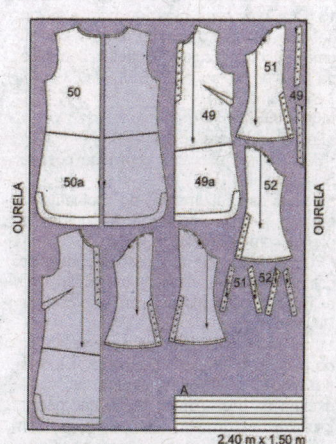

MOLDE 090

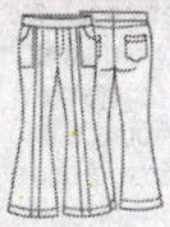

CALÇA
TAMANHO 50
PEÇAS: 42 a 48
LINHA DO MOLDE EM PRETO

FOLHA E
SUGESTÃO DE TECIDO: malha suede
METRAGEM: 2,60 m x 1,50 m. Molde para malha com 50% de alongamento (veja em Dicas de Costura como calcular o alongamento).
AVIAMENTOS: 90 cm x 4 cm de elástico; linha para malha e agulha ponta bola.
COMO CORTAR: copie o acabamento do bolso. Distribua as peças no tecido, observando a planilha de corte. Calça com 29,5 cm de altura de gancho e 1,17 m de comprimento, sendo 5 cm abaixo da cintura.
PEÇAS: 42. 43 e 44. FRENTE. 45. BOLSO DA FRENTE. 46. COSTAS. 47. BOLSO DAS COSTAS: separe a peça na costas na linha marcada. Corte todas as peças duas vezes. 48. CÓS: corte uma vez com o tecido dobrado na linha do centro.
MONTAGEM:
• Una as peças da frente com uma costura, coincidindo os números de junção. Vire as folgas das costuras sobre o avesso do trecho central e prenda com pespontos rentes.
• Costure o direito dos acabamentos pelo direito das bordas das aberturas dos bolsos. Vire as folgas das costuras sobre o avesso dos acabamentos e prenda com pespontos rentes. Vire os acabamentos para o avesso dos bolsos.
• Embainhe as bordas laterais internas e as bordas inferiores dos bolsos. Aplique os bolsos nas peças da frente com pespontos rentes às bordas embainhadas. Alinhave os bolsos nas laterais da frente.
• Vire as bainhas superiores dos bolsos para o avesso. Prenda as bainhas com pespontos.
• Embainhe as bordas laterais e inferiores dos bolsos. Prenda os bolsos nos lugares indicados nas peças das costas com pespontos rentes às bordas laterais e inferiores.
• Prenda as palas nas bordas superiores das costas.
• Una as peças da frente e das costas, separadamente, com uma costura pelo centro, deixando livre o trecho da falsa abertura central da frente.
• Vire o acabamento da falsa abertura da frente esquerda para o avesso, formando um traspasse sobre o acabamento da peça do lado direito da frente. Pesponte a frente direita, de acordo com a indicação, prendendo as bordas dos acabamentos no avesso.
• Junte frente e costas com uma costura pelas laterais.
• Una as bordas menores do cós com uma costura, direito sobre direito.
• Feche as bordas menores do elástico com uma costura. Envolva o elástico com o cós e una as bordas maiores com uma costura.
• Costure as bordas do cós pelo direito da borda superior do modelo.
• Faça as bainhas inferiores.

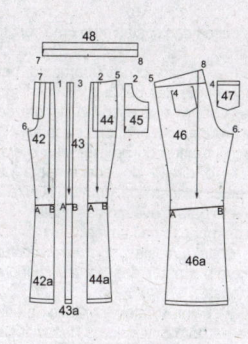

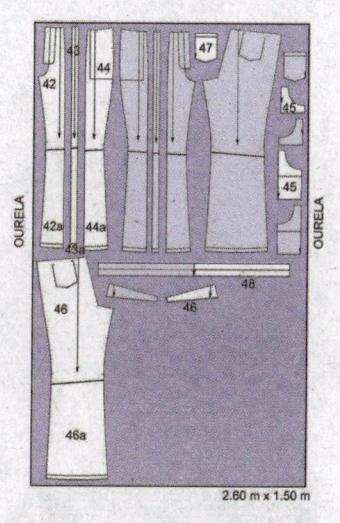

MOLDE 091

VESTIDO
TAMANHO 52
PEÇAS: 38 a 41
LINHA DO MOLDE EM AZUL

FOLHA A
SUGESTÃO DE TECIDO: malha suede
METRAGEM: 2,20 m x 1,50 m. Molde para malha com 60% de alongamento (veja em Dicas de Costura como calcular o alongamento).
AVIAMENTOS: linha para malha e agulha ponta bola, ilhoses de 0,5 cm; 3,10 m de cadarço de couro; 20 cm de entretela.
COMO CORTAR: copie o acabamento das costas. Distribua as peças no tecido, observando a planilha de corte. Corte o acabamento também na entretela. Vestido com 98 cm de comprimento.
PEÇAS: 38. *FRENTE: corte uma vez, formando uma peça inteira. 39. PALA DO DECOTE DA FRENTE: para a parte interna, corte duas vezes no tecido e na entretela. Para a parte externa, separe o molde na linha marcada. Corte cada parte duas vezes no tecido. 40. COSTAS. 41. MANGA: corte as peças duas vezes.
MONTAGEM:
• Feche as pences.
• Faça a costura de união das duas partes externas da pala na linha de corte. Vire as folgas das costuras sobre o avesso e prenda com pespontos rentes.
• Una as peças externas e internas da pala, separadamente, com uma costura pelo centro, deixando livre a abertura do decote.
• Junte as peças externas e internas da pala com uma costura contornando as bordas

da abertura do decote da frente. Revire as palas, avesso sobre avesso. Pesponte rente a costura.
• Abra os ilhoses nos lugares marcados nas palas.
• Costure as palas nas bordas da peça da frente.
• Una as peças das costas com uma costura pelo centro.
• Prenda o direito do acabamento pelo direito do decote das costas. Vire as folgas da costura sobre o avesso do decote das costas e prenda com pespontos rentes.
• Costure a frente nos ombros das costas, prendendo o direito do acabamento das costas pelo avesso da frente. Revire o acabamento para o avesso das costas.
• Monte as mangas nas cavas.
• Junte frente e costas com uma costura pelas laterais a partir das bordas inferiores das mangas.
• Faça a bainha inferior. Caso prefira, arremate as bordas inferiores das mangas, de acordo com o modelo.
• Introduza o cadarço nos ilhoses da pala.

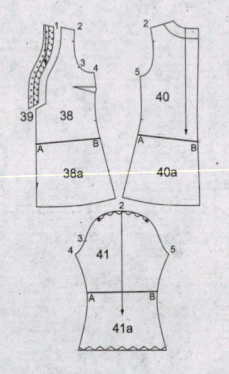

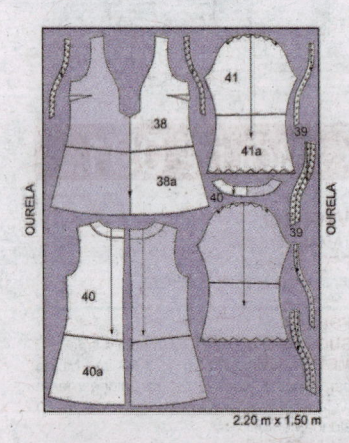

70 cm x 15 cm, duas vezes. D. ALÇA DO DECOTE: 3,10 m x 0,5 cm, uma vez. E. ALÇA CENTRAL: 2,70 m x 0,5 cm, duas vezes.
MONTAGEM:
• Feche um dos ombros, unindo frente e costas.
• Vinque o acabamento do decote ao meio no comprimento, avesso sobre avesso. Costure as bordas do viés pelo direito do decote.
• Feche o outro ombro.
• Vire o viés para o avesso do decote e prenda com pespontos a 0,5 cm da costura.
• Monte as mangas nas cavas. Vire as folgas da costura sobre o avesso das cavas da frente e das costas. Prenda as folgas com pespontos a 0,7 cm.
• Para fazer as franjas, corte tiras a laser, mantendo uma largura de 0,5 cm, indo com o corte somente até 1,5 cm das bordas superiores.
• Costure as franjas pelo direito das bordas laterais e inferiores das peças. Vire as folgas das costuras sobre o avesso e prenda com pespontos a 0,7 cm das costuras de montagem.
• Abra os ilhoses nos lugares marcados.
• Introduza as alças nos ilhoses e unas as pontas com uma costura pelo avesso do modelo.

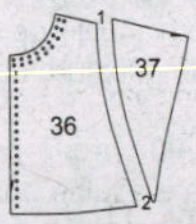

• Junte frente e costas com uma costura pelas laterais.
• Costure o direito dos acabamentos pelo direito do decote da frente e das costas, pelas bordas dos traspasses da frente e bordas inferiores da frente. Revire os acabamentos para o avesso da frente e das costas.
• Costure as peças laterais na frente e nas costas centrais, prendendo o direito da borda da bainha inferior sobre a parte interna da frente central. Vire a bainha inferior para o avesso. Prenda a bainha com pespontos.
• Vire o viés para o avesso das cavas, embainhe as bordas e prenda com pespontos.
• Pesponte a 0,7 cm das bordas do decote, dos traspasses e das bordas inferiores da frente central.

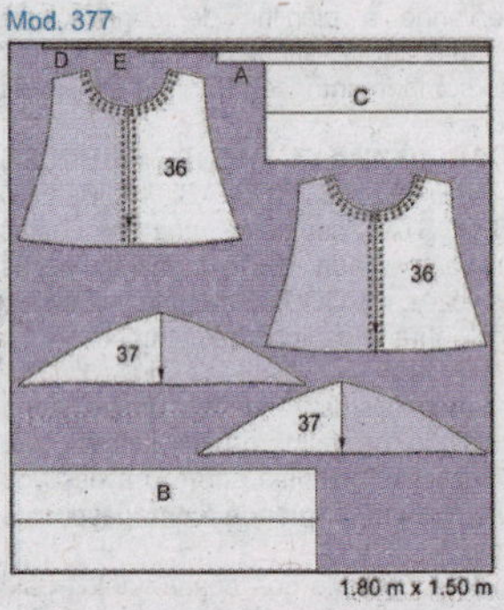

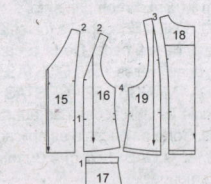

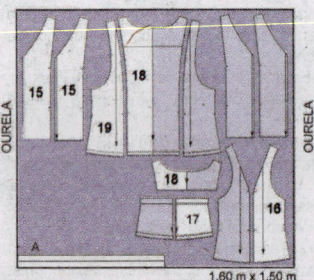

pespontos duplos.
• Vinque a tira das presilhas ao meio no comprimento, direito sobre direito. Una as bordas maiores da tira com uma costura. Revire a tira. Pesponte rente às bordas maiores.
• Separe a tira das presilhas em sete partes iguais. Costure as pontas inferiores das presilhas nos lugares marcados na frente e nas costas. Vire as bordas superiores com cós, dobre as pontas superiores e prenda com pespontos de reforço.
• Faça a bainha inferior.
• Abra as casas e pregue os botões.

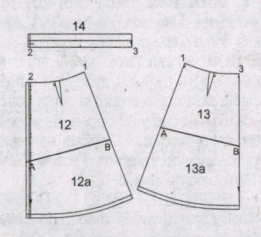

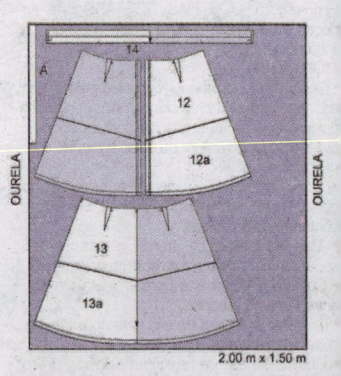

MOLDE 092
✂✂✂
PONCHO
TAMANHO 54
PEÇAS: 36 e 37
LINHA DO MOLDE EM AZUL
FOLHA K
SUGESTÃO DE TECIDO: malha suede
METRAGEM: 1,80 m x 1,50 m.
AVIAMENTOS: ilhoses de 0,7 cm; linha para malha e agulha ponta bola.
COMO CORTAR: distribua as peças no tecido, observando a planilha de corte. Poncho com 52 cm de comprimento.
PEÇAS: 36. FRENTE E COSTAS: corte duas vezes com o tecido dobrado na linha do centro. 37. MANGA: corte duas vezes com o tecido dobrado na linha superior. A. VIÉS DO DECOTE: 85 cm x 3 cm, uma vez. B. FRANJAS LATERAIS: 95 cm x 15 cm, duas vezes. C. FRANJAS INFERIORES:

MOLDE 093
✂✂✂
COLETE
TAMANHO 56
PEÇAS: 15 a 19
LINHA DO MOLDE EM VERDE
FOLHA D
SUGESTÃO DE TECIDO: suede
METRAGEM: 1,60 m x 1,50 m.
COMO CORTAR: copie as peças, de acordo com o tamanho escolhido. Copie os acabamentos. Distribua as peças no tecido, observando a planilha de corte. Colete com 69 cm de comprimento.
PEÇAS: 15. FRENTE CENTRAL: corte quatro vezes. 16. FRENTE LATERAL. 17. BOLSO. 19. COSTAS LATERAIS: corte as peças duas vezes. 18. COSTAS CENTRAIS: corte uma vez com o tecido dobrado na linha do centro. A. VIÉS DAS CAVAS: 80 cm x 3 cm, duas vezes.
MONTAGEM:
• Vire as bainhas superiores dos bolsos para o avesso. Prenda com pespontos. Prenda o avesso dos bolsos com alinhavos pelo avesso das bordas laterais das peças laterais da frente.
• Junte frente e costas de todas as peças e dos acabamentos, separadamente, com uma costura pelos ombros.
• Costure o direito de uma das bordas do viés pelo direito das cavas.

MOLDE 094
✂✂
SAIA
TAMANHO 58
PEÇAS: 12 a 14
LINHA DO MOLDE EM PRETO
FOLHA L
SUGESTÃO DE TECIDO: malha suede.
METRAGEM: 2,00 m x 1,50 m. Molde para malha com 40% de alongamento (veja em Dicas de Costura como calcular o alongamento).
AVIAMENTOS: oito botões de 1,5 cm; 10 cm de entretela; linha para malha e agulha ponta bola.
COMO CORTAR: distribua as peças no tecido, observando a planilha de corte. Saia com 75 cm de comprimento.
PEÇAS: 12. FRENTE: corte duas vezes. 13. COSTAS: corte uma vez com o tecido dobrado na linha do centro. 14. CÓS: corte uma vez com o tecido e a entretela dobrados na linha do centro. A. PRESILHA: 63 cm x 3,5 cm, uma vez.
MONTAGEM:
• Feche as pences.
• Junte frente e costas com uma costura pelas laterais.
• Vinque os acabamentos do abotoamento para o avesso, embainhe as bordas e prenda com pespontos.
• Prenda a entretela no avesso das peças do cós. Vinque o cós, direito sobre direito. Una as bordas dos traspasses com uma costura. Revire o cós.
• Costure o direito da borda da parte interna do cós pelo avesso da borda superior do modelo. Inicialmente, prenda com alinhavos. Em seguida, prenda a borda inferior do cós com

MOLDE 095
✂✂✂
VESTIDO
TAMANHO 48
PEÇAS: 9 a 15
LINHA DO MOLDE EM PRETO
FOLHA E
SUGESTÃO DE TECIDO: musseline de seda. FORRO: malha poliéster.
METRAGEM: Tecido – 1,90 m x 1,40 m. Forro – 1,00 m x 1,50 m. Molde para forro com 50% de alongamento (veja em Dicas de Costura como calcular o alongamento).
AVIAMENTOS: um zíper invisível de 40 cm.
COMO CORTAR: distribua as peças no tecido, observando a planilha de corte. Vestido com 97 cm de comprimento.
PEÇAS: 9. FRENTE EXTERNA. 10. COSTAS EXTERNAS. 11. BABADO DO DECOTE DA FRENTE. 12. BABADO DO DECOTE DAS COSTAS: corte as peças uma vez com o tecido dobrado na linha do centro. 13. BABADO INFERIOR: corte duas vezes com o tecido dobrado na linha do centro. 14. FRENTE INTERNA. 15. COSTAS INTERNAS: corte as peças uma vez com o forro dobrado na linha do centro. A. VIÉS DO BABADO SUPERIOR: 54 cm x 3,5 cm, duas vezes. B. ALÇAS: 32 cm x 2 cm, duas vezes.
MONTAGEM:
• Feche as pences.
• Junte frente e costas de tecido e forro, separadamente, com uma costura pelas laterais.
• Feche as laterais dos babados superiores e inferiores. Faça uma bainha de lenço nas bordas inferiores dos babados.
• Prepare as alças de rolo, de acordo dom Dicas de Costura.
• Vinque as tiras de viés ao meio no comprimento, avesso sobre avesso. Costure as bordas do viés pelo direito das

aberturas do babado. Revire o viés para o avesso e prenda com pespontos.
• Prenda o avesso dos babados pelo direito do decote e das cavas, coincidindo os números 3 e 4 de montagem.
• Alinhave as alças pelo direito dos lugares indicados no decote da frente, cruze nas costas e prenda no decote das costas.
• Junte tecido e forro, direito sobre direito, com uma costura pelas bordas superiores, prendendo o babado e as alças.
• Prossiga com a costura de união das peças pelas bordas das cavas.
• Faça a montagem do zíper invisível na abertura lateral esquerda, conforme Dicas de Costura. Prenda o direito das bordas do forro pelo avesso das folgas do zíper. Revire o forro para o avesso do tecido.
• Faça a bainha inferior do forro.

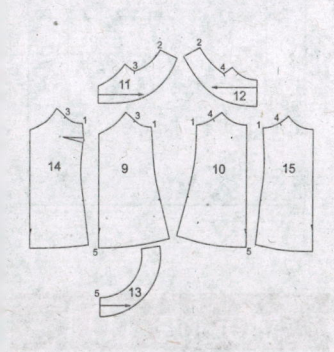

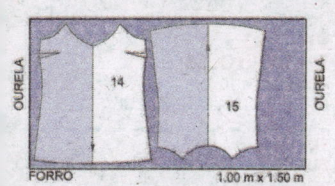

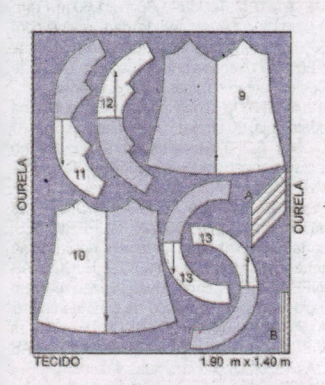

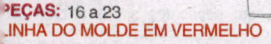

COSTAS: corte as peças duas vezes com o tecido dobrado na linha do centro. A. VIÉS DO DECOTE: 40 cm x 3,5 cm, uma vez. B. VIÉS DAS CAVAS: 32 cm x 3,5 cm, duas vezes.
MONTAGEM:
• Feche as pences das costas.
• Costure o direito do viés pelo direito do decote e das cavas das costas. Vire o viés para o avesso da peça, embainhe as bordas e prenda com pespontos.
• Prendendo as peças externas e internas superiores da frente, separadamente, faça as seguintes montagens: una as peças superiores da frente com uma costura, coincidindo o número 1 de montagem,
• Prenda as peças laterais nas peças da frente, coincidindo o número 2.
• Faça a costura do centro da frente superior.
• Una as peças externas e internas superiores, direito sobre direito, com uma costura pelas bordas do decote. Vire as folgas da costura sobre o avesso das peças internas e prenda com pespontos rentes.
• Una as bordas do trecho da abertura inferior da frente com outra costura. Em seguida, una as partes externa e interna do cós, direito sobre direito. Contorne as bordas da abertura do centro da frente com uma costura. Revire o cós da frente.
• Permaneça com as peças da frente, direito sobre direito. Introduza os ombros das costas entre as bordas dos ombros da frente.
• Una as peças externas e internas da frente, direito sobre direito, pelas bordas dos ombros e das cavas.
• Prenda as peças da frente no cós da frente, unindo as partes externas e internas separadamente até onde for possível.
• Una as peças externas e internas do cós das costas, direito sobre direito, com uma costura pelas bordas superiores, prendendo as costas superiores. Revire o cós das costas, avesso sobre avesso.
• Costure o direito da borda lateral direita da frente externa pelo direito da lateral direita das costas e o direito da borda lateral direita da peça interna sobre o avesso da costura. Faça a costura prendendo também o cós na lateral direita. Revire a frente, incluindo o cós da frente, avesso sobre avesso.
• Junte frente e costas inferiores com uma costura pelas laterais, deixando livre a abertura superior esquerda.
• Prenda as bordas do cós nas peças inferiores.
• Monte o zíper invisível na abertura lateral esquerda.
• Vire a bainha inferior para o avesso e prenda com pespontos.

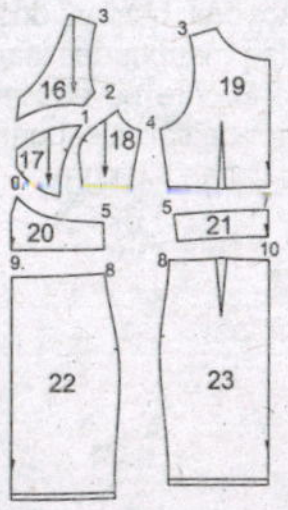

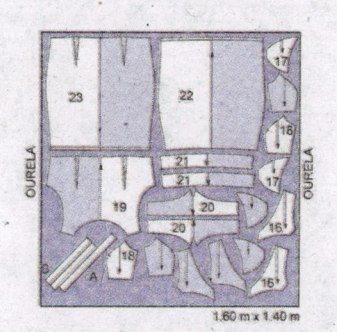

MOLDE 097

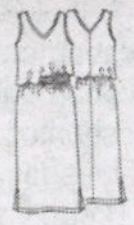

VESTIDO TAMANHO 52
PEÇAS: 29 a 33
LINHA DO MOLDE EM PRETO

FOLHA L
SUGESTÃO DE TECIDO: malha viscose canelada. FORRO: malha poliéster.
METRAGEM: 2,00 m x 1,50 m.. Forro: 1,00 m x 1,50 m. Molde para malha com 100% de alongamento (veja em Dicas de Costura como calcular o alongamento).
AVIAMENTOS: linha para malha e agulha ponta bola; lastex.
COMO CORTAR: distribua as peças no tecido, observando a planilha de corte. Vestido com 1,33 m de comprimento.
PEÇAS: 29. FRENTE SUPERIOR: corte uma vez com o tecido dobrado na linha do centro. 30. COSTAS SUPERIORES: corte duas vezes no tecido. 31. CÓS: corte duas vezes com o tecido dobrado na linha do centro. 32. FRENTE INFERIOR: corte uma vez com o tecido e o forro dobrados na linha do centro. 33. COSTAS INFERIORES: corte duas vezes no tecido e no forro. A. ACABAMENTO DO DECOTE: 55 cm x 5,5 cm, uma vez. B. ACABAMENTO DAS CAVAS: 62 cm x 5,5 cm, duas vezes.
MONTAGEM:
• Junte frente e costas com uma costura pelos ombros.
• Vinque as tiras dos acabamentos do decote e das cavas ao meio no comprimento, avesso sobre avesso. Costure as bordas dos acabamentos pelo avesso do decote e das cavas. Dobre os acabamentos ao meio para o direito das bordas e prenda as bordas vincadas com pespontos sobre a primeira costura
• Una as peças superiores e inferiores das costas, separadamente, com uma costura pelo centro. Nas costas inferiores, faça as costuras do tecido e do forro, separadamente.
• Junte frente e costas superiores e inferiores, separadamente, com uma costura pelas laterais, pendendo o forro inferior, separadamente.
• Chuleie o forro pelo avesso da borda superior do cós do tecido inferior. Una as peças do cós com uma costura, formando uma tira inteira.
• Pesponte o cós com lastex, mantendo uma distância de 0,7 cm entre cada carreira de pespontos, de acordo com as explicações de Dicas de Costura. Una as bordas menores do cós, direito sobre direito, com uma costura.
• Costure o cós pelo direito as peças superiores e inferiores, distendendo as bordas das peças o quanto for necessário.
• Faça a bainha inferior.

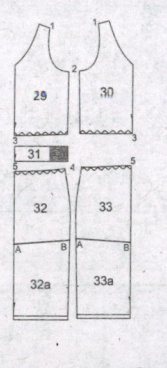

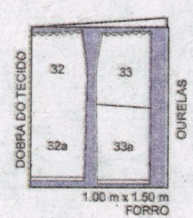

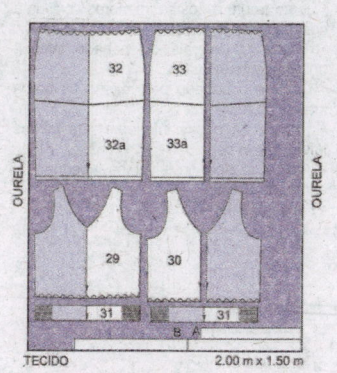

MOLDE 098

VESTIDO TAMANHO 54
PEÇAS: 9 a 15
LINHA DO MOLDE EM AZUL

FOLHA F
SUGESTÃO DE TECIDO: viscose. FORRO: malha.
METRAGEM: Tecido – 1,80 m x 1,50 m. Forro – 0,60 m x 1,50 m.
AVIAMENTOS: um zíper invisível de 35 cm.
COMO CORTAR: distribua as peças no tecido e no forro, observando as planilhas de corte. Vestido com 73 cm de comprimento, a partir da saia.
PEÇAS: 9. FRENTE SUPERIOR CENTRAL. 10. FRENTE SUPERIOR LATERAL. 11. COSTAS SUPERIORES: corte as peças duas vezes no tecido e no forro. 12. ALÇA: corte duas vezes. 13. CÓS (FRENTE E COSTAS): para a frente, corte duas vezes com o tecido dobrado na linha do centro. Para as costas, corte quatro vezes. 14. FRENTE E COSTAS INFERIORES: para à frente, corte a peça uma vez com o tecido dobrado na linha do centro. Para as costas, corte a peça duas vezes. 15. BABADO INFERIOR: corte duas vezes com o tecido dobrado na linha do centro. A. ALÇAS CENTRAIS: 60 cm x 4 cm, duas vezes. B. ALCINHAS: 4 cm x 3 cm, duas vezes.
MONTAGEM:
• Junte as peças superiores centrais e laterais da frente com uma costura, prendendo tecido e o forro, separadamente. Bata as costuras a ferro, virando as folgas sobre o avesso das peças centrais e prenda com pespontos rentes.
• Faça a costura central da frente do tecido e do forro, separadamente. Pesponte, pelo direito, rente à costura das peças externas.
• Feche as laterais superiores, unindo tecido e forro, separadamente.
• Vinque as alças ao meio no comprimento, direito sobre direito. Una as bordas maiores das alças com uma costura. Revire as alças. Pesponte rente às bordas costuradas e vincadas.
• Vinque as pregas das alças maiores, direito sobre direito, na direção das setas, deixando A sobre B. Prenda as pregas com alinhavos.
• Junte tecido e forro superiores, direito sobre direito, com uma costura pelas bordas superior, prendendo as alças nos lugares indicados, depois de calcular o ajuste que for necessário na prova. Vire as folgas da costura sobre o avesso do forro e prenda com pespontos rentes. Em seguida, una tecido e forro, com uma costura contornando as bordas da abertura do centro da frente. Revire o forro para o avesso do tecido.
• Feche as laterais do cós, unindo as peças externas e internas, separadamente. Junte as partes externas e internas do cós com uma costura pelas bordas superiores, prendendo as peças superiores. Revire o cós, avesso sobre avesso. Pesponte, rente à costura.
• Una as peças inferiores das costas com uma costura pelo centro, deixando livre a abertura superior.

- Junte frente e costas inferiores com uma costura pelas laterais.
- Feche as laterais do babado inferior, unindo frente e costas.
- Costure o babado pelo direito da borda inferior do tecido.
- Prenda as peças inferiores nas bordas inferiores do cós.
- Monte o zíper invisível na abertura do centro das costas.
- Faça a bainha inferior.

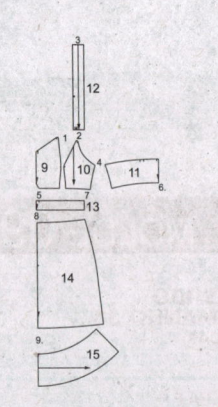

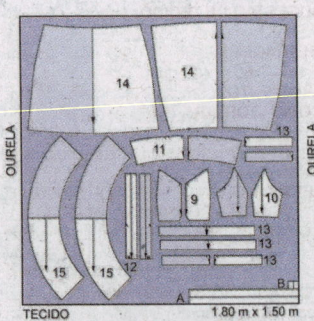

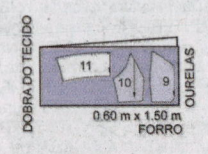

linha do centro. Para as costas, corte a peça duas vezes no tecido e no forro.

MONTAGEM:
- Chuleie as bordas inferiores dos acabamentos. Aplique o avesso dos acabamentos pelo direito do forro com pesponto rentes às bordas inferiores chuleadas.
- Prenda as peças laterais na frente e nas costas superior central, unindo as peças externas e internas, separadamente.
- Em seguida, junte frente e costas com uma costura pelos ombros, com outra costura, pelas laterais.
- Una as peças externas e internas, direito sobre direito, com uma costura pelas bordas do decote. Vire as folgas da costura sobre o avesso das peças internas e prenda com pespontos rentes.
- Prossiga com a montagem, unindo as peças pelas bordas das cavas. Revire as peças, avesso sobre avesso.
- Feche as laterais do cós externo e interno, separadamente.
- Prenda o cós nas bordas das peças superiores, prendendo as partes externas e internas, separadamente.
- Feche as pences inferiores.
- Costure as aplicações nos lugares indicados na frente inferior de tecido.
- Una as peças inferiores das costas de tecido e de forro, separadamente, com uma costura pelo centro, deixando livre a abertura superior.
- Feche as laterais inferiores, prendendo tecido e forro, separadamente.
- Costure o cós na frente e nas costas inferiores, unindo as peças externas e internas, separadamente.
- Introduza as folgas do zíper entre as bordas da abertura do centro das costas do tecido e do forro. Costure contornando as bordas da abertura. Torne a revirar o forro para o avesso do tecido.
- Vire as bainhas inferiores para o avesso e prenda com pespontos.

MOLDE 099

VESTIDO TAMANHO 56
PEÇAS: 24 a 31
LINHA DO MOLDE EM AZUL

FOLHA C
SUGESTÃO DE TECIDO: malha. FORRO: liganete.
METRAGEM: Tecido – 1,60 m x 1,50 m. Forro – 1,20 m x 1,60 m. Molde para malha com 30% de alongamento (veja em Dicas de Costura como calcular o alongamento).
AVIAMENTOS: um zíper metálico de 65 cm; duas aplicações de guipure.
COMO CORTAR: copie o acabamento e corte-o no tecido. Distribua as peças no tecido e forro, observando as planilhas de corte. Vestido com 1,02 m de comprimento.
PEÇAS: 24. FRENTE SUPERIOR CENTRAL: corte uma vez com o tecido e o forro dobrados na linha do centro. 25. FRENTE SUPERIOR LATERAL. 26. COSTAS SUPERIORES (CENTRAL E LATERAL): separe as costas na linha marcada. Corte todas as peças duas vezes no tecido e no forro. 27. ACABAMENTO DA CAVA DA FRENTE. 28. ACABAMENTO DA CAVA DAS COSTAS. 29. ACABAMENTO DO DECOTE DAS COSTAS: corte as peças duas vezes no tecido. 30. CÓS: para a frente, corte duas vezes com o tecido dobrado na linha do centro. Para as costas, corte quatro vezes no tecido. 31. FRENTE E COSTAS INFERIORES: para a frente, corte a peça uma vez com o tecido e o forro dobrados na

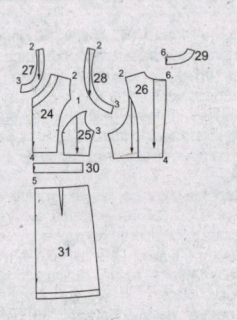

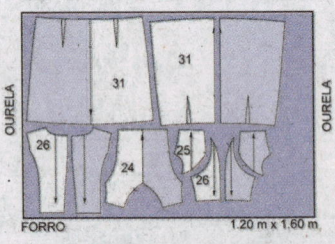

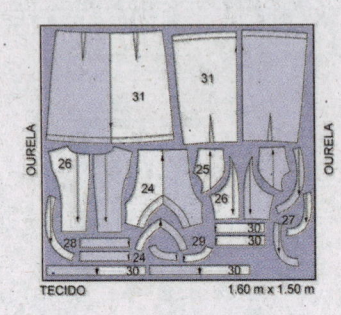

MOLDE 100

VESTIDO TAMANHO 58
PEÇAS: 5 a 8
LINHA DO MOLDE EM VERDE

FOLHA H
SUGESTÃO DE TECIDO: viscose. FORRO: segunda pele.
METRAGEM: Tecido – 1,80 m x 1,50 m. Forro – 1,30 m x 1,60 m.
AVIAMENTOS: um zíper invisível de 65 cm; 1,00 m x 1 cm de elástico.
COMO CORTAR: distribua as peças no tecido e no forro, observando as planilhas de corte. Vestido com 99 cm de comprimento.
PEÇAS: 5. FRENTE SUPERIOR: corte uma vez com o tecido e o forro dobrados na linha do centro. 6. COSTAS SUPERIORES. 7. MANGA: corte as peças duas vezes no tecido. 8. FRENTE E COSTAS INFERIORES: para a frente, corte a peça uma vez com o tecido e o forro dobrados na linha do centro. Para as costas, corte a peça duas vezes no tecido e no forro. A. VIÉS DO DECOTE: 70 cm x 3,5 cm, uma vez.

MONTAGEM:
- Feche as pences.
- Junte tecido e forro superiores da frente, direito sobre direito, com uma costura contornando as bordas das aberturas. Vire as folgas das costuras sobre o avesso do forro e prenda com pespontos rentes.
- Junte tecido e forro da frente, direito sobre direito, pelas bordas dos ombros, prendendo os ombros das costas. Revire o forro para o avesso do tecido. Una as bordas externas do tecido e forro com alinhavos.
- Junte frente e costas superiores com uma costura pelas laterais.
- Feche as laterais das mangas. Embeba as bordas superiores das mangas entre os asteriscos (*). Monte as mangas nas cavas.
- Faça a costura do centro das costas inferiores, unindo tecido e forro, separadamente.
- Junte frente e costas inferiores de tecido e forro, separadamente, com uma costura pelas laterais.
- Junte tecido e forro inferiores, direito sobre direito, com uma costura pelas bordas superiores, prendendo as bordas das peças superiores. Revire o forro para o avesso do tecido inferior.
- Faça a montagem do zíper invisível na abertura do centro das costas.
- Arremate o decote com a montagem do viés de rolo, de acordo com Dicas de Costura.
- Separe duas tiras de elástico de 45 cm. Feche as pontas dos elásticos com uma costura. Costure a borda do elástico pelo avesso das bordas dos passadores inferiores das mangas, esticando o quanto for necessário. Vire os passadores para o avesso e prenda com pespontos.
- Faça as bainhas inferiores.

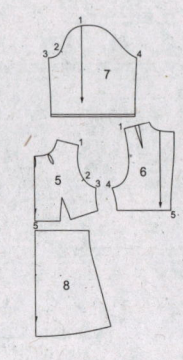

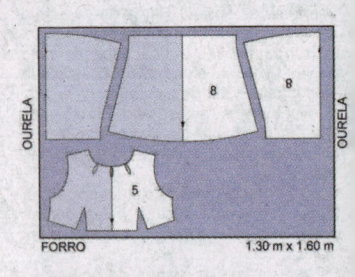

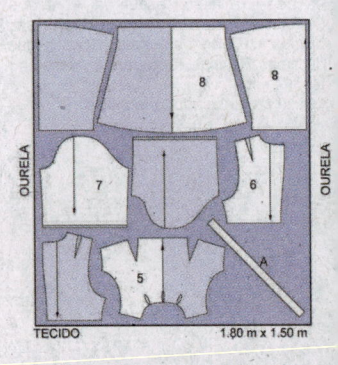

MOLDE 101

VESTIDO TAMANHO 56 
PEÇAS: 8 a 10
LINHA DO MOLDE EM AZUL

FOLHA B
SUGESTÃO DE TECIDO: malha. FORRO: malha poliéster.
METRAGEM: Tecido - 1,60 m x 1,50 m. Forro – 0,80 m x 1,50 m. Molde para malha com 50% de alongamento na direção horizontal e 20% na direção vertical (veja em Dicas de Costura como calcular o alongamento).
AVIAMENTOS: linha para malha e agulha ponta bola; 90 cm x 1 cm de elástico.
COMO CORTAR: distribua as peças no tecido, observando a planilha de corte. Vestido com 1,06 m de comprimento.
PEÇAS: 8. FRENTE SUPERIOR: corte duas vezes. 9. COSTAS SUPERIORES: corte uma vez com o tecido dobrado na linha do centro. 10. FRENTE E COSTAS INFERIORES: corte duas vezes com o tecido e o forro dobrados na linha do centro. A. ACABAMENTO DO DECOTE: 1,50 m x 3 cm, uma vez. B. ACABAMENTO DAS CAVAS: 64 cm x 3 cm, duas vezes.

MONTAGEM:
- Junte frente e costas com uma costura pelos ombros.
- Vinque os acabamentos ao meio no comprimento, avesso sobre avesso. Costure as bordas dos acabamentos pelo avesso do decote e das costas. Dobre os acabamentos ao meio para o direito do decote e cavas e prenda com pespontos sobre a primeira costura.
- Faça o traspasse da frente superior, coincidindo a linha do centro, deixando o avesso da frente direita sobre o direito da frente esquerda. Una as bordas laterais traspassadas com alinhavos.
- Junte frente e costas superiores com uma costura pelas laterais.
- Feche as laterais inferiores, unindo tecido e forro, separadamente.
- Chuleie a borda superior do forro sobre o avesso das peças inferiores externas.
- Prenda as peças superiores nas inferiores.
- Separe uma tira de elástico de 88 cm. Una as pontas do elástico com uma costura. Costure o elástico nas bordas das folgas da costura de união das peças superiores e inferiores.
- Faça as bainhas inferiores.

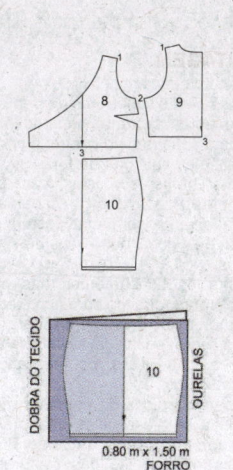

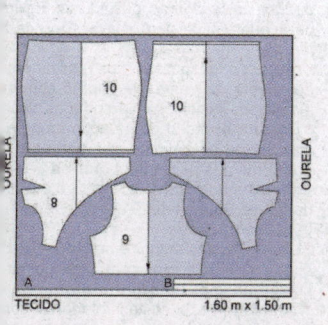

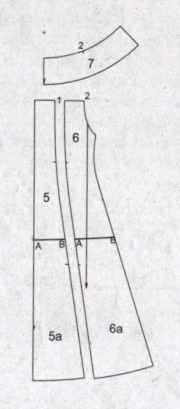

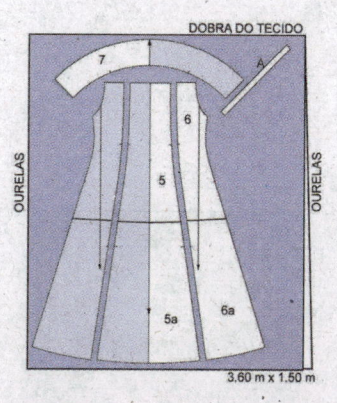

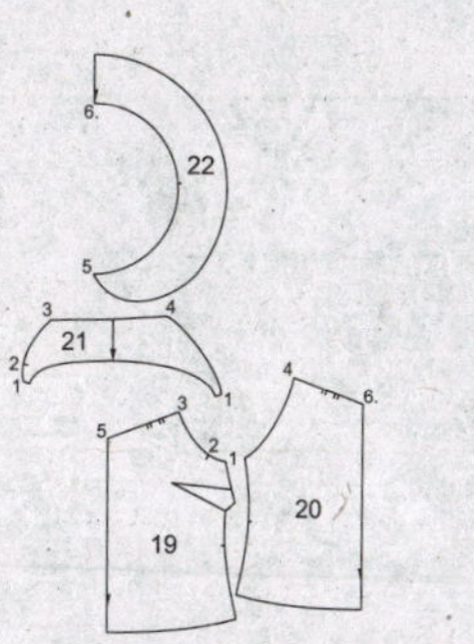

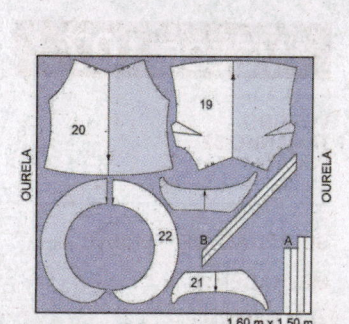

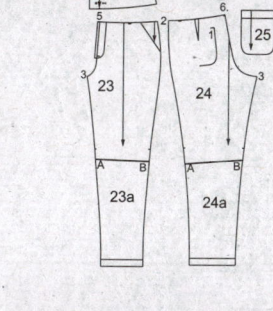

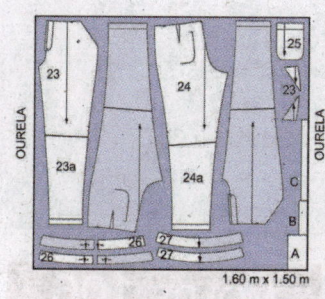

MOLDE 102

✂️
VESTIDO TAMANHO 52
PEÇAS: 5 a 7
LINHA DO MOLDE EM VERMELHO

FOLHA F
SUGESTÃO DE TECIDO: viscose
METRAGEM: 3,60 m x 1,50 m.
AVIAMENTOS: um zíper invisível de 35 cm; 1,00 m x 1 cm de elástico.
COMO CORTAR: distribua as peças no tecido, observando a planilha de corte. Vestido com 1,15 m de comprimento, a partir da cintura.
PEÇAS: 5. FRENTE E COSTAS CENTRAIS. 6. BABADO (FRENTE E COSTAS): corte as peças duas vezes com o tecido dobrado na linha do centro. 6. FRENTE E COSTAS LATERAIS: corte quatro vezes. A. VIÉS DAS CAVAS: 50 cm x 3 cm, duas vezes.

MONTAGEM:
• Prenda as peças centrais na frente e nas costas laterais.
• Junte frente e costas com uma costura pelas laterais, deixando livre a abertura superior esquerda.
• Arremate as cavas com a montagem do viés de rolo, de acordo com Dicas de Costura.
• Junte frente e costas do babado com uma costura pelas laterais.
• Faça uma bainha fina presa com pespontos na borda inferior do babado.
• Alinhave o avesso do babado pelo direito do decote da frente e das costas.
• Separe uma tira de elástico de 98 cm. Una as pontas do elástico com uma costura. Costure o elástico pelo avesso da borda do passador superior. Vire o passador superior para o avesso e prenda a borda com pespontos.
• Monte o zíper invisível na abertura lateral esquerda, de acordo com Dicas de Costura.
• Faça a bainha inferior.

MOLDE 103

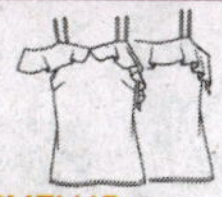

✂️
BATA TAMANHO 54
PEÇAS: 19 a 22
LINHA DO MOLDE EM VERMELHO

FOLHA H
SUGESTÃO DE TECIDO: viscose
METRAGEM: 1,60 m x 1,50 m.
COMO CORTAR: distribua as peças no tecido, observando a planilha de corte. Bata com 20 cm de comprimento, a partir da cintura, aproximadamente.
PEÇAS: 19. FRENTE. 20. COSTAS: corte as peças uma vez com o tecido dobrado na linha do centro. 21. PALA DO OMBRO. 22. BABADO DO DECOTE: corte as peças duas vezes. A. ALÇAS: 35 cm e 40 cm x 4 cm, duas vezes cada tira. B. VIÉS DO DECOTE: 1,46 m x 3 cm, uma vez.

MONTAGEM:
• Feche as pences.
• Junte frente e costas com uma costura pelas laterais.
• Feche as laterais das palas. Faça uma bainha de lenço nas bordas externas das palas. Prenda as palas nas cavas da frente e das costas.
• Faça a costura do centro das costas do babado superior. Faça uma bainha de lenço na borda inferior do babado.
• Faça o traspasse das bordas do centro da frente do babado. Alinhave as bordas traspassadas.
• Prenda o avesso do babado com alinhavos pelo direito da borda superior do modelo.
• Vinque as alças ao meio no comprimento, direito sobre direito. Una as bordas maiores das alças com uma costura. Revire as alças. Pesponte rente às bordas maiores.
• Alinhave as alças pelo direito do decote, depois de fazer o ajuste que for necessário na prova.
• Vinque uma das bordas menores do viés do decote para o avesso. Bata a ferro. Costure o direito do viés pelo direito do decote, prendendo as alças e o babado: inicie a montagem pela borda não embainhada do viés. Vire o viés para o avesso do modelo, embainhe a borda e prenda com pespontos.
• Faça a bainha inferior

MOLDE 104

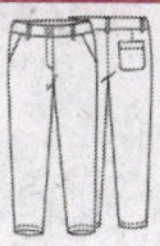

✂️
CALÇA TAMANHO 50
PEÇAS: 23 a 27
LINHA DO MOLDE EM AZUL

FOLHA J
SUGESTÃO DE TECIDO: poliéster stretch.
METRAGEM: 1,60 m x 1,50 m.
AVIAMENTOS: um zíper de náilon de 15 cm; um botão de 1,5 cm; 20 cm de entretela.
COMO CORTAR: distribua as peças no tecido, observando a planilha de corte. Calça com 1,10 m de comprimento.
PEÇAS: 23. FRENTE. 24. COSTAS: separe a lateral superior da frente na linha marcada. Corte todas as peças duas vezes. 25. BOLSO DAS COSTAS: corte uma vez. 26. CÓS DA FRENTE: corte quatro vezes no tecido e duas vezes na entretela, sendo a peça do lado direito da frente somente até a linha marcada. 27. CÓS DAS COSTAS: corte duas vezes com o tecido e uma vez com a entretela dobrados na linha do centro. A. BRAGUILHA: 19 cm x 11 cm, uma vez. B. ACABAMENTO DA BRAGUILHA: 18 cm x 5 cm, uma vez. C. PRESILHA: 42,5 cm x 4 cm, uma vez.

MONTAGEM:
• Feche as pences.
• Costure o trecho lateral superior nas peças da frente. Vire as folgas sobre o avesso da peça maior da frente e prenda com pespontos a 0,7 cm.
• Vire a bainha superior do bolso das costas para o avesso. Prenda a bainha com pespontos. Embainhe as bordas laterais e inferiores do bolso para o avesso. Bata a ferro. Aplique o bolso no lugar indicado na peça do lado direito das costas com pespontos rentes às bordas laterais e inferiores.
• Junte frente e costas com uma costura pelas laterais e, com outra costura, pelas entrepernas.
• Vinque a tira das presilhas ao meio, avesso sobre avesso. Bata a ferro. Embainhe as bordas da tira para o avesso a 1 cm da borda vincada. Bata a ferro. Una as embainhadas com pespontos. Pesponte rente à borda vincada.
• Separe a tira das presilhas em cinco partes iguais. Alinhave as pontas inferiores das presilhas pelo direito dos lugares indicados na borda superior.
• Junte frente e costas das peças do cós com uma costura pelas laterais. Faça a montagem do cós curvo na borda superior do modelo, prendendo as presilhas. Vire as presilhas sobre o cós, dobra a borda superior e prenda com pespontos de reforço.
• Faça as bainhas inferiores.
• Abra a casa e pregue o botão.

MOLDE 105

✂️
VESTIDO TAMANHO 48
PEÇAS: 42 a 47
LINHA DO MOLDE EM PRETO

FOLHA L
SUGESTÃO DE TECIDO: malha piquê
METRAGEM: 1,60 m x 1,80 m. Molde para malha com 50% de alongamento (veja em Dicas de Costura como calcular o alongamento).
AVIAMENTOS: 90 cm x 0,7 cm de elástico; duas alças elásticas com regulagem; linha para malha e agulha ponta bola.
COMO CORTAR: distribua as peças no tecido, observando à planilha de corte. Vestido com 1,02 m de comprimento.
PEÇAS: 42. FRENTE SUPERIOR EXTERNA. 44. FRENTE SUPERIOR INTERNA. 45. COSTAS SUPERIORES INTERNA: corte as peças uma vez com o tecido dobrado na linha do centro. 43. COSTAS SUPERIORES EXTERNA: corte duas vezes. 46. FRENTE E COSTAS INFERIORES CENTRAL: corte duas vezes com o tecido dobrado na linha do centro. 47. FRENTE E COSTAS INFERIORES LATERAIS: corte quatro vezes.

MONTAGEM:
• Junte frente e costas das peças superiores com uma costura pelas laterais.
• Vire as bainhas da abertura das costas e a bainha inferior das peças superiores externas para o avesso. Prenda as bainhas com pespontos duplos.
• Costure o direito das bordas superiores das peças externas pelo avesso das bordas superiores das peças internas, prendendo as alças reguláveis nos

165

lugares marcados. Revire o avesso das peças externas sobre o direito das peças internas. Pesponte a 0,5 cm da costura.
• Prenda as peças centrais nas peças laterais inferiores da frente e das costas.
• Junte frente e costas inferiores com uma costura pelas laterais.
• Prenda as peças superiores nas inferiores.
• Costure uma tira de elástico de 82 cm sobre as folgas da costura de união das peças superiores e inferiores, esticando o elástico o quanto for necessário.
• Faça a bainha inferior.

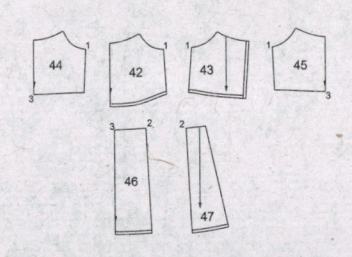

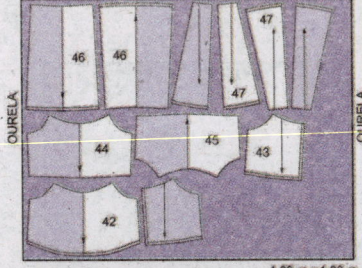

MOLDE 106

VESTIDO
TAMANHO 50
PEÇAS: 28 a 30
LINHA DO MOLDE EM VERDE

FOLHA I
SUGESTÃO DE TECIDO: viscose.
METRAGEM: 1,50 m x 1,50 m.
COMO CORTAR: distribua as peças e os acabamentos no tecido, observando a planilha de corte. Vestido com 48 cm de comprimento, a partir da cintura.
PEÇAS: 28. FRENTE. 29. COSTAS: corte as peças uma vez, formando peças inteiras. 30. MANGA: corte duas vezes.
A. VIÉS DO DECOTE: 76 cm x 3 cm, uma vez.
MONTAGEM:
• Feche as pences.
• Junte frente e costas de um dos ombros com uma costura.
• Vinque o viés ao meio no comprimento, avesso sobre avesso. Costure as bordas do viés pelo direito do decote. Vire as folgas da costura sobre o avesso o viés e prenda com pespontos rentes.
• Feche o outro ombro.
• Monte as mangas nas cavas.
• Revire o viés para o avesso do decote. Bata a ferro. Pesponte a 1 cm do decote, prendendo o viés no avesso.
• Feche as laterais, a partir das bordas inferiores das mangas.
• Embainhe as bordas inferiores das mangas e a borda inferior do modelo para o avesso. Bata a ferro. Prenda as bainhas com pespontos.

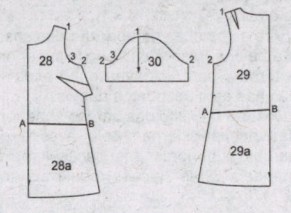

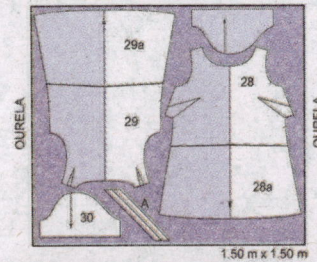

MOLDE 107

VESTIDO
TAMANHO 52
PEÇAS: 35 a 45
LINHA DO MOLDE EM PRETO

FOLHA I
SUGESTÃO DE TECIDO: viscose.
FORRO: liganete.
METRAGEM: Tecido – 2,80 m x 1,50 m. Forro – 0,60 m x 1,60 m.
AVIAMENTOS: um zíper metálico de 40 cm; 20 cm de entretela
COMO CORTAR: prolongue as peças 43, 44 e 45 cm as medidas das pontas das setas. Distribua as peças no tecido e no forro, observando as planilhas de corte. Vestido com 1,08 m de comprimento.
PEÇAS: 35. FRENTE SUPERIOR CENTRAL: corte uma vez com o tecido e o forro dobrados na linha do centro. 36. FRENTE SUPERIOR LATERAL. 41. COSTAS SUPERIORES CENTRAL. 42. FRENTE SUPERIOR LATERAL: corte as peças duas vezes no tecido e no forro. 37. PALA DO DECOTE DA FRENTE: corte duas vezes com o tecido e a entretela dobrados na linha do centro. 38. ALÇAS CENTRAIS. 39. ALÇAS LATERAIS. 40. PALA DO DECOTE DAS COSTAS: corte as peças quatro vezes no tecido e na entretela. 43. FRENTE INFERIOR CENTRAL: corte uma vez com o tecido dobrado na linha do centro. 44. FRENTE E COSTAS INFERIORES LATERAL: corte quatro vezes. 45: COSTAS INFERIORES CENTRAL: corte duas vezes.
MONTAGEM:
• Junte as peças centrais e laterais da frente e das costas com uma costura, prendendo as peças de tecido e de forro, separadamente.
• Junte frente e costas superiores de tecido e de forro, separadamente, com uma costura pelas laterais.
• Alinhave o forro pelo avesso da borda superior do tecido das peças superiores.
• Prenda a entretela no avesso das palas do decote. Junte frente e costas das palas, com uma costura pelas laterais.
• Prenda o direito das partes externas das palas pelo direito da borda superior do modelo.
• Una as alças duas a duas, direito sobre direito, com uma costura pelas bordas maiores. Revire as alças. Pesponte rente às bordas maiores das alças.
• Prenda as alças com alfinetes nos lugares indicados no decote. Ajuste as alças na prova. Prenda com alinhavos.
• Junte as palas externas e internas, direito sobre direito, com uma costura pelas bordas superiores, prendendo as alças. Revire as palas, avesso sobre avesso.
• Pesponte rente à borda inferior da pala, prendendo a borda interna no avesso.
• Embeba as peças laterais das costas.
• Prenda as peças laterais na frente e nas costas centrais inferiores.
• Junte frente e costas inferiores com uma costura pelas laterais.
• Faça a costura do centro das costas inferiores, deixando livre a abertura superior.
• Junte as peças superiores e inferiores com uma costura. Vire as folgas sobre o avesso das peças superiores e prenda com pespontos rentes.
• Vire as bordas superiores das folgas do zíper para o avesso. Costure o direito das bordas do centro das costas sobre o direito das folgas do zíper. Pesponte, pelo direito, rente às bordas da abertura.
• Faça a bainha inferior.

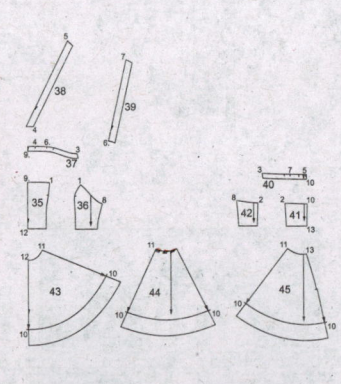

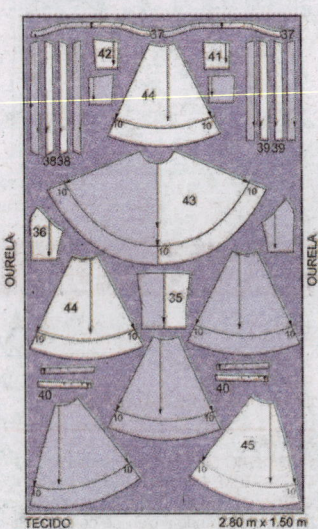

MOLDE 108

VESTIDO
TAMANHO 54
PEÇAS: 6 a 10
LINHA DO MOLDE EM VERMELHO

FOLHA L
SUGESTÃO DE TECIDO: viscose
METRAGEM: 2,20 m x 1,50 m.
AVIAMENTOS: 90 cm x 1 cm de elástico; um botão de 0,8 cm; 50 cm de entretela.
COMO CORTAR: copie os acabamentos e o fundo menor do bolso. Distribua as peças e os acabamentos no tecido, observando a planilha de corte. Corte os acabamentos também na entretela. Vestido com 1,10 m de comprimento, a partir da cintura..
PEÇAS: 6. FRENTE SUPERIOR.. 9. FUNDO MAIOR DO BOLSO: corte as peças duas vezes. 7. COSTAS SUPERIORES 8. FRENTE INFERIOR. 10. COSTAS INFERIORES: corte as peças uma vez com o tecido dobrado na linha do centro. A. ALÇAS DO DECOTE DA FRENTE: 55 cm x 4 cm, duas vezes.
B. BABADO INFERIOR: 1,30 m x 15 cm, duas vezes.
MONTAGEM:
• Feche as pences.
• Una as peças superiores da frente e os acabamentos da frente, separadamente, com uma costura pelo centro, a partir da marcação do final da abertura.
• Junte frente e costas das peças superiores e dos acabamentos, separadamente, com uma costura pelos ombros e, com outra costura, pelas laterais.
• Monte os acabamentos nas peças direito sobre direito, com uma costura pelas bordas do decote e do contorno da abertura do decote da frente, deixando livres as aberturas do passador do decote.
• Prepare as alças do decote da frente. Introduza as alças pelas aberturas dos passadores do decote da frente. Costure as alças nas folgas das costuras dos ombros.
• Prossiga com a montagem dos acabamentos no modelo, direito sobre direito, pelas bordas das cavas. Revire os acabamentos para o avesso. Bata a ferro.
• Faça os pespontos dos passadores do decote da frente, de acordo com as indicações iniciais, sem prender as alças.
• Costure o direito dos fundos menores dos bolsos pelo direito das bordas das aberturas das peças inferiores da frente. Vire os fundos dos bolsos para o avesso da frente. Bata a ferro. Pesponte rente às bordas costuradas.
• Una os fundos menor e maior do bolso direito sobre direito, com uma costura contornando as bordas.
• Junte frente e costas inferiores com uma costura pelas laterais.
• Prenda as peças superiores nas inferiores.
• Aplique uma tira de elástico de 85 cm com uma costura sobre as folgas da costura de união das peças superiores e inferiores.
• Una os babados inferiores com uma costura pelas laterais. Faça uma bainha presa com pespontos na borda inferior do babado e franza a borda superior suficiente para a montagem. Prenda babado na borda inferior do modelo.

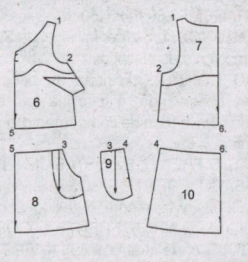

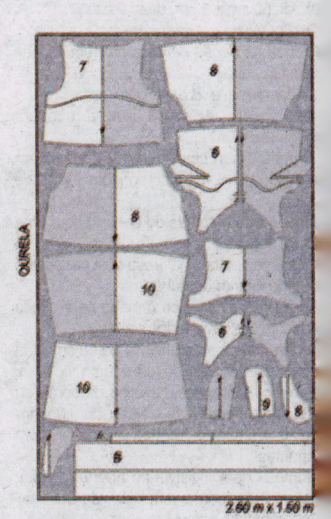

MOLDE 109

VESTIDO TAMANHO 56
PEÇAS: 46 a 49
LINHA DO MOLDE EM VERDE

FOLHA C
SUGESTÃO DE TECIDO: viscose. FORRO: jérsei.
METRAGEM: Tecido – 2,20 m x 1,50 m. Forro – 1,50 m x 1,50 m.
AVIAMENTOS: um zíper invisível de 70 cm; 40 cm de crepe liso.
COMO CORTAR: prolongue a peça 49 com as medidas das pontas das setas. Copie o acabamento das costas. Distribua as peças no tecido e no forro, observando as planilhas de corte. Corte as peças inferiores no forro com menos 3 cm no comprimento. Vestido com 1,08 m de comprimento.
PEÇAS: 46. FRENTE SUPERIOR. 47. COSTAS SUPERIORES: corte as peças duas vezes. 48. MANGA: corte quatro vezes. 49. FRENTE E COSTAS INFERIORES: para a frente, corte a peça uma vez com o tecido e o forro dobrados na linha do centro. Para as costas, corte a mesma peça duas vezes n tecido e no forro. A. VIVO DO CENTRO DA FRENTE: 43 cm x 4 cm, duas vezes. B. VIÉS DO DECOTE: 37 cm x 4 cm, uma vez. C. PRESILHAS: 8,5 cm x 3 cm, duas vezes em viés. FAIXA: 90 cm x 7 cm, duas vezes no tecido liso.

MONTAGEM:
• Feche as pences.
• Costure o direito de uma das bordas vivos pelo avesso das bordas do centro da frente das peças superiores.
• Vinque os vivos ao meio para o direito da frente, embainhe as bordas e prenda com pespontos rentes.
• Una as peças superiores da frente, direito sobre direito. Costure rente às bordas vincadas dos arremates, a partir do lugar marcado.
• Costure o direito de uma das bordas maiores do viés pelo avesso das bordas do decote, deixando um espaço de 2 cm no centro da frente.
• Vinque o viés do decote ao meio para o direito da frente, embainhe a borda e prenda com pespontos rentes, fechando também as bordas do trecho da alça do centro da frente.
• Una as costas superiores e os acabamentos das costas, separadamente, com uma costura pelo centro. Costure o direito do acabamento pelo direito do decote das costas.
• Junte frente e costas com uma costura pelos ombros, prendendo o direito dos acabamentos pelo avesso da frente. Revire os acabamentos, parcialmente, para o avesso.
• Junte, frento e costas superiores, com uma costura pelas laterais.
• Feche as laterais das mangas, unindo as peças externas e internas, separadamente. Junte as peças externas e internas das mangas, direito sobre direito, com uma costura pelas bordas inferiores. Bata a costura a ferro, virando as folgas sobre o avesso das peças internas e prenda com pespontos rentes.
• Revire as mangas, avesso sobre avesso.
• Monte as mangas nas cavas.
• Prendendo o tecido e o forro, separadamente, faça a costura do centro das costas inferiores, deixando livre a abertura superior. Em seguida, feche as laterais inferiores, unindo frente e costas.
• Chuleie o forro pelo avesso das bordas da abertura e da borda superior externa.
• Junte as peças superiores e inferiores com uma costura.
• Prepare as presilhas e prenda nos lugares indicados nas laterais.
• Monte o zíper invisível na abertura do centro das costas, de acordo com Dicas de Costura, prendendo o direito das bordas dos acabamentos pelo avesso das folgas do zíper. Torne a revirar os acabamentos para o avesso.
• Faça as bainhas inferiores.
• Una as tiras da faixa com uma costura, formando uma tira inteira. Vinque a faixa ao meio no comprimento, direito sobre direito. Una as bordas com uma costura, deixando uma abertura. Revire a faixa, embainhe as bordas da abertura e prenda com pontos à mão.

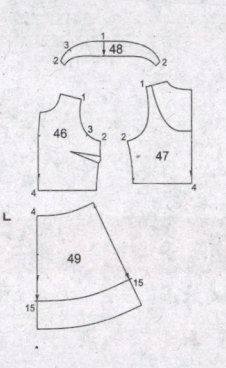

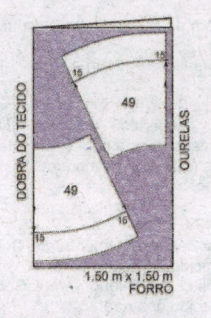

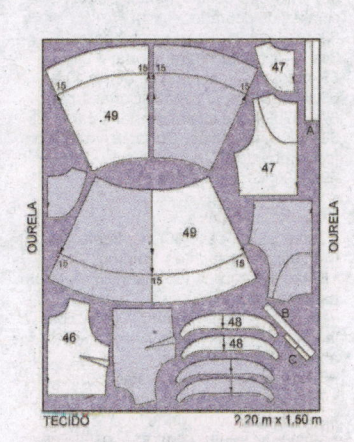

MOLDE 110

VESTIDO TAMANHO 58
PEÇAS: 50 a 53
LINHA DO MOLDE EM AZUL

FOLHA D
SUGESTÃO DE TECIDO: viscolycra
METRAGEM: 1,60 m x 1,60 m. Molde para malha com 90% de alongamento na direção horizontal e na direção vertical (veja em Dicas de Costura como calcular o alongamento).
AVIAMENTOS: 30 cm de entretela; linha para malha e agulha ponta bola.
COMO CORTAR: copie os acabamentos. Distribua as peças no tecido, observando a planilha de corte. Corte os acabamentos também na entretela. Vestido com 1,02 m de comprimento.
PEÇAS: 50. FRENTE SUPERIOR. 51. COSTAS SUPERIORES: corte as peças duas vezes. 52. PALA DA FRENTE: corte duas vezes com o tecido e uma vez na entretela, formando peças inteiras. 53. FRENTE E COSTAS INFERIORES: para a frente, corte a peça uma vez com o tecido dobrado na linha do centro. Para as costas, corte a peça duas vezes. A. ALÇA DO DECOTE: 55 cm x 3 cm, uma vez.

MONTAGEM:
• Prenda a entretela no avesso dos acabamentos.
• Faça a costura do centro da frente e das costas das peças e dos acabamentos, separadamente.
• Una as peças da pala da frente, direito sobre direito, com uma costura pelas bordas superiores, prendendo as peças superiores da frente, avesso sobre avesso.
• Vinque as alças do decote ao meio no comprimento, direito sobre direito. Una as bordas maiores das alças com uma costura. Revire a alça.
• Alinhave as alças pelo direito dos lugares marcados no decote das costas.
• Costure o direito dos acabamentos pelo direito do decote, prendendo as alças nas costas. Vire as folgas da costura do decote das costas sobre o avesso do acabamento e prenda com pespontos rentes.
• Vire o acabamento da frente para o avesso do decote da frente. Pesponte a 0,7 cm do decote.
• Junte frente e costas com uma costura pelos ombros, prendendo o direito do acabamento das costas sobre o avesso da frente. Revire o acabamento para o avesso das costas.
• Prenda as bordas da pala na frente inferior.
• Faça a costura do centro das costas inferiores.
• Feche as laterais superiores e inferiores, separadamente.
• Faça as bainhas.

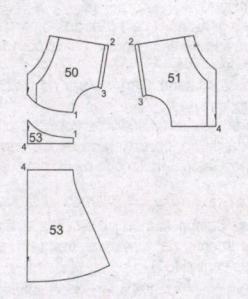

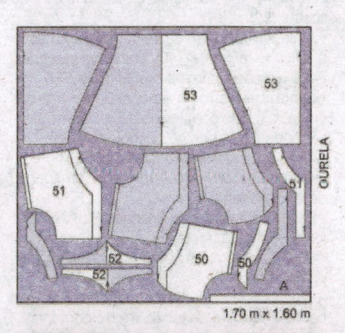

MOLDE 111

SAIA TAMANHO 54
PEÇAS: 18 e 19
LINHA DO MOLDE EM VERMELHO

FOLHA E
SUGESTÃO DE TECIDO: crepe
METRAGEM: 2,80 m x 1,50 m.
AVIAMENTOS: um zíper invisível de 20 cm; 10 cm de entretela.
COMO CORTAR: prolongue a peça 18 com as medidas das pontas das setas. Distribua as peças no tecido, observando a planilha de corte. Saia com 1,18 m de comprimento.
PEÇAS: 18. FRENTE E COSTAS: para a frente, corte a peça uma vez com o tecido dobrado na linha do centro. Para as costas, corte a peça duas vezes. 19. CÓS: para a frente, corte a peça duas vezes com o tecido e uma vez com a entretela dobrados na linha do centro, sendo a parte interna a partir da linha marcada. Para as costas, corte a peça quatro vezes no tecido e duas vezes na entretela, sendo as partes internas a partir da linha marcada.

MONTAGEM:
• Faça a costura central das costas, deixando livre a abertura superior.
• Junte frente e costas com uma costura pelas laterais.
• Prenda a entretela no avesso das peças internas do cós.
• Junte frente e costas do cós com uma costura pelas laterais. Chuleie a borda inferior da parte interna do cós.
• Una as partes externas e internas do cós, direito sobre direito, com uma costura pelas bordas superiores. Bata a costura a ferro, virando as folgas sobre o avesso das peças internas e prenda com pespontos rentes.
• Monte o direito da borda externa do cós pelo direito da borda superior do modelo.
• Faça a montagem do zíper invisível na abertura do centro das costas externas, a partir do cós, conforme Dicas de Costura. Prenda o direito da borda da parte interna do cós pelo avesso das folgas do zíper. Revire o cós. Pesponte o cós, pelo direito, rente à costura de montagem, prendendo a borda da parte interna no avesso.
• Faça a bainha inferior.

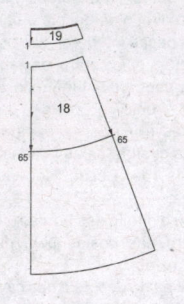

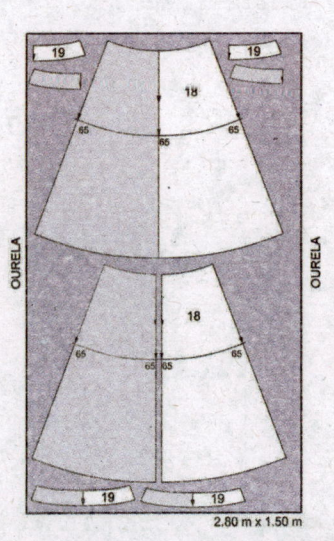

MOLDE 112

✂✂✂
VESTIDO
TAMANHO 60
PEÇAS: 20 a 25
LINHA DO MOLDE EM AZUL

FOLHA D
SUGESTÃO DE TECIDO: viscose
METRAGEM: 2,60 m x 1,50 m.
AVIAMENTOS: seis botões de 1 cm; um zíper de 65 cm.
COMO CORTAR: prolongue a peça 25 com as medidas das pontas das setas. Distribua as peças no tecido, observando a planilha de corte. Vestido com 1,56 m de comprimento.
PEÇAS: 20. FRENTE SUPERIOR CENTRAL: corte uma vez com o tecido dobrado na linha do centro. 21. APLICAÇÃO DO CENTRO DA FRENTE: corte uma vez. 22. FRENTE SUPERIOR LATERAL. 23. COSTAS SUPERIORES CENTRAL. 24. COSTAS SUPERIORES LATERAL: corte as peças duas vezes. 25. FRENTE E COSTAS INFERIORES: para a frente, corte uma vez com o tecido dobrado na linha do centro. Para as costas, corte a peça duas vezes. A. VIÉS DO DECOTE: 1,10 m x 3,5 cm, uma vez. B. VIÉS DAS CAVAS: 75 cm x 3,5 cm, duas vezes.
MONTAGEM:
• Prenda as peças superiores laterais na frente e nas costas centrais.
• Vinque a carcela, direito sobre direito. Una as bordas maiores com uma costura. Revire a carcela. Bata a ferrro.
• Aplique a carcela pelo direito da frente superior com pespontos rentes às bordas maiores.
• Junte frente e costas superiores com uma costura pelos ombros.
• Vinque as tiras de viés ao meio na direção do comprimento, avesso sobre avesso. Costure as bordas maiores do viés pelo direito do decote e das cavas.
• Una as peças inferiores das costas com uma costura pelo centro, deixando livre a abertura para a montagem do zíper.
• Junte frente e costas das peças superiores e inferiores, separadamente, com uma costura pelas laterais.
• Prenda as peças superiores nas inferiores.
• Costure o direito das bordas da abertura do centro das costas pelo direito das folgas do zíper.
• Vire o viés do decote e das cavas para o avesso. Prenda com pespontos.
• Faça a bainha inferior.

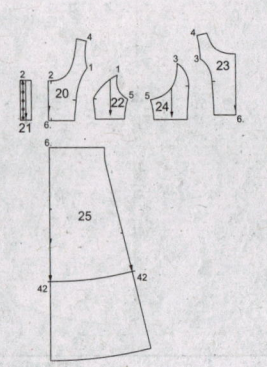

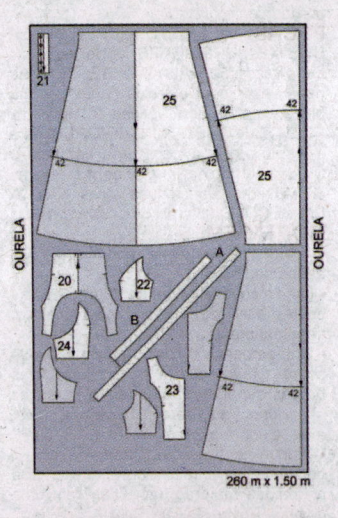

MOLDE 113

✂✂
BLUSA
TAMANHO 50
PEÇAS: 48 a 52
LINHA DO MOLDE EM VERDE

FOLHA L
Margem de costura de 0,5 cm incluída no molde.
Comprimento: 68 cm

LISTA DE MATERIAIS:
Tecido sugerido: 1,10 m de paetizado + 1,10 m de malha para forro + 0,80 m de viscolycra (malhas com 1,40 m de largura)
Linhas (reta e fio overloque)

PEÇAS E CORTE:
48: frente central. Cortar 1 vez com tecido dobrado
49: frente lateral. Cortar 1 par no tecido + 1 par no forro
50: manga. Cortar 1 par no tecido + 1 par no forro
51: costas central. Cortar 1 vez com tecido dobrado
52: costas lateral. Cortar 1 par no tecido + 1 par no forro
* Cortar tira em viscolycra com 3,5 cm, no sentido do fio, para viés no acabamento do decote. Gasto aproximado de 60 cm.

PASSO A PASSO:
• Faça bainha comum, com uma dobra, no comprimento da frente central (48) e das costas central (51).
• Junte tecido e forro da frente lateral (49) pelo comprimento. Repita o processo com as costas (52).
• Junte tecido e forro da frente (49) pelo centro e encaixe a frente (48) entre as camadas. Faça o mesmo com as costas (52 e 51).
• Junte a frente com as costas por um dos ombros. Tecido com tecido e forro com forro.
• Prenda o viés por todo degolo da blusa.
• Feche o outro ombro da blusa. Tecido com tecido e foro com forro. Arremate a terminação do viés. Reserve.
• Feche as laterais das mangas (50), tecido e forro, separadamente.
• Junte tecido e forro das mangas (50) pelo comprimento.
• Encaixe e costure as mangas (50) nas cavas. • Tecido com tecido e forro com forro.
• Junte a frente com as costas pelas laterais, tecido e forro, separadamente.

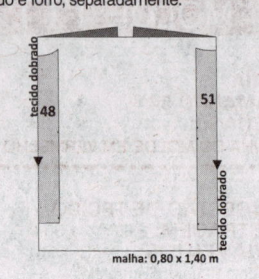

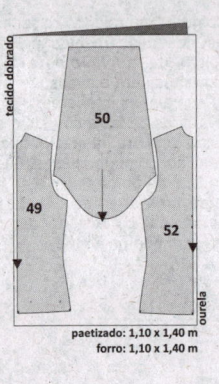

MOLDE 114

✂✂✂
CALÇA
TAMANHO 50
PEÇAS: 60 a 69
LINHA DO MOLDE EM VERDE

FOLHA N
Margem de costura de 1,0 cm incluída no molde.
Comprimento: 119 cm

LISTA DE MATERIAIS:
Tecido sugerido: 2,50 m de suede encorpado (malha com 1,40 m de largura)
Linhas (reta e fio overloque)
10 botões de pé n° 24

PEÇAS E CORTE:
60: cós central superior frente. Cortar 1 vez com tecido dobrado
61: cós central inferior frente. Cortar 1 vez com tecido dobrado
62: forro cós central frente. Cortar 1 vez com tecido dobrado
63: cós lateral frente. Cortar 2 pares
64a, 64b: frente central. Cortar 1 par
65: braguilha frente lateral. Cortar 1 par
66: limpeza frente central. Cortar 1 par
67a, 67b: frente lateral. Cortar 1 par
68: cós das costas. Cortar 2 vezes com tecido dobrado
69a, 69b: costas. Cortar 1 par

PASSO A PASSO:
• Junte a limpeza (66) na frente central (64), depois pesponte o entorno.
• Dobre a braguilha (65) ao meio e costure na frente lateral (67).
• Junte a frente central (64) com a lateral (67), mas deixe livre o trecho do abotoamento. Reserve.
• Feche as pences das costas (69).
• Feche o gancho das costas (69) e da frente (64).
• Junte a frente com as costas pelas laterais e entrepernas. Reserve.
• Junte o cós superior (60) com o inferior (61), da frente central.
• Junte o cós central com o seu forro (62) pelas laterais e borda superior. Reserve.
• Junte o cós das costas (68) com o cós da frente lateral (63). Repita o processo com os cortes sobressalentes.
• Junte tecido e forro do cós, costas e frente, pela borda superior e laterais.
• Encaixe e costure o cós central na frente com acabamento embutido; junte o forro do cós no avesso da calça. Vinque a margem de costura do direito do cós e pesponte sobre a junção feita. Repita o processo com o cós costas/lateral frente, até a braguilha.
• Faça bainha comum, com duas dobras, no comprimento da calça.
• Faça os caseados na frente e no cós centrais.
• Confira a marcação, depois prenda os botões na frente e cós laterais.

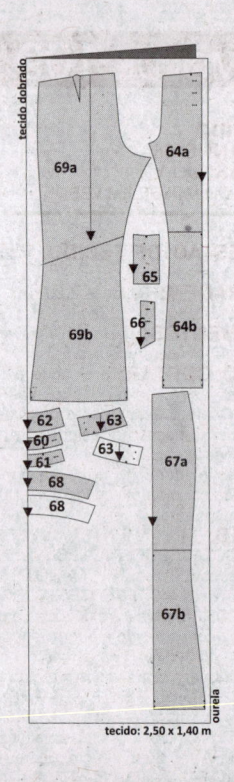

MOLDE 115

✂✂✂
SAIA
TAMANHO 50/52/58
PEÇAS: 4 a 7
LINHA DO MOLDE EM AZUL
TAM. 50 — — —
TAM. 52 — — — —
TAM. 58 — — — —
FOLHA M
SUGESTÃO DE TECIDO: malha jacquard.
METRAGEM: 0,90 m (tam. 50) e 1,40 m (tam. 52/58) x 1,50 m. Molde para malha com 100% de alongamento (veja em Dicas de Costura como calcular o alongamento).
AVIAMENTOS: um zíper invisível de 20 cm; dois zíperes metálicos de 10 cm; 20 cm de entretela; linha para malha e agulha ponta bola.
COMO CORTAR: copie as peças, de acordo com o tamanho escolhido. Distribua as peças no tecido, observando a planilha de corte. Saia com 50 cm de comprimento no meio da frente.
PEÇAS: 4. FRENTE CENTRAL: Separe a peça na linha marcada. Corte o trecho central uma vez com a malha dobrada na linha do centro. Corte o trecho lateral duas vezes. 5. COSTAS: corte duas vezes. 6. ACABAMENTO DA FRENTE: corte uma vez com a malha e a entretela dobrados na linha do centro. 7. ACABAMENTO DAS COSTAS: corte duas vezes na malha e na entretela. A. REFORÇO DA ABERTURA: 22 cm x 10 cm, uma vez.
MONTAGEM:
• Prenda a entretela no avesso dos acabamentos.
• Prenda as peças laterais na frente central, deixando livres as aberturas inferiores.
• Feche as pences das costas.
• Junte frente e costas das peças e dos acabamentos, separadamente, com uma costura pelas laterais.
• Prenda o direito dos acabamentos pelo direito da borda superior do modelo.
• Faça a montagem do zíper invisível na abertura superior das costas, de

acordo com Dicas de Costura
- Vinque o reforço ao meio no comprimento, direito sobre direito. Una as bordas superiores com uma costura. Revire o reforço.
- Costure as bordas do reforço pelo avesso da folga do lado esquerdo do zíper.
- Prenda o direito das bordas do acabamento superior pelo avesso das folgas do zíper. Revire o acabamento para o avesso e prenda a borda com pespontos.
- Monte o direito das folgas dos zíperes metálicos pelo direito das bordas das aberturas inferiores da frente.
- Costure o direito das bordas das bainhas inferiores pelo avesso das folgas dos zíperes. Vire as bainhas inferiores para o avesso. Prenda com pespontos.

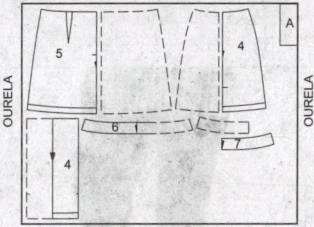

DA FRENTE MENOR E DAS COSTAS ESQUERDA: corte as peças duas vezes no tecido e uma vez na entretela. A. ALÇAS: 45 cm x 3,5 cm, uma vez.
MONTAGEM:
- Feche as pences.
- Faça a costura central das costas, deixando livre a abertura superior.
- Junte frente e costas com uma costura pelas laterais.
- Vinque a tira das alças ao meio no comprimento, direito sobre direito. Una as bordas maiores da tira com uma costura a 0,7 cm da borda vincada. Revire a tira. Separe a tira em cinco partes iguais. Alinhave as pontas das alças pelo direito dos lugares indicados.
- Vinque a carcela da frente, direito sobre direito. Una a borda inferior com uma costura. Revire a carcela.
- Costure as bordas da carcela pelo direito da borda do traspasse externo, prendendo as pontas das alças.
- Alinhave o acabamento pelo avesso da borda da frente esquerda.
- Costure as bordas da carcela menor na borda do traspasse externo do cós, prendendo as pontas da alça no lugar marcado pela borda externa do cós.
- Junte as partes externa e interna do cós, direito sobre direito, vincando a carcela menor. Costure as bordas superiores do cós e da carcela. Com outra costura, feche a borda do traspasse interno. Revire o cós e a carcela menor, avesso sobre avesso.
- Prenda o direito da borda da parte externa do cós pelo direito da borda superior do modelo. Una as peças da frente com uma costura, deixando livre a abertura inferior.
- Monte o zíper invisível na abertura superior das costas, a partir do cós, conforme Dicas de Costura. Prenda o direito da borda da parte interna do cós pelo avesso das folgas do zíper. Revire o cós, direito sobre avesso.
- Faça o traspasse do abotoamento do cós
- Pesponte a frente e as costas, pelo direito, rente à costura de montagem do cós, prendendo a borda da parte interna no avesso.
- Faça a bainha inferior, prendendo o direito das bordas da bainha sobre o avesso da costura de montagem da carcela na frente maior e sobre o direito da folga da abertura inferior da frente menor.
- Vire a bainha para o avesso e prenda com pespontos.
- Pregue os botões.

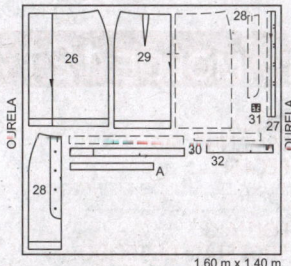

MOLDE 117
✂️
SAIA
TAMANHO 50/54/56
PEÇAS: 1 a 3
LINHA DO MOLDE EM VERDE
TAM. 50
TAM. 54
TAM. 56
FOLHA C
SUGESTÃO DE TECIDO: malha
METRAGEM: 1,00 m (tam. 50/54/56) x 1,60 m. Molde para malha com 90% de alongamento nas duas direções (veja em Dicas de Costura como calcular o alongamento).
AVIAMENTOS: 1,00 m (tam. 50/54/56) x 4 cm de elástico; linha para malha e agulha ponta bola.
COMO CORTAR: copie as peças, de acordo com o tamanho escolhido. Distribua as peças no tecido, observando a planilha de corte. Saia com 67 cm de comprimento no meio da frente.
PEÇAS: 1. FRENTE: corte uma vez com a malha dobrada na linha do centro. 2. COSTAS: corte duas vezes. 3. CÓS (FRENTE E COSTAS): corte duas vezes com a malha dobrada na linha do centro.
MONTAGEM:
- Faça a costura central das costas, unindo as peças.
- Junte frente e costas, com uma costura pelas laterais, deixando livres as aberturas inferiores.
- Feche as laterais do cós, unindo frente e costas.
- Prenda o direito da borda da parte externa do cós pelo direito da borda superior da saia.
- Separe uma tira de elástico de 87 cm (tam. 50), 95 cm (tam. 5●) e 99 cm (tam. 56) Una as bordas menores do elástico com uma costura.
- Costure o elástico pelo avesso da borda do cós, esticando o quanto for necessário. Vinque o cós, avesso sobre avesso, embutindo o elástico. Faça pespontos duplos pelo direito da montagem do cós. Faça uma bainha presa com pespontos duplos na borda inferior do modelo. Vire as folgas das aberturas laterais para o avesso. Prenda as bordas das folgas com pespontos.
- Estique o elástico e pesponte sobre o cós, de acordo com as marcações.

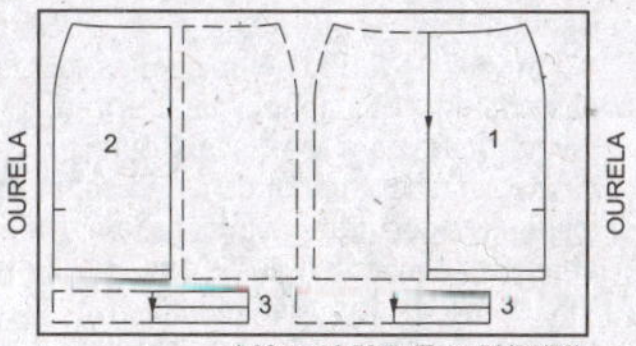

MOLDE 118
✂️
SAIA
TAMANHO 58
PEÇAS: 49 a 51
LINHA DO MOLDE EM VERMELHO

FOLHA I
SUGESTÃO DE TECIDO: malha prene.
METRAGEM: 1,40 m x 1,40 m. Molde para malha com 90% de alongamento na direção horizontal e 50% na direção vertical (veja em Dicas de Costura como calcular o alongamento).
AVIAMENTOS: 1,20 m x 4 cm de elástico; linha para malha e agulha ponta bola.
COMO CORTAR: copie os acabamentos. Distribua as peças na malha, observando a planilha de corte. Saia com 1,18 m de cintura e 56 cm de comprimento lateral, sendo 5 cm abaixo da cintura.
PEÇAS: 48. FRENTE. 49. COSTAS: corte as peças uma vez com a malha dobrada na linha do centro. 50. BABADO INFERIOR: corte duas vezes com a malha dobrada na linha do centro.
MONTAGEM:
- Monte o direito dos babados inferiores pelo avesso das bordas inferiores da frente e das costas, com pespontos a 0,7 cm das bordas inferiores da frente e das costas.
- Junte frente e costas das peças e dos acabamentos, separadamente, com uma costura pelas laterais, unindo as bordas das peças, direito sobre direito.
- Costure o direito dos acabamentos pelo direito da borda superior do modelo.
- Costure o elástico pelo avesso da borda inferior do acabamento. Vire o acabamento e o elástico para o avesso. Pesponte a 0,7 cm da borda superior do modelo.

1,40 m x 1,50 m (Tam. 54/58)

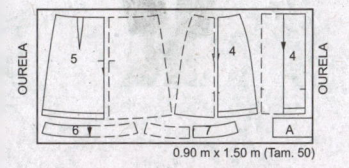

0,90 m x 1,50 m (Tam. 50)

MOLDE 116
✂️
SAIA
TAMANHO 52
PEÇAS: 26 a 32
LINHA DO MOLDE EM VERMELHO

FOLHA N
SUGESTÃO DE TECIDO: linho stretch.
METRAGEM: 1,60 m x 1,40 m.
AVIAMENTOS: um zíper invisível de 25 cm; seis botões de 2 cm; 10 cm de entretela.
COMO CORTAR: distribua as peças no tecido, observando a planilha de corte. Saia com 59 cm de comprimento.
PEÇAS: 26. FRENTE MAIOR. 28. FRENTE MENOR: copie o acabamento da frente menor. Corte as peças uma vez. 27. CARCELA DO ABOTOAMENTO DA FRENTE. 31. CARCELA DO ABOTOAMENTO DO CÓS: corte as peças uma vez com o tecido dobrado na linha marcada. 29. COSTAS: corte duas vezes. 30. CÓS DA FRENTE MAIOR E COSTAS DIREITA. 32. CÓS

1,60 m x 1,40 m

1,00 m x 1,50 m (Tam. 50/54/56)

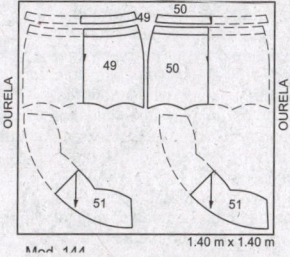

1,40 m x 1,40 m

MOLDE 119
✂️
SAIA
TAMANHO 56
PEÇAS: 10 a 16
LINHA DO MOLDE EM AZUL

FOLHA H
SUGESTÃO DE TECIDO: crepe de malha (listas horizontais). FORRO:

liganete.
METRAGEM: Tecido – 1,70 m x 1,50 m. Forro – 0,80 m x 1,60 m. Molde para malha com 90% de alongamento (veja em Dicas de Costura como calcular o alongamento).
AVIAMENTOS: 1,30 m x 1 cm de elástico; 50 cm de entretela; linha para malha e agulha ponta bola.
COMO CORTAR: distribua as peças no tecido e no forro, observando as planilhas de corte. Saia com 65 cm de comprimento lateral.
PEÇAS: 10. SOBRESSAIA SUPERIOR DA FRENTE. 11. SOBRESSAIA INFERIOR DA FRENTE. 13. FRENTE EXTERNA: corte as peças uma vez no tecido. 12. ACABAMENTO DA SOBRESSAIA: corte duas vezes no tecido e na entretela. 14. COSTAS (EXTERNAS E INTERNAS) E FRENTE INTERNA: corte duas vezes com o forro (frente e costas internas) e uma vez com o tecido (costas externas), sempre dobrados na linha do centro. 15. CÓS DA FRENTE. 16. CÓS DAS COSTAS: corte as peças duas vezes com o tecido dobrado na linha do centro.
MONTAGEM:
• Una as partes superior e inferior da sobressaia com uma costura.
• Costure o direito do acabamento dos traspasses e das bordas inferiores pelo direito das bordas das peças da frente. Vire os acabamentos para o avesso e prenda com pespontos rentes à borda.
• Faça o traspasse do avesso da sobressaia sobre o direito da peça da frente, coincidindo a linha do centro.
• Una as bordas laterais das peças com alinhavos.
• Junte frente e costas com uma costura pelas laterais; prendendo o direito das bordas da bainha das costas pelo avesso da frente. Revire a bainha para o avesso das costas.
• Feche as laterais do forro, unindo frente e costas.
• Chuleie o forro pelo avesso da borda superior do tecido.
• Junte frente e costas das peças do cós com uma costura pelas laterais, prendendo as partes externas e internas, separadamente.
• Una as partes externas e internas do cós, direito sobre direito, com uma costura pelas bordas superiores.
• Separe uma tira de elástico de 65 cm. Prenda o elástico nas folgas da costura superior do cós, esticando o quanto for necessário.
• Vire o cós, avesso sobre avesso. Prenda as bordas do cós pelo direito da borda superior do modelo.

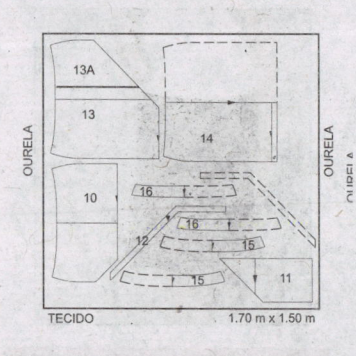

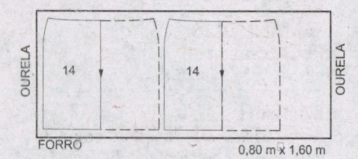

MOLDE 120
✂✂✂
JAQUETA
TAMANHO 48
PEÇAS: 26 a 30
LINHA DO MOLDE EM VERDE

FOLHA E
SUGESTÃO DE TECIDO: viscose.
METRAGEM: 1,50 m x 1,50 m.
AVIAMENTOS: um zíper separável de 55 cm; 20 cm de malha sanfonada; 50 cm de entretela.
COMO CORTAR: copie o acabamento. Distribua as peças no tecido, observando a planilha de corte. Corte o acabamento também na entretela. Jaqueta com 61 cm de comprimento.
PEÇAS: 26. FRENTE. 30. MANGA: corte as peças duas vezes. 27. FUNDO DO BOLSO: corte quatro vezes, sendo o fundo menor a partir da linha marcada. 28. COSTAS: corte uma vez com o tecido dobrado na linha do centro. 29. GOLA: corte uma vez com o tecido e a entretela dobrados na linha do centro. A. ABA DO BOLSO: 15 cm x 7 cm, duas vezes no tecido e na entretela. B. REFORÇO DO ZIPER: 57 cm x 8 cm, uma vez no tecido e na entretela. PUNHO: 20 cm x 10 cm, duas vezes na malha sanfonada. CÓS: 85 cm x 10 cm, uma vez na malha sanfonada.
MONTAGEM:
• Prenda uma das bordas maiores das abas com uma costura abaixo da marcação da abertura. Prenda o direito de o fundo maior do bolso com outra costura acima da marcação da abertura. Corte a abertura, fazendo os piques dos cantos. Vinque as abas, avesso sobre avesso. Bata a ferro.
• Introduza o fundo do bolso e as folgas das costuras das abas pela abertura, revirando-os para o avesso. Costure o direito do fundo menor do bolso sobre as folgas das costuras de montagem das abas nas bordas inferiores das aberturas. Vire as folgas das costuras sobre o avesso dos fundos dos bolsos inferiores e prenda com pespontos rentes.
• Prenda as bordas laterais das abas no direito das folgas laterais da abertura.
• Una os fundos do bolso, direito sobre direito, com uma costura contornando as bordas.
• Junte frente e costas com uma costura pelos ombros e laterais.
• Prenda o direito da borda externa do cós pelo direito da borda inferior da frente, indo com a costura somente até 6 cm de distância do centro da frente.
• Prenda o direito das bordas inferiores dos acabamentos da frente pelo direito da borda interna do cós.
• Alinhave o direito das folgas do zíper pelo direito das bordas do centro da frente.
• Vinque o reforço ao meio no comprimento, direito sobre direito. Costure as bordas externas deixando livres as bordas de montagem. Revire o reforço e prenda com alinhavos pelo avesso da folga do lado esquerdo do zíper.
• Una as peças e os acabamentos, direito sobre direito, vincando o cós ao meio, direito sobre direito.
• Faça a costura do centro da frente, prendendo as folgas do zíper, os acabamentos, o reforço no lado esquerdo e as bordas da frente do cós. Revire os acabamentos para o avesso, vincando o cós inferior, avesso sobre avesso.
• Monte o cós na borda inferior do modelo, distendendo o cós o quanto for necessário para a montagem.
• Costure o direito da borda interna da gola pelo avesso do decote. Vinque a gola, avesso sobre avesso. Embainhe a borda externa da gola no direito do decote, bata a ferro e prenda com pespontos.
• Feche as laterais das mangas. Monte as mangas nas cavas.
• Una as bordas menores dos punhos com uma costura, direito sobre direito. Vinque os punhos, avesso sobre avesso, unindo as bordas maiores. Monte os punhos nas mangas, distendendo o quanto for necessário.

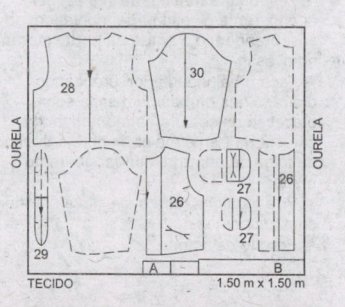

MOLDE 121
✂✂✂
CALÇA
TAMANHO 58
PEÇAS: 19 a 23
LINHA DO MOLDE EM PRETO

FOLHA G
SUGESTÃO DE TECIDO: malha poliéster
METRAGEM: 1,60 m x 1,60 m.
AVIAMENTOS: sete botões de 1,8 cm; um zíper invisível de 20 cm; 20 cm de entretela; linha para malha e agulha ponta bola.
COMO CORTAR: distribua as peças no tecido, observando a planilha de corte. Calça com 1,15 m de comprimento.
PEÇAS: 19. FRENTE. 21. COSTAS: corte as peças duas vezes. 20. ABA: corte duas vezes com a malha dobrada na linha marcada. 22. CÓS DA FRENTE. 23. CÓS DAS COSTAS: corte as peças duas vezes com a malha e uma vez com a entretela dobrados na linha do centro.
MONTAGEM:
• Vinque as abas, direito sobre direito. Una as bordas inferiores com uma costura. Revire as abas. Costure as abas pelo direito dos lugares marcados nas peças da frente. Vire as abas na direção das laterais da frente e prenda com pespontos a 0,7 cm da costura de montagem.
• Junte frente e costas com uma costura pelas laterais, deixando livre a abertura superior esquerda. Com outra costura, feche as entrepernas.
• Revire um dos lados da calça e enfie no outro lado coincidindo direito com direito do tecido. Costure as bordas do centro da frente, as bordas do gancho e do centro das costas. Revire as bordas.
• Junte frente e costas do cós externo e interno, separadamente, com uma costura pela lateral direita.
• Arremate a borda inferior da parte interna do cós com pontos chuleados.
• Junte as partes externas e internas do cós, direito sobre direito, com uma costura pelas bordas superiores. Bata a costura a ferro, virando as folgas sobre o avesso das peças internas e prenda com pespontos rentes.
• Costure o direito da borda da parte externa do cós pelo direito da borda superior do modelo.
• Faça a montagem do zíper invisível na abertura lateral esquerda conforme Dicas de Costura, a partir do cós.
• Costure o direito da borda da parte interna do cós pelo avesso das folgas do zíper. Revire o cós, avesso sobre avesso.
• Prenda a borda da parte interna do cós nas folgas da costura de montagem.
• Faça as bainhas inferiores.
• Pregue os botões nas abas.

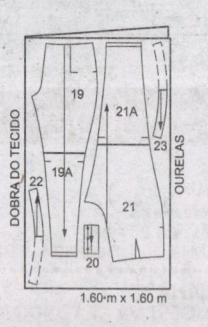

MOLDE 122
✂✂✂
TÚNICA
TAMANHO 54
PEÇAS: 12 a 18
LINHA DO MOLDE EM VERMELHO

FOLHA M
SUGESTÃO DE TECIDO: crepe
METRAGEM: - 1,80 m x 1,50 m.
AVIAMENTOS: três botões de 1 cm; 30 cm de entretela.
COMO CORTAR: distribua as peças no tecido, observando a planilha de

corte. Bata com 79 cm de comprimento.
PEÇAS: 12. FRENTE: corte uma vez. 15. COSTAS. 16. PALA DAS COSTAS: corte as peças uma vez com o tecido dobrado na linha do centro. 13. CARCELA ESQUERDA. 14. CARCELA DIREITA: corte as peças uma vez no tecido e na entretela. 17. MANGA: corte duas vezes. 18. PUNHO: corte duas vezes no tecido e na entretela. A. VIÉS DO DECOTE DAS COSTAS: 30 cm x 3 cm, uma vez. B. VIÉS DAS ABERTURAS DAS MANGAS: 14 cm x 4 cm, duas vezes.

MONTAGEM:
- Vinque as pregas do centro da frente, das costas e das mangas, direito sobre direito, na direção das setas, deixando A sobre B. Bata as pregas a ferro e prenda com alinhavos nas bordas das peças.
- Costure o direito das bordas internas das carcelas pelo avesso da peça da frente. Vinque as carcelas, avesso sobre avesso. Embainhe as bordas externas das carcelas pelo direito da frente, sobre a costura de montagem, bata a ferro e prenda com pespontos rentes.
- Faça o traspasse da carcela do lado direito sobre a carcela esquerda. Una as bordas inferiores das carcelas com alinhavos.
- Vinque o viés do decote das costas ao meio no comprimento, avesso sobre avesso. Costure as bordas do viés pelo direito do decote das costas.
- Prenda a pala na borda superior das costas.
- Junte frente e costas com uma costura pelos ombros, prendendo o direito das bordas do viés do decote pelo avesso da frente. Vire o viés para o avesso do decote e prenda com pespontos.
- Arremate as aberturas das mangas com a montagem do viés de rolo, conforme Dicas de Costura.
- Faça uma pence sobre o viés, no final das aberturas.
- Prepare os punhos e monte-os nas mangas, de acordo com Dicas de Costura.
- Faça as bainhas inferiores.
- Abra as casas nos punhos e pregue os botões.

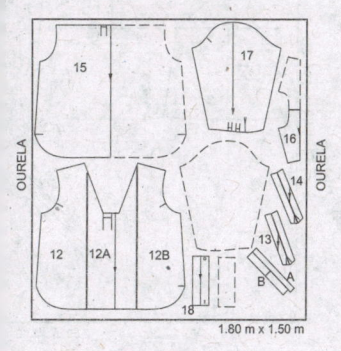

MOLDE 123
✂✂✂
VESTIDO
TAMANHO 50
PEÇAS: 24 a 29
LINHA DO MOLDE EM AZUL

FOLHA 0
SUGESTÃO DE TECIDO: crepe (fundo escuro e fundo claro).
METRAGEM: - 1,70 m (fundo escuro) e 0,80 m (fundo claro) x 1,50 m.
AVIAMENTOS: quatro botões de 1 cm; 30 cm de entretela; 10 cm de elástico fino para alça.
COMO CORTAR: copie os acabamentos. Distribua as peças nos tecidos, observando as planilhas de corte. Corte os acabamentos também na entretela. Vestido com 1,00 m de comprimento.
PEÇAS: 24. FRENTE SUPERIOR. 25. FRENTE INFERIOR: corte as peças uma vez com o tecido dobrado na linha do centro. 26. COSTAS. 28. MANGA: corte as peças duas vezes. 27. BABADO INFERIOR: corte duas vezes com o tecido dobrado na linha do centro. 29. PUNHO: corte quatro vezes no tecido e duas vezes na entretela.

MONTAGEM:
- Prenda a entretela no avesso dos acabamentos e dos punhos.
- Franza a frente superior no trecho marcado.
- Una as peças superiores e inferiores da frente com uma costura.
- Una as costas com uma costura pelo centro, deixando livre a abertura superior.
- Junte frente e costas com uma costura pelos ombros. Feche os ombros dos acabamentos.
- Monte os acabamentos nas peças direito sobre direito, com uma costura pelas bordas do decote. Bata a costura a ferro, virando as folgas sobre o avesso dos acabamentos. Prenda com pespontos rentes.
- Costure o direito dos acabamentos pelo direito da abertura do centro das costas, prendendo uma alcinha elástica na borda do lado esquerdo da abertura.
- Revire os acabamentos para o avesso, vincando as folgas da abertura do centro das costas. Embainhe as bordas das folgas sobre o avesso e prenda com pespontos.
- Junte frente e costas das peças e dos babados, separadamente, com uma costura pelas laterais.
- Costure o babado pelo direito da borda inferior do modelo.
- Vinque as pregas inferiores das mangas, direito sobre direito, na direção das setas, deixando A sobre B. Bata as pregas a ferro e prenda com alinhavos nas bordas inferiores das mangas.
- Feche as laterais das mangas. Monte as mangas nas cavas.
- Una os punhos, dois a dois, direito sobre direito. Costure contornando as bordas dos punhos, deixando livres as bordas superiores. Revire os punhos. Pesponte rente às bordas costuradas.
- Faça o traspasse das bordas laterais dos punhos, de acordo com a numeração de montagem.
- Pregue os botões.

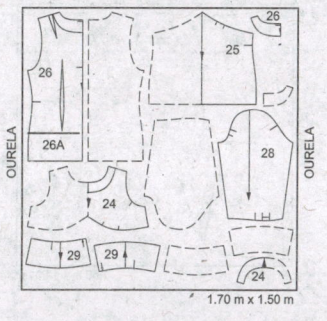

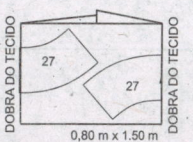

MOLDE 124
✂✂✂
VESTIDO
TAMANHO 48
PEÇAS: 7 a 16
LINHA DO MOLDE EM VERMELHO

FOLHA A
SUGESTÃO DE TECIDO: crepe.
METRAGEM: 2,30 m x 1,50 m.
AVIAMENTOS: catorze botões de 1,2 cm; 50 cm de entretela; um par de argolas tipo meio aro para cinto de 4 cm.
COMO CORTAR: distribua as peças no tecido, observando a planilha de corte. Vestido com 1,03 m de comprimento.
PEÇAS: 7. FRENTE CENTRAL. 8. FRENTE LATERAL. 10. COSTAS LATERAIS. 15. MANGA: copie o acabamento da frente. Corte o acabamento no tecido e na entretela. Corte o restante das peças duas vezes. 9. COSTAS CENTRAIS: corte uma vez com o tecido dobrado na linha do centro. 11. PALA (FRENTE E COSTAS): corte duas vezes com o tecido dobrado na linha do centro. 12 COLARINHO. 13. PÉ DE COLARTINHO: corte duas vezes com o tecido e uma vez com a entretela dobrados na linha do centro. 14. ALÇAS INTERNAS. 16. PUNHO. corte as peças quatro vezes no tecido e duas vezes na entretela. A. ACABAMENTO DA ABERTURA DA MANGA: 17 cm x 4 cm, duas vezes. B. CINTO: 1,50 m x 10 cm, uma vez no tecido e na entretela.

MONTAGEM:
- Junte as peças centrais e laterais com uma costura.
- Costure o direito dos acabamentos pelo direito das peças da frente. Vire os acabamentos para o avesso, embainhe as bordas e prenda com pespontos. Pesponte rente às costuras de montagem dos acabamentos.
- Una as palas, direito sobre direito. Una as bordas das palas com uma costura, prendendo as bordas superiores da frente e das costas. Revire as palas, avesso sobre avesso. Pesponte rente às bordas costuradas.
- Faça a montagem do colarinho simples no decote, de acordo com Dicas de Costura.
- Jurite frente e costas pelas laterais, sem fechar as aberturas inferiores.
- Prenda o direito das bordas externas dos acabamentos pelo avesso das aberturas das mangas. Dobre os acabamentos ao meio para o direito das mangas, bata a ferro e prenda com pespontos rentes.
- Faça uma pence sobre os acabamentos, no final das aberturas.
- Una as alças internas das mangas, duas a duas, direito sobre direito. Costure contornando as bordas das alças, deixando livres as bordas de montagem. Revire as alças. Prenda as alças nos lugares marcados pelo avesso das mangas.
- Feche as laterais das mangas. Monte as mangas nas cavas.
- Prepare os punhos e monte-os nas mangas, de acordo com Dicas de Costura. Faça pespontos paralelos sobre os punhos mantendo uma distância de 0,5 cm entre cada carreira de pespontos.
- Vinque o cinto ao meio no comprimento, direito sobre direito. Una as bordas do cinto com uma costura, deixando uma abertura. Revire o cinto, embainhe as bordas da abertura, bata a ferro e alinhave.
- Faça pespontos paralelos às bordas maiores do cinto, mantendo uma distância de 0,5 cm entre cada carreira de desponto. Prenda afivela no cinto.
- Vire as folgas das aberturas laterais inferiores para o avesso, bata a ferro e prenda com pespontos. Faça as bainhas inferiores.
- Abra as casas e pregue os botões.

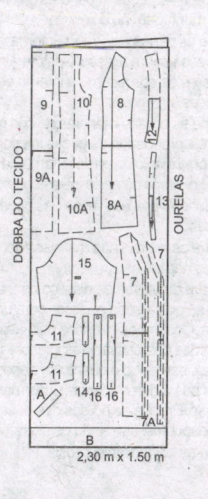

MOLDE 125

✂✂✂
VESTIDO
TAMANHO 58
PEÇAS: 19 a 24
LINHA DO MOLDE EM VERMELHO

FOLHA L
SUGESTÃO DE TECIDO: viscose. FORRO: helanca.
METRAGEM: Tecido – 2,80 m x 1,50 m. Forro – 1,60 m x 1,50 m.
AVIAMENTOS: 60 cm de entretela; 50 cm x 1 cm de elástico.
COMO CORTAR: distribua as peças no tecido e no forro, observando as planilhas de corte. Vestido com 1,11 m de comprimento.
PEÇAS: 19. FRENTE SUPERIOR. separe a peça na linha marcada. Corte a pala do decote duas vezes com o tecido e uma vez com a entretela dobrados na linha do centro. Corte o restante da peça uma vez com o tecido dobrado na linha do centro. 20. COSTAS SUPERIORES: separe a peça na linha marcada. Corte a pala do decote duas vezes com o tecido e uma vez com a entretela dobrados na linha do centro. Corte o restante da peça duas vezes. 21. CÓS INTERNO: corte duas vezes com o tecido e a entretela dobrados na linha do centro. 22. CÓS EXTERNO: corte duas vezes com o tecido dobrado na linha do centro. 23. FRENTE E COSTAS INFERIOR EXTERNA E INTERNA: para a frente, corte a peça uma vez co o tecido e o forro dobrados na linha do centro. Para as costas, corte a mesma peça duas vezes no tecido e no forro. 24. MANGA: corte duas vezes. A. ALÇA DAS COSTAS: 28 cm x 3 cm, duas vezes.

MONTAGEM:
• Faça a costura central das costas das peças superiores e inferiores das costas.
• Junte frente e costas superiores com uma costura pelas laterais.
• Prenda a entretela no avesso da parte externa da pala do decote. Junte frente e costas da pala com uma costura pelos ombros, prendendo as peças externas e internas, separadamente.
• Prepare a alça das costas. Una as peças da pala, direito sobre direito, com uma costura pelas bordas do decote, prendendo as pontas da alça nos lugares marcados. Revire as palas, avesso sobre avesso.
• Costure as bordas das palas pelo direito das peças superiores da frente e das costa. Vire as folgas da costura sobre o avesso da frente e das costas. Prenda as folgas com pespontos rentes à costura.
• Franza as bordas laterais do cós externo até alcançar a mesma medida da lateral do cós interno.
• Franza as peças inferiores até alcançar a mesma medida do cós.
• Junte frente e costas das peças do cós e das peças inferiores com uma costura pelas laterais, prendendo tecido e de forro, separadamente.
• Embeba as peças superiores o suficiente para a montagem no cós
• Junte as partes externas e internas do cós, avesso sobre avesso. Costure as bordas superiores do cós externo e interno pelo direito das peças superiores.
• Monte as bordas inferiores do cós nas peças inferiores, prendendo as peças inferiores de tecido pelo direito da parte externa do cós e o forro pelo direito da parte interna do cós.
• Vire o forro para o avesso das peças inferiores.
• Feche as laterais das mangas. Monte as mangas nas cavas.
• Separe duas tiras de elástico de 24 cm. Feche as pontas dos elásticos com uma costura. Costure os elásticos pelo avesso das bordas dos passadores inferiores das mangas, esticando o quanto for necessário. Vire os passadores inferiores das mangas para o avesso. Prenda as bordas dos passadores com pespontos, esticando os elásticos.
• Faça as bainhas inferiores.

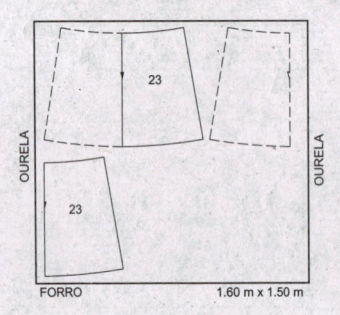

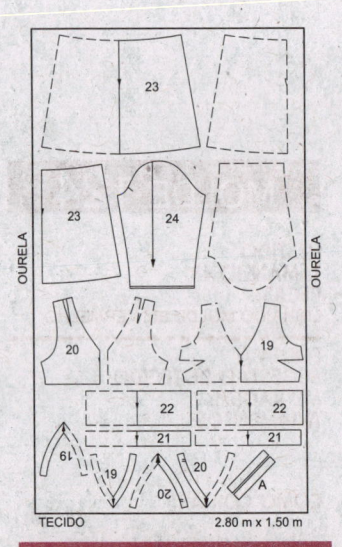

MONTAGEM:
• Una as peças da frente e das costas de tecido e de forro, separadamente, com uma costura pelo centro.
• Bata as costuras das peças de tecido a ferro, abrindo as folgas. Bata a ferro. Pesponte cada lado das costuras do tecido, prendendo as folgas no avesso.
• Vinque as abas da frente, avesso sobre avesso. Bata a ferro. Costure as palas nas peças da frente, prendendo as bordas abas. Bata as costuras a ferro sobre o avesso das palas e prenda com pespontos rentes.
• Junte frente e costas das peças de tecido e de forro, separadamente, com uma costura pelos ombros.
• Arremate as cavas internas com a montagem das tiras dos acabamentos.
• Monte as mangas nas cavas externas.
• Junte frente e costas das peças de tecido e forro, separadamente, com outra costura pelas laterais. No tecido, inicie a costura a partir das bordas inferiores das mangas.
• Prepare as alças de rolo, conforme Dicas de Costura.
• Junte as peças de tecido e de forro, direito sobre direito. Costure o decote, prendendo as alças nos lugares marcados. Revire o forro para o avesso do tecido. Pesponte a 0,5 cm de decote.
• Franza as bordas inferiores das mangas o suficiente para a montagem dos punhos.
• Prenda o direito das bordas externas dos acabamentos pelo avesso das aberturas das mangas. Dobre os acabamentos ao meio para o direito das mangas, bata a ferro e prenda com pespontos rentes.
• Faça uma pence sobre os acabamentos, no final das aberturas.
• Prepare os punhos e monte-os nas mangas, de acordo com Dicas de Costura.
• Faça as bainhas inferiores.
• Arremate as pontas das alças introduzindo-as nos terminais.
• Abra as casas e pregue os botões nos punhos.

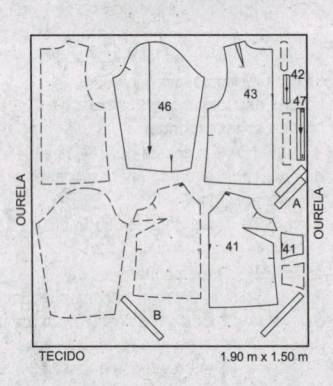

MOLDE 126

✂✂✂
BATA
TAMANHO 56
PEÇAS: 41 a 47
LINHA DO MOLDE EM VERMELHO

FOLHA D
SUGESTÃO DE TECIDO: crepe georgete. FORRO: segunda pele.
METRAGEM: Tecido – 1,90 m x 1,50 m. 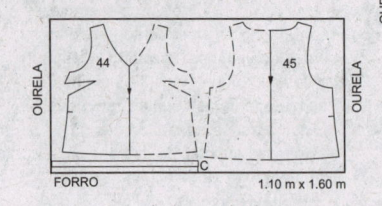 Forro – 1,10 m x 1,60 m.
AVIAMENTOS: três botões de 1,2 cm; dois terminais para alças; 10 cm de entretela.
COMO CORTAR: distribua as peças no tecido e no forro, observando as planilhas de corte. Bata com 74 cm de comprimento.
PEÇAS: 41. FRENTE EXTERNA. 42. ABA DA FRENTE. 43. COSTAS EXTERNAS. 46. MANGA: separe a pala do ombro na linha marcada. Corte todas as peças duas vezes no tecido. 44. FRENTE INTERNA. 45. COSTAS INTERNAS: corte cada peça duas vezes no forro. 47. PUNHO: corte duas vezes no tecido e na entretela. A. ACABAMENTO DA ABERTURA DA MANGA: 20 cm x 4 cm, duas vezes. B. ALÇAS: 40 cm x 3 cm, duas vezes. C. ACABAMENTO DAS CAVA INTERNA: 80 cm x 3 cm, duas vezes no forro.

MOLDE 127

✂✂✂
VESTIDO
TAMANHO 54
PEÇAS: 31 a 35
LINHA DO MOLDE EM AZUL

FOLHA B
SUGESTÃO DE TECIDO: malha viscose
METRAGEM: 2,50 m x 1,60 m.
AVIAMENTOS: linha para malha e agulha ponta bola.
COMO CORTAR: distribua as peças no tecido, observando a planilha de corte. Vestido com 98 cm de comprimento.
PEÇAS: 31. FRENTE DIREITA. 32. FRENTE ESQUERDA: corte cada peça uma vez. 33. COSTAS. 35. MANGA: corte as peças duas vezes. 34. FAIXA: corte duas vezes com o tecido dobrado na linha da marcada. A. ACABAMENTO: 1,50 m x 4 cm, uma vez.

MONTAGEM:
• Feche as pences.
• Una as peças das costas com uma costura pelo centro.
• Junte, frente e costas, com uma costura pelos ombros.
• Una as tiras do acabamento do decote com uma costura, formando uma tira inteira. Vinque a tira do acabamento ao meio no comprimento, avesso sobre avesso. Costure as bordas do acabamento pelo avesso do decote. Dobre o acabamento ao meio, avesso sobre avesso. Prenda o acabamento com pespontos rente à borda vincada, sobre a primeira costura.
• Vinque as faixas, direito sobre direito. Una as bordas das faixas com uma costura, deixando livres as bordas de montagem. Revire as alças.
• Vinque a bainha do traspasse externo para o avesso e prenda com pespontos duplos prendendo, também, uma das faixas no lugar marcado na frente direita.
• Vire a bainha inferior da peça do lado direito da frente (frente externa) para o avesso. Prenda a bainha com pespontos duplos.
• Monte as mangas nas cavas.
• Alinhave a outra faixa no lugar marcado na borda lateral esquerda. Junte, frente e costas, com uma costura pelas laterais a partir das bordas inferiores das mangas, prendendo a borda do traspasse da peça do lado esquerdo da frente (frente interna) pelo avesso da costura da lateral direita, de acordo com a numeração de montagem.
• Faça as bainhas.

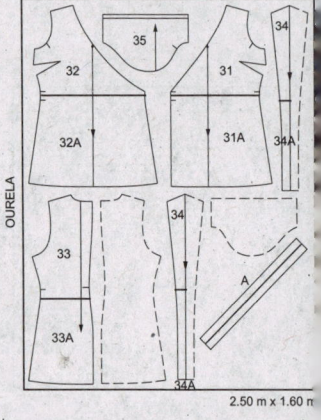

MOLDE 128

✂✂✂
CALÇA
TAMANHO 52
PEÇAS: 48 a 52
LINHA DO MOLDE EM AZUL

FOLHA L
SUGESTÃO DE TECIDO: gabardine stretch.
METRAGEM: 2,20 m x 1,50 m.
AVIAMENTOS: um zíper de 15 cm; 20 cm de entretela; um par de fecho de gancho para cós; 1,10 m de viés.
COMO CORTAR: distribua as peças no tecido, observando a planilha de corte. Calça com 36 cm de altura de gancho e 1,18 m de comprimento.
PEÇAS: 48. FRENTE. 49. COSTAS. 50. BARRA DA FRENTE. 51. BARRA DAS COSTAS: corte cada peça duas vezes. 52. CÓS: corte quatro vezes no tecido e duas vezes na entretela, sendo as peças do lado esquerdo somente até a linha marcada. A. ABA DA ABERTURA: 13 cm x 5 cm, duas vezes. B. ESPELHO DA ABERTURA: 13 cm x 3 cm, duas vezes. C. BRAGUILHA: 19 cm x 11 cm, uma vez. D. ARREMATE DA BRAGUILHA: 18 cm x 5 cm, uma vez. PRESILHA: 37,5 cm x 3,5 cm, uma vez.
MONTAGEM:
• Para fazer as nervuras, vinque as peças da frente nas linhas marcadas, avesso sobre avesso. Bata a ferro. Pesponte, pelo direito, rente às bordas vincadas.
• Vinque as abas ao meio no comprimento, avesso sobre avesso. Bata a ferro.
• Faça a montagem do falso bolso nas peças da frente, prendendo as abas nas bordas inferiores das aberturas e os espelhos pelo avesso.
• Feche as pences das costas.
• Junte frente e costas com uma costura pelas laterais. Com outra costura, una as peças pelas entrepernas.
• Revire um dos lados da calça e enfie no outro lado coincidindo direito com direito do tecido. Costure as bordas do centro da frente, deixando livre a abertura superior; costure as bordas do gancho e do centro das costas. Revire as peças.
• Monte o zíper com braguilha na abertura superior da frente, de acordo com as explicações de Dicas de Costura.
• Vinque a tira das presilhas ao meio no comprimento, direito sobre direito. Una as bordas maiores com uma costura. Revire a tira e pesponte rente às bordas maiores. Separe a tira em cinco partes iguais.
• Faça a costura central das costas do cós, unindo as peças externas e internas, separadamente. Arremate a borda inferior da parte interna do cós com a montagem do viés de rolo, conforme Dicas de Costura.
• Una as peças externas e internas do cós, direito sobre direito, com uma costura pelas bordas superiores, prendendo as pontas superiores das presilhas. Em seguida, costure as bordas dos traspasses e as bordas inferiores do cós deixando livre o trecho de montagem. Revire o cós.
• Monte o cós na borda superior do modelo, prendendo as pontas inferiores das presilhas nos lugares marcados.
• Junte frente e costas das peças da barra com uma costura pelas bordas menores, formando dois círculos. Costure o direito da borda da parte externa da barra pelo direito das bordas inferiores do modelo. Vinque a barra, avesso sobre avesso. Bata a ferro. Pesponte a barra, pelo direito, rente à costura de montagem, prendendo a borda da parte interna no avesso.
• Prenda os colchetes, para o fechamento do cós.

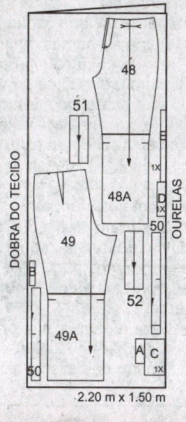

MOLDE 129

✂✂✂
VESTIDO
TAMANHO 50
PEÇAS: 25 a 29
LINHA DO MOLDE EM AZUL

FOLHA K
SUGESTÃO DE TECIDO: seda poliéster. FORRO: segunda pele.
METRAGEM: Tecido – 2,30 m x 1,50 m. Forro – 1,30 m x 1,60 m.
AVIAMENTOS: nove botões de 1,4 cm; 80 cm x 0,5 cm de elástico; 50 cm de entretela.
COMO CORTAR: copie o acabamento da frente. Distribua as peças no tecido e no forro, observando as planilhas de corte. Vestido com 1,03 m de comprimento.
PEÇAS: 25. FRENTE: separe a carcela na linha marcada. Corte a peça maior duas vezes no tecido e no forro. Corte a carcela quatro vezes no tecido e duas vezes na entretela. 26. GOLA DA FRENTE: corte quatro vezes no tecido e duas vezes na entretela. 27. COSTAS: corte uma vez com o tecido e o forro dobrados na linha do centro. 28. GOLA DAS COSTAS: corte duas vezes com o tecido e uma vez com a entretela dobrados na linha do centro. 29. MANGA: corte duas vezes no tecido.
MONTAGEM:
• Prenda a entretela no avesso das peças.
• Feche as pences.
• Costure o direito de um dos bolsos pelo direito das bordas laterais das peças da frente. Bata a costura a ferro, virando as folgas sobre o avesso dos fundos dos bolsos e prenda com pespontos rentes. Vire o fundo do bolso para o avesso. Bata a ferro.
• Una os fundos dos bolsos, dois a dois, direito sobre direito, com uma costura contornando as bordas.
• Junte frente e costas das peças de tecido e de forro, separadamente, com uma costura pelas laterais, sem fechar as aberturas dos bolsos.
• Una as peças da gola da frente, duas a duas, direito sobre direito, com uma costura pelas bordas do decote. Revire a gola, avesso sobre avesso.
• Una as partes externas e internas das carcelas da frente, direito sobre direito, com uma costura pelas bordas do decote, prendendo as bordas da gola. Prossiga com a costura pelas bordas dos traspasses do abotoamento. Revire as carcelas, avesso sobre avesso.
• Junte tecido e forro da frente, direito sobre direito. Una as peças com uma costura, prendendo as bordas externas e internas das carcelas, de acordo com a numeração de montagem. Revire o forro para o avesso do tecido da frente.
• Junte as partes externa e interna da gola das costas, direito sobre direito, com uma costura pelas bordas superiores. Bata a costura a ferro, virando as folgas sobre o avesso da parte interna e prenda com pespontos rentes.
• Costure a gola nas bordas do decote das costas, prendendo as peças externas e internas, separadamente.
• Vire as peças externas e internas das costas, direito sobre direito. Introduza os ombros da frente entre os ombros das costas. Costure os ombros, unindo frente e costas. Revire as peças das costas.
• Alinhave as bordas das cavas, unindo tecido e forro.
• Feche as laterais das mangas.
• Monte as mangas nas cavas.
• Separe duas tiras de elástico de 35 cm. Feche as pontas dos elásticos com uma costura. Costure os elásticos pelo avesso das bordas inferiores das mangas, esticando o quanto for necessário. Vire as bainhas inferiores das mangas para o avesso. Prenda as bordas das bainhas com pespontos, esticando os elásticos.
• Faça as bainhas inferiores.
• Abra as casas e pregue os botões.

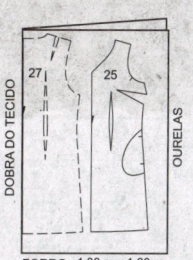

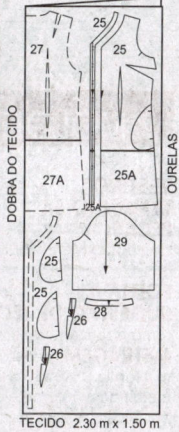

MOLDE 130

✂✂✂
CALÇA
TAMANHO 48
PEÇAS: 53 a 56
LINHA DO MOLDE EM VERMELHO

FOLHA K
SUGESTÃO DE TECIDO: viscose
METRAGEM: 2,30 m x 1,50 m.
AVIAMENTOS: um zíper de 15 cm; dois botões de 1,7 cm; onze botões de 1 cm tipo pérola; 40 cm x 4 cm de elástico; 10 cm de entretela.
COMO CORTAR: distribua as peças no tecido, observando a planilha de corte. Calça com 90 cm de comprimento.
PEÇAS: 53. FRENTE. 54. FUNDO MAIOR DO BOLSO. 55. COSTAS: copie o fundo menor do bolso. Corte as peças duas vezes. 56. CÓS DA FRENTE: corte duas vezes no tecido e na entretela, sendo a borda da frente da peça do lado direito somente até a linha marcada. A. BRAGUILHA: 18 cm x 11 cm, uma vez. B. ACABAMENTO DA BRAGUILHA: 17 cm x 5 cm, uma vez.
MONTAGEM:
• Costure o direito do fundo menor do bolso pelo direito das bordas das aberturas laterais da frente. Vire o fundo do bolso para o avesso da frente. Pesponte rente à borda costurada.
• Una os fundos menor e maior do bolso, direito sobre direito, com uma costura contornando as bordas.
• Feche as entrepernas, unindo frente e costas.
• Una as peças da frente com uma costura pelo centro, a partir da marcação do final da abertura para a montagem do zíper. Prossiga com a costura, pelas bordas do gancho e centro das costas.
• Faça a montagem do zíper com braguilha na abertura superior da frente, de acordo com Dicas de Costura.
• Vire as folgas da costura do centro sobre o avesso das peças do lado direito e prenda com pespontos rentes.
• Prenda a entretela no avesso do cós. Vinque o cós, direito sobre direito. Una as bordas dos traspasses com uma costura. Revire o cós. Prenda o direito da parte interna do cós pelo avesso das bordas superiores da frente. Embainhe as bordas externas do cós sobre o direito da costura de montagem, bata a ferro e prenda com alinhavos. Pesponte, pelo direito, rente às bordas do cós, prendendo a borda inferior embainhada.
• Separe uma tira de elástico de 35 cm. Costure as bordas do elástico pelo avesso do passador das costas, esticando o quanto for necessário.
• Junte frente e costas com uma costura pelas laterais, sem fechar as aberturas inferiores, prendendo o direito das bordas do passador das costas sobre a parte interna do cós. Revire o passador para o avesso das costas. Prenda com pespontos, sempre esticando o elástico.
• Vinque os acabamentos das aberturas laterais inferiores para o avesso. Bata a ferro. Prenda os acabamentos com pespontos. Faça o traspasse das aberturas laterais da frente sobre as costas. Penda as bordas superiores das folgas com pespontos.
• Faça as bainhas inferiores.
• Abra a casa e pregue os botões, sendo os botões menores nas aberturas inferiores.

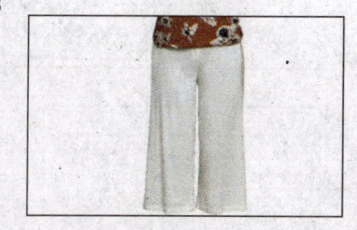

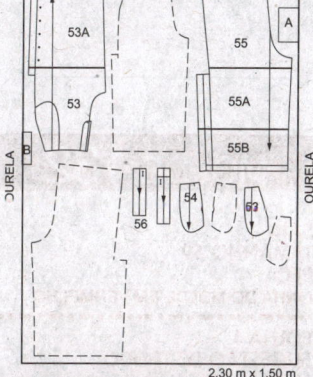

MOLDE 131

✂✂✂
VESTIDO
TAMANHO 50
PEÇAS: 34 a 38
LINHA DO MOLDE EM VERMELHO

FOLHA C
SUGESTÃO DE TECIDO: viscocrepe
METRAGEM: 1,70 m x 1,60 m. Molde

para malha com 80% de alongamento (veja em Dicas de Costura como calcular o alongamento).
AVIAMENTOS: uma pala de renda de algodão; linha para malha e agulha ponta bola.
COMO CORTAR: distribua as peças na malha, observando a planilha de corte. Vestido com 96 cm de comprimento.
PEÇAS: 34. FRENTE SUPERIOR LATERAL. 37. COSTAS SUPERIOR. 38. COSTAS INFERIOR: corte as peças duas vezes. 35. FRENTE INFERIOR. 36. REFORÇO E BITOLA DA PALA DA FRENTE: corte as peças uma vez com a malha dobrada na linha do centro. Utilize o molde da pala como bitola para adquirir a pala de renda.
MONTAGEM:
- Una as costas inferiores com uma costura pelo centro.
- Junte as peças superiores e inferiores da frente e das costas com uma costura.
- Franza a frente o suficiente para a montagem da pala.
- Monte o reforço nas bordas da peça da frente.
- Vire 1 cm do decote das costas para o avesso. Prenda a borda com pesponto duplos.
- Junte frente e costas com uma costura pelos ombros.
- Vire 1 cm das cavas para o avesso. Prenda as bordas das cavas com pesponto duplos.
- Junte frente e costas pelas laterais.
- Faça a bainha inferior.
- Aplique a pala na frente do modelo.

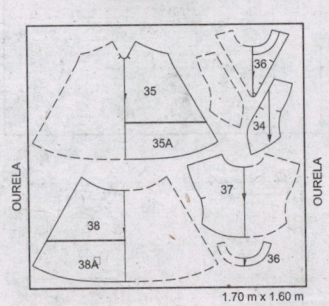

MOLDE 132

SAIA
TAMANHO 52
PEÇA: 40
LINHA DO MOLDE EM VERMELHO

FOLHA J
SUGESTÃO DE TECIDO: viscolycra
METRAGEM: 1.20 m x 1,60 m. Molde para malha com 120% de alongamento na direção horizontal e 100% na direção vertical (veja em Dicas de Costura como calcular o alongamento).
AVIAMENTOS: 90 cm x 3,5 cm de elástico; linha para malha e agulha ponta bola.
COMO CORTAR: distribua as peças no tecido, observando a planilha de corte. Saia com 58 cm de comprimento.
PEÇAS: 40. FRENTE E COSTAS: corte duas vezes com o tecido dobrado na linha do centro.
MONTAGEM:
- Junte frente e costas com uma costura pelas laterais.
- Una as bordas menores do elástico com uma costura.
- Costure o elástico pelo avesso da borda superior do modelo, esticando o quanto for necessário. Vire o passador superior e o elástico para o avesso. Prenda as borda do passador e do elástico com pesponto duplos.
- Faça a bainha inferior.

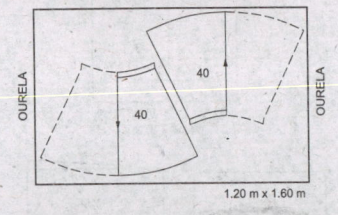

MOLDE 133

VESTIDO
TAMANHO 54
PEÇAS: 47 a 52
LINHA DO MOLDE EM PRETO

FOLHA A
SUGESTÃO DE TECIDO: malha ponto roma e renda de náilon
METRAGEM: Malha – 2,00 m x 1,50 m. Renda: 1,40 m x 1,40 m. Molde para malha com 40% de alongamento (veja em Dicas de Costura como calcular o alongamento).
AVIAMENTOS: três botões de 1 cm; 10 cm de elástico fino para alça; linha para malha e agulha ponta bola; 20 cm de malha de algodão.
COMO CORTAR: distribua as peças na malha e na renda, observando a planilha de corte. Vestido com 1,02 m de comprimento.
PEÇAS: 47. FRENTE CENTRAL. 49. COSTAS: corte as peças uma vez com a malha dobrada na linha do centro. 48. FRENTE LATERAL: corte duas vezes na malha. 50. PALA DA FRENTE: corte uma vez com a renda dobrada na linha do centro. 51. PALA DAS COSTAS. 52. MANGA: corte as peças duas vezes na renda. ARREMATE DO DECOTE: 80 cm x 4 cm, uma vez na malha de algodão. ARREMATE DAS CAVAS: 40 cm x 4 cm, duas vezes na malha de algodão.
MONTAGEM:
- Feche as pences.
- Prenda as peças centrais na frente central. Vire as folgas sobre o avesso das peças centrais e prenda com pesponto a 0,7 cm das costuras.
- Junte frente e costas com uma costura pelas laterais.
- Una as palas com uma costura pelos ombros.
- Separe duas tiras de elástico de 4 cm.
- Vire as bordas da abertura central das costas da pala para o avesso. Prenda as bordas com pesponto, prendendo as alcinhas elásticas nos lugares marcados na borda do lado esquerdo da abertura.
- Dobre as bordas menores do arremate do decote para o avesso. Costure o direito de uma das bordas do arremate pelo avesso do decote. Dobre o arremate, avesso sobre avesso. Embainhe a borda externa do arremate pelo direito do decote e prenda com pesponto rentes.
- Monte as mangas nas cavas.
- Costure o direito dos arremates pelo direito do trecho inferior das cavas. Vire os arremates para o avesso, embainhe as bordas e prenda com pesponto rentes.
- Faça a bainha inferior. Pregue os botões, para o fechamento da abertura do centro das costas da pala.

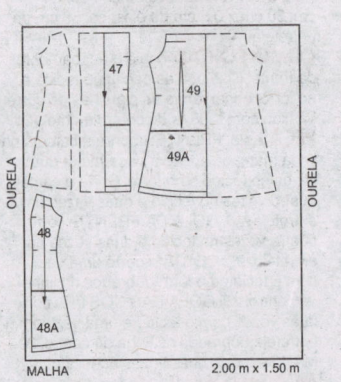

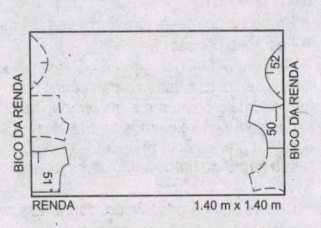

MOLDE 134

VESTIDO
TAMANHO 56
PEÇAS: 33 a 40
LINHA DO MOLDE EM VERMELHO

FOLHA N
SUGESTÃO DE TECIDO: crepe georgete. **FORRO:** tafetá.
METRAGEM: Tecido – 2,70 m x 1,50 m. Forro – 2,40 m x 1,50 m.
AVIAMENTOS: um zíper invisível de 30 cm;
COMO CORTAR: distribua as peças no tecido e no forro, observando as planilhas de corte. Vestido com 1,12 m de comprimento.
PEÇAS: 33. PALA SUPERIOR DA FRENTE. 39. MANGA. 40. BABADO INFERIOR DA MANGA: Corte as peças duas vezes no tecido. 34. PALA DAS COSTAS: corte uma vez com o tecido dobrado na linha do centro. 35. FRENTE INFERIOR CENTRAL. 37. COSTAS INFERIOR CENTRAL: corte as peças uma vez com o tecido e o forro dobrados na linha do centro. 36. FRENTE INFERIOR LATERAL. 38. COSTAS INFERIOR LATERAL: corte as peças duas vezes no tecido e no forro. A. VIÉS DA ABERTURA: 30 cm x 4 cm, uma vez. B. VIÉS DO DECOTE: 85 cm com 4 cm, uma vez.
MONTAGEM:
- Junte frente e costas das palas com uma costura pelo ombro direito ou esquerdo.
- Unindo tecido e forro, separadamente, prenda as peças centrais na frente e nas costas laterais.
- Em seguida, costure a frente nas laterais das costas, deixando livre a abertura lateral esquerda.
- Prenda o forro com alinhavos pelo avesso das bordas da abertura central da frente e superiores do tecido.
- Prenda s palas nas bordas das peças inferiores, coincidindo aos números de costura.
- Arremate as bordas da abertura central da frente com a montagem do viés de rolo, de acordo com Dicas de Costura.
- Em seguida, arremate o decote com a montagem do viés de rolo, deixando uma folga de 3 cm sobre a abertura do centro da frente.
- Feche o outro ombro, unindo frente e costas.
- Prenda os babados nas bordas inferiores das mangas.
- Franza as bordas superiores das mangas no trecho marcado.
- Feche as laterais das mangas. Monte as mangas nas cavas.
- Monte o zíper invisível na abertura lateral esquerda.
- Faça as bainhas.

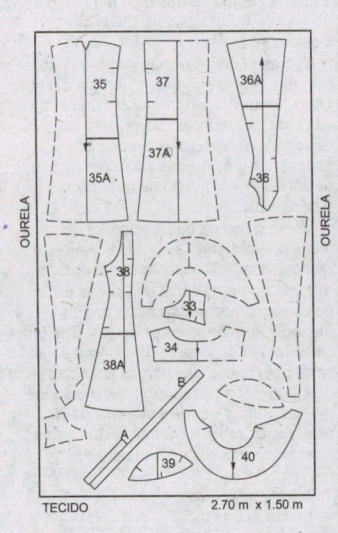

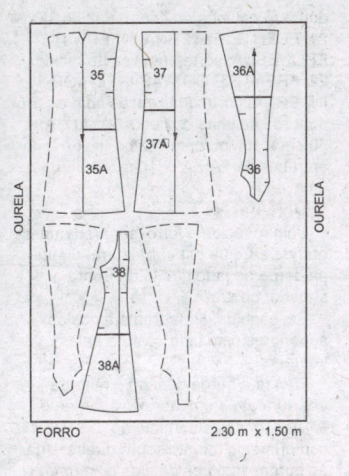

MOLDE 135

✂ **KAFTA**
TAMANHO 58
PEÇA: 51
LINHA DO MOLDE EM AZUL

FOLHA C
SUGESTÃO DE TECIDO: musselina
METRAGEM: 1,90 m x 1,50 m.
AVIAMENTOS: canutilhos
COMO CORTAR: distribua a peça no tecido, observando a planilha de corte. Túnica com 80 cm de comprimento.
PEÇA: 51. FRENTE E COSTAS: corte uma vez com o tecido dobrado na linha do ombro.

MONTAGEM:
• Faça uma bainha de lenço nas bordas externas do modelo.
• Junte frente e costas da peça, avesso sobre avesso, com pespontos sobre as laterais indicadas.
• Aplique canutilhos sobre as bainhas.

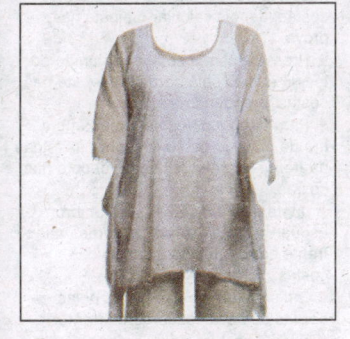

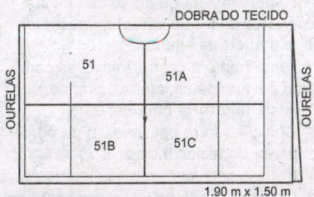

MOLDE 136

✂✂✂✂ **VESTIDO**
TAMANHO 50
PEÇAS: 41 a 50
LINHA DO MOLDE EM VERMELHO

FOLHA M
SUGESTÃO DE TECIDO: crepe de malha.
METRAGEM: 2,20 m x 1,50 m.
AVIAMENTOS: 30 cm de entretela; um ilhós de 3 cm e outro de 2,2 cm; linha para malha e agulha ponta bola.
COMO CORTAR: copie os acabamentos. Distribua as peças e os acabamentos no tecido, observando a planilha de corte. Corte os acabamentos também na entretela. Vestido com 1,08 m de comprimento.
PEÇAS: 41. FRENTE SUPERIOR: corte duas vezes. 42. CÓS DA FRENTE DIREITA: corte duas vezes no tecido e uma vez na entretela. 43. BOLSO. 44. ALÇA. 45. FRENTE INFERIOR DIREITA. 47. FRENTE INFERIOR ESQUERDA: corte as peças uma vez. 46. CÓS DA FRENTE ESQUERDA. 49. CÓS DAS COSTAS: corte as peças duas vezes com o tecido e uma vez com a entretela dobrados na linha do centro. 48. COSTAS SUPERIORES. 50. COSTAS INFERIORES: corte as peças uma vez com o tecido dobrado na linha do centro. A. FAIXA LATERAL: 80 cm x 10 cm, uma vez. Acerte as pontas da tira em formato de bisel.

MONTAGEM:
• Feche as pences.
• Junte frente e costas das peças superiores e dos acabamentos, separadamente, com uma costura pelos ombros.
• Monte os acabamentos nas peças superiores, direito sobre direito, com uma costura pelas bordas do decote. Revire os acabamentos para o avesso.
• Vire a bainha superior do bolso para o avesso. Prenda a borda da bainha com pespontos duplos. Abra o ilhós no lugar indicado.
• Embainhe as bordas laterais e inferior do bolso. Aplique o bolso no lugar indicado na frente inferior direita com pespontos rentes às bordas laterais e inferior.
• Vinque a alça, direito sobre direito, ao meio no comprimento. Costure as bordas maiores da alça. Revire a alça.
• Prenda a borda inferior da alça no lugar indicado na frente inferior direita. Introduza a alça no ilhós do bolso (de dentro para fora). Aplique o restante da alça com pespontos rentes às bordas maiores no lugar indicada na frente inferior direita.
• Pesponte a 0,7 cm do decote e da abertura do traspasse superior.
• Vire as bainhas dos traspasses inferiores para o avesso. Prenda as bordas das bainhas com pespontos duplos.
• Una as peças do cós, direito sobre direito, com uma costura pelas bordas superiores, prendendo as peças superiores. Em seguida, costure as bordas dos traspasses laterais do cós. Revire o cós.
• Prenda o direito da borda da parte externa do cós pelo direito da frente inferior direita, somente até 4 cm de distância da borda do traspasse, prendendo o direito da borda da parte interna do cós no avesso da peça.
• Revire o cós, avesso sobre avesso. Costure as bordas inferiores do cós pelo direito das peças da frente e das costas, coincidindo a numeração de montagem.
• Faça o traspasse da frente inferior, coincidindo a linha do centro. Una as bordas da lateral direita das peças da frente com alinhavos.
• Junte frente e costas das peças dos acabamentos, separadamente, com uma costura pelas laterais.
• Costure os acabamentos pelo direito das cavas. Revire os acabamentos para o avesso. Pesponte a 0,7 cm das cavas.
• Faça a bainha inferior.
• Abra o ilhós maior no lugar indicado no traspasse externo.
• Vinque a faixa ao meio no comprimento, direito sobre direito. Una as bordas da faixa com uma costura, deixando uma abertura. Revire a faixa, embainhe as bordas da abertura e prenda com pontos à mão. Pesponte a 0,7 cm das bordas da faixa.
• Aplique a faixa com pespontos no lugar marcado no cós esquerdo.

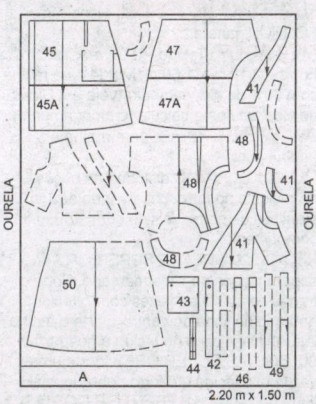

MOLDE 137

✂✂✂ **VESTIDO**
TAMANHO 52
PEÇAS: 17 a 21
LINHA DO MOLDE EM VERDE

FOLHA A
SUGESTÃO DE TECIDO: viscolycra
METRAGEM: 2,20 m x 1,60 m. Molde para malha com 70% de alongamento (veja em Dicas de Costura como calcular o alongamento).
AVIAMENTOS: Linha para malha e agulha ponta bola.
COMO CORTAR: distribua as peças no tecido, observando a planilha de corte. Vestido com 1,04 m de comprimento.
PEÇAS: 17. FRENTE SUPERIOR: corte quatro vezes. 18. COSTAS SUPERIORES. 20. FRENTE INFERIOR. 21. COSTAS INFERIORES: corte as peças uma vez com o tecido dobrado na linha do centro. 19. MANGA: corte duas vezes.

MONTAGEM:
• Vire o decote das costas para o avesso. Prenda a borda com pespontos duplos
• Una a frente superior, duas a duas, direito sobre direito, com uma costura pelas bordas do decote.
• Introduza os ombros das costas entre os ombros da frente e costure, unindo frente e costas. Revire a frente, avesso sobre avesso.
• Faça o traspasse das peças da frente, coincidindo a linha do centro. Alinhave as bordas traspassadas.
• Monte as mangas nas cavas.
• Junte frente e costas superiores com uma costura pelas laterais, a partir das bordas inferiores das mangas.
• Junte frente e costas inferiores com uma costura pelas laterais.
• Prenda as peças superiores nas inferiores.
• Faça as bainhas.

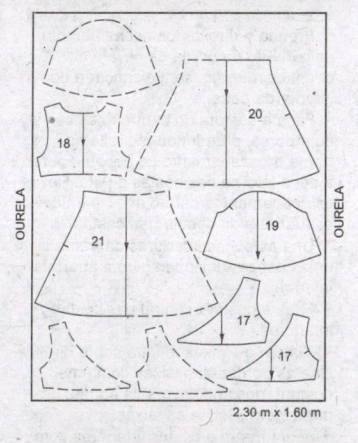

MOLDE 138

✂✂✂✂ **VESTIDO**
TAMANHO 52
PEÇAS: 17 a 28
LINHA DO MOLDE EM PRETO

FOLHA F
SUGESTÃO DE TECIDO: jeans stretch e crepe de malha.
METRAGEM: Jeans – 1,10 m x 1,50 m. Crepe de malha – 1,60 m x 1,50 m. Molde para tecido com 70% de alongamento na direção horizontal e 40% na direção vertical (veja em Dicas de Costura como calcular o alongamento).
AVIAMENTOS: linha para malha e agulha ponta bola.
COMO CORTAR: copie os acabamentos das costas. Distribua as peças nos diferentes tecidos e no forro, observando as planilhas de corte. Vestido com 1,10 m de comprimento, a partir da cintura.
PEÇAS: 17. FRENTE SUPERIOR DIREITA. 18. FRENTE LATERAL SUPERIOR DIREITA: corte as peças duas vezes. 19. FRENTE SUPERIOR ESQUERDA. 20. FRENTE LATERAL SUPERIOR ESQUERDA: corte as peças duas vezes no jeans. 21. ACABAMENTO DO TRASPASSE ESQUERDO. 23. ACABAMENTO DA CAVA ESQUERDA: corte as peças uma vez no jeans. 22. COSTAS SUPERIORES: para o lado direito, corte a peça duas vezes na malha. Para o lado esquerdo, corte a peça uma vez no jeans. 24. FRENTE INFERIOR DIREITA: corte uma vez no jeans. 25. FRENTE INFERIOR ESQUERDA: corte uma vez na malha. 26. FAIXA: corte duas vezes com a malha dobrada na linha marcada. 27. COSTAS INFERIOR DIREITA: corte uma vez no jeans. 28. COSTAS INFERIOR ESQUERDA: corte uma vez na malha.

MONTAGEM:
• Prendendo as partes externas e internas, separadamente, junte as peças centrais e laterais superiores da frente

direita com uma costura.
- Em seguida, costure a frente no ombro e na lateral direita superior das costas.
- Una as partes externa e interna da frente e das costas superior direita, direito sobre direito. Una as bordas do decote, da cava e as bordas inferiores com uma costura, até o número 12 de montagem. Revire as peças da frente e das costas do lado direito, avesso sobre avesso.
- Prenda a peça central na peça lateral esquerda da frente. Junte frente e costas das peças superiores e dos acabamentos do lado esquerdo com uma costura unindo as bordas do ombro e da lateral esquerda.
- Prenda o direito dos acabamentos pelo direito da borda da cava e do decote esquerdo, sem alcançar a borda inferior da peça.
- Faça a costura do centro das costas superiores, prendendo o direito da borda do acabamento do decote sobre a peça interna das costas direita. Revire os acabamentos para o avesso da cava esquerda e do decote das costas.
- Una as peças inferiores da frente com uma costura, deixando livre a abertura inferior.
- Faça a costura central das costas inferiores.
- Vinque as faixas, direito sobre direito. Una as bordas das faixas com uma costura, deixando livres as bordas de montagem. Revire as faixas.
- Junte frente e costas inferiores com uma costura pela lateral esquerda, prendendo a faixa no lugar marcado.
- Junte as peças superiores e inferiores com uma costura.
- Finalize a montagem do acabamento pelo direito da borda do traspasse da frente interna. Prenda o direito do acabamento da abertura pelo direito borda superior da peça do lado direito da costas
- Feche a lateral inferior direita, prendendo a faixa no lugar marcado e o direito da borda do acabamento do traspasse pelo avesso das costas inferior direita.
- Revire os acabamentos para o avesso. Prenda as bordas dos acabamentos com pesponto.
- Faça a bainha inferior e, em seguida, as bainhas das bordas da abertura inferior da frente.

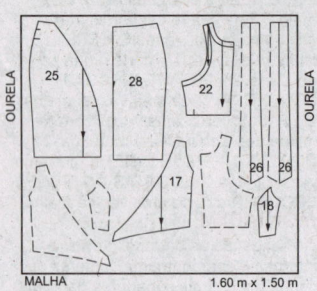

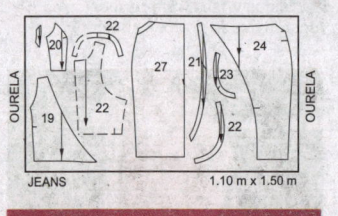

MOLDE 139

VESTIDO TAMANHO 54
PEÇAS: 29 a 32
LINHA DO MOLDE EM PRETO

FOLHA H
SUGESTÃO DE TECIDO: viscolycra.
FORRO: liganete.
METRAGEM: Tecido – 2,90 m x 1,60 m. Forro – 2,10 m x 1,60 m. Molde para malha com 60% de alongamento (veja em Dicas de Costura como calcular o alongamento).
AVIAMENTOS: linha para malha e agulha ponta bola.
COMO CORTAR: distribua as peças no tecido e no forro, observando as planilhas de corte. Vestido com 1,56 m de comprimento.
PEÇAS: 29. FRENTE SUPERIOR: separe a peça na linha marcada. Corte o trecho central duas vezes com o tecido dobrado na linha do centro. Corte o trecho lateral duas vezes no tecido e no forro. 30. COSTAS SUPERIORES: corte uma vez com o tecido e o forro dobrados na linha do centro. 31. FRENTE E COSTAS INFERIORES: corte duas vezes com o tecido e o forro dobrados na linha do centro. 32. MANGA: corte duas vezes no tecido.
MONTAGEM:
- Feche as pences.
- Junte frente e costas das peças e dos acabamentos, separadamente, com uma costura pelos ombros e, com outra costura, pelas laterais.
- Una as peças da nesga central superior da frente, direito sobre direito, com uma costura pelas bordas superiores. Vire a folgas sobre o avesso da peça interna e prenda com pespontos rentes. Revire a peça, avesso sobre avesso.
- Junte tecido e forro superiores, direito sobre direito. Costure as bordas da frente, prendendo a nesga central. Prossiga com a montagem, unindo tecido e forro pelo decote. Vire as folgas da costura sobre o avesso do forro e prenda com pespontos rentes à costura. Revire o forro para o avesso do tecido. Alinhave as bordas das cavas.
- Junte frente e costas inferiores com uma costura pelas laterais, prendendo o tecido e o forro, separadamente.
- Una tecido e forro inferiores, direito sobre direito. Costure as bordas superiores das peças, prendendo as bordas das peças superiores. Revire o forro para o avesso do tecido inferior.
- Feche as laterais das mangas. Monte as mangas nas cavas.
- Faça as bainhas.

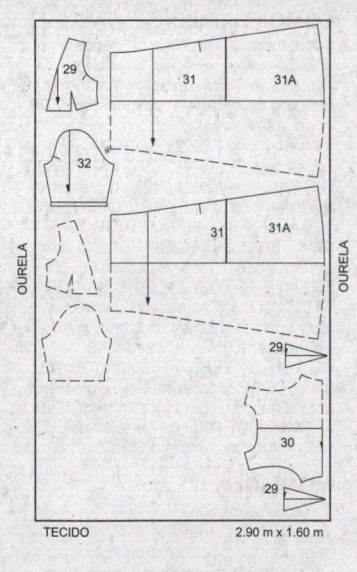

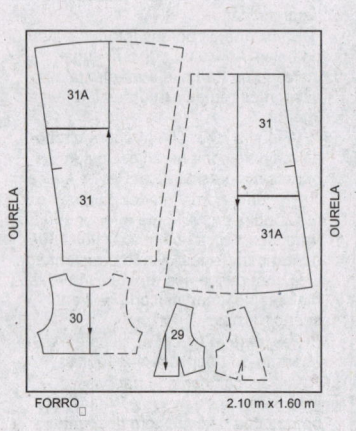

MOLDE 140

VESTIDO TAMANHO 48
PEÇAS: 16 a 22
LINHA DO MOLDE EM PRETO

FOLHA J
SUGESTÃO DE TECIDO: crepe.
FORRO: liganete.
METRAGEM: Tecido – 2,60 m x 1,50 m. Forro – 1,30 m x 1,60 m.
AVIAMENTOS: 1,60 m x 1 cm de elástico.
COMO CORTAR: distribua as peças no tecido e no forro, observando as planilhas de corte. Vestido com 1,10 m de comprimento, a partir da cintura.
PEÇAS: 16. FRENTE SUPERIOR CENTRAL. 17. FRENTE SUPERIOR DIREITA. 18. FRENTE SUPERIOR ESQUERDA. 19. COSTAS SUPERIORES: corte as peças uma vez no tecido e no forro. 20. FRENTE EXTERNA INFERIOR DIREITA E COSTAS: para a frente, corte a peça uma vez no tecido. Para as costas, corte a mesma peça uma vez com o tecido dobrado na linha do centro das costas. 21. FRENTE EXTERNA INFERIOR ESQUERDA: corte uma vez no tecido. 22. FRENTE E COSTAS INFERIOR INTERNA: corte duas vezes com o forro dobrado na linha do centro. A. ALÇA: 50 cm x 10 cm, uma vez no tecido e na entretela. B. FAIXA: 2,10 m x 10 cm, uma vez.
MONTAGEM:
- Unindo tecido e forro, separadamente, prenda a frente superior lateral direita na borda do lado direito da frente superior central.
- Em seguida, junte frente e costas superiores com uma costura pelas laterais.
- Franza a borda do lado direito da abertura até 4 cm, aproximadamente.
- Vinque a alça ao meio no comprimento, direito sobre direito. Una as bordas maiores da alça com uma costura. Revire a alça. Pesponte rente às bordas maiores.
- Junte tecido e forro superiores, direito sobre direito, com uma costura pelas bordas da abertura do lado esquerdo da frente, entre os números 2 e 3 de junção.
- Prossiga com a costura contornando as bordas da abertura do centro da frente, a partir do número 4 de junção, prendendo a alça no lugar indicado na borda do lado direito da abertura.
- Revire aponta do lado esquerdo da abertura, avesso sobre avesso. Franza o trecho marcado até 4 cm, aproximadamente.
- Junte tecido e forro da frente lateral esquerda, direito sobre direito. Introduza as bordas do lado esquerdo da frente central e costure, unindo as peças e prendendo a ponta superior da frente central entre os números 3 e 4.
- Envolva a ponta superior esquerda com a alça (do avesso para o direito do modelo).
- Alinhave a ponta da alça no lugar marcado no lado direito do decote das costas, depois calcular o ajuste na prova.
- Prossiga com a costura de união do tecido e forro pela borda do decote das costas, prendendo a alça.
- Para ajustar o decote, prenda uma tira de elástico de 70 cm sobre as folgas da frente lateral direita e do decote das costas.
- Junte frente e costas pelo ombro esquerdo, introduzindo as bordas da frente entre o tecido e o forro das costas.
- Em seguida, una as peças pelas bordas da cava esquerda da frente.
- Faça a costura de união das peças inferiores da frente externa, deixando livre a abertura inferior.
- Junte frente e costas inferiores com uma costura pelas laterais, prendendo o tecido e o forro, separadamente.
- Chuleie o forro pelo avesso da borda superior do tecido inferior.
- Prenda as superiores nas inferiores.
- Costure uma tira de elástico de 88 cm sobre as folgas, esticando o quanto for necessário.
- Vire as folgas da abertura inferior esquerda da frente para o avesso, embainhe as bordas e prenda co pespontos.
- Da mesma maneira, faça a bainha inferior.
- Vinque a faixa ao meio no comprimento, direito sobre direito. Una as bordas da faixa com uma costura, deixando uma abertura. Revire a faixa, embainhe as bordas da abertura e prenda com pontos à m/ao. Pesponte rente às bordas da faixa.

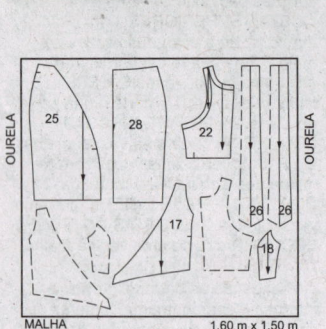

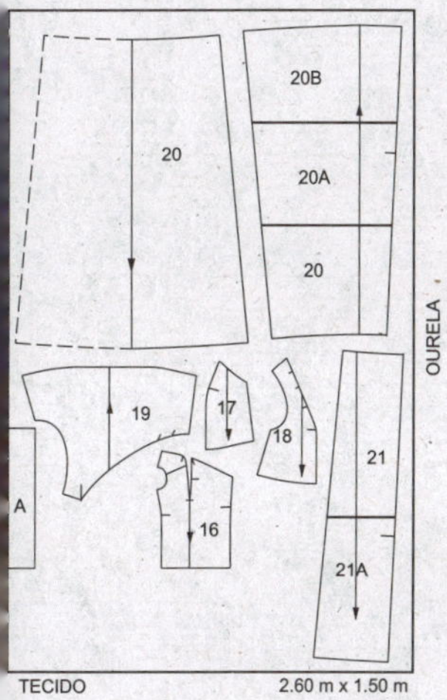

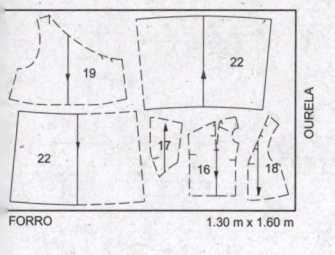

MOLDE 141 — BLAZER TAMANHO GG
PEÇAS: 55 a 62
LINHA DO MOLDE EM AZUL

FOLHA O
Margem de costura de 1,00 cm incluída no molde.
Comprimento total: 63 cm

LISTA DE MATERIAIS:
Tecido sugerido: 2,00 m malha de algodão incorpada (malha com 1,40 m de largura)
Linhas (reta e fio overloque)
1 botão nº 30
1,20 m de entretela termocolante de malha

PEÇAS E CORTE:
55: frente central. Cortar 2 pares no tecido + 1 par na entretela
56: frente lateral. Cortar 1 par
57: costas central. Cortar 1 par
58: costas lateral. Cortar 1 par
59: limpeza do decote das costas. Cortar 1 vez com tecido dobrado
60: folha 1 manga. Cortar 1 par
61: folha 2 manga. Cortar 1 par
62: gola. Cortar 2 vezes com tecido dobrado + 1 vez com entretela dobrada

PASSO A PASSO:
• Entretele a frente central (55) e a gola (62). Reserve.
• Feche o centro das costas (57).
• Junte as costas central (57) com a lateral (59) e costure. Faça o mesmo com a frente (55 e 56).
• Junte a frente com as costas pelos ombros e laterais. Observe que a estrutura do blazer estará formada.
• Junte a folha 1 da manga (60) com a folha 2 (61) e costure. Siga os piques, depois faça um embebido leve para encaixe perfeito na cava.
• Encaixe e costure as mangas nas cavas do blazer. Reserve.
• Junte os cortes da gola (62) pela borda superior e laterais. Faça piques nos cantinhos, revire e passe ferro. Pesponte.
• Encaixe e costure a gola (62) no decote do blazer. Reserve.
• Faça bainha comum, com uma dobra, no comprimento do blazer, exceto na frente central.
• Junte o revel da frente (55) com a limpeza das costas (59) pelos ombros.
• Encaixe e costure o forro no comprimento da frente, transpasse e degolo. Pesponte no alinhamento dos ombros para firmar.
• Faça o caseado no transpasse da frente direita.
• Coloque transpasse sobre transpasse para conferir a marcação do botão.
• Prenda o botão na frente esquerda.

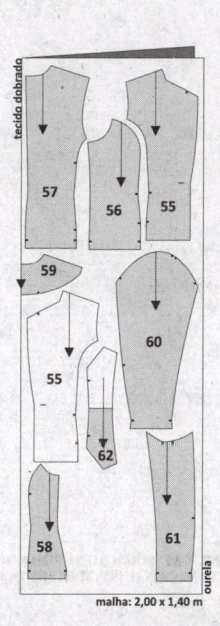

MOLDE 142 — MACACÃO TAMANHO GG
PEÇAS: 50 a 53
LINHA DO MOLDE EM AZUL

FOLHA P
Margem de costura de 0,5 cm incluída no molde.
Comprimento a partir da cintura: 108 cm

LISTA DE MATERIAIS:
Tecido: 2,30 m de viscolycra na cor 1 + 0,10 m de viscolycra na cor 2 (malhas com 1,40 m de largura)
Linhas (reta e fio overloque)
86 cm de elástico e 7 mm
1 botão de pé nº 20

PEÇAS E CORTE:
50: frente superior. Cortar 1 vez com tecido dobrado
51a, 51b: frente inferior. Cortar 1 par
52: costas superior. Cortar 1 vez com tecido dobrado
53a, 53b: costas inferior. Cortar 1 par
* Cortar tira com 3,5 cm de largura, ou medida desejada, no sentido do fio, para viés no acabamento do decote, cavas e abertura das costas. Gasto aproximado de 2,10 m.

PASSO A PASSO
• Feche o gancho da frente inferior (51), depois das costas inferior (53).
• Junte a frente com as costas inferiores (51 e 53) pelas entrepernas e laterais. Reserve.
• Junte a frente com as costas superiores (50 e 52) pelos dos ombros.
• Prenda o viés na abertura das costas e por todo decote da parte superior. No lado esquerdo deixe uma trecho de 3 cm livres, para alcinha do abotoamento.
• Prenda o viés nas cavas do macacão.
• Junte a frente com as costas superiores pelas laterais.
• Junte a parte superior com a inferior pela cintura e acrescente o elástico na operação, com pressão leve e regular por todo o trecho.
• Faça bainha comum, com uma dobra, no comprimento. Use a galoneira com duas agulhas.
• Prepare o laço usando 30 cm de viés. Dobre ao meio e pesponte no centro da frente.
• Feche a alcinha do abotoamento (dobre o pedaço ao meio e pesponte).
• Prenda o botão nas costas direita do macacão.

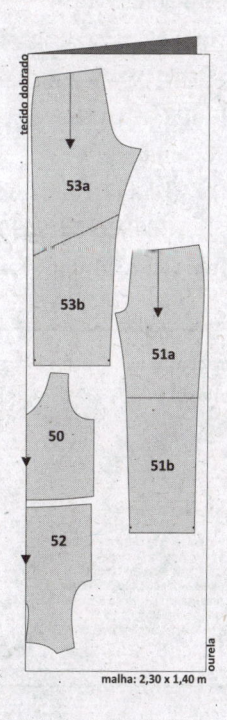

REVISTA MODA MOLDES

Moldes exclusivos para você costurar já!

Vestidos, saias, camisas, blazers e muitas outras peças incríveis estão presentes em toda edição. Adquira a sua agora!

Já nas bancas!

On line EDITORA
www.revistaonline.com.br

ONDE ENCONTRAR

ANA LOPES – Tel.: (11) 9 9932-0888; ana.casadomakeup
ANZETUTTO – Tel.: (51) 3328-0087; www.anzetutto.com.br
AVAZZO – TEL.: (61) 3468-3368; www.avanzzo.com.br
AZALÉIA – www.azaleia.com.br
BALONÈ ACESSÓRIOS – www.baloneacessorios.com.br
BEIRA RIO – www.beirarioconforto.com.br
BELART– www.belartmodas.com.br
BOTTERO – www.bottero.net
CONY GREEN – Tel.: (11) 3225-9683; @conygreen
CHRIS AMARAL BEAUTY ARTIST – Tel.: (11) 9 8920-4274; 9 8572-5566; @chrisamaralbelezadenoiva
FANE'S JOIAS – Tel.: (54) 3712-1220; www.fanes.com.br
FASHION CLINIC – Tel.: (11) 3333-4971; www.fclinic.com.br
GABRIELA AQUARELA- Tel.: (37) 3288-8000 ; www.gabrielaaquarela.com.br
HERING – www.hering.com.br
KEMPF – Tel.: (86) 3222-3780; www.kempf.com.br
KIMIKA– Tel.: (35) 3529-1173; www.kimikaloja.com.br
LE POSTICHE – (11) 3588-1688; www.lepostiche.com.br
LINA BRAND – (11) 3040-4180; www.linabrand.com.br
MAISON SPA – Tel.: (11) 2738-6189; www.maisonspa.com.br
MÃOS DA TERRA – Tel.: (11) 3082-3251,www. maosdaterrabrasil.com.br
MAMÔ – Tel.:(11) 3045-5202; www.mamobrasil.com.br
MELINDE – Tel.: (11) 3951-4656; www.loja.melinde.com.br
MODARE – SAC 0800-541 3536; www.modareultraconforto.com.br
MOLECA – www.moleca.com.br
MORANA ACESSÓRIOS – www.morana.com.br
NAMINE – Tel.: (11) 3337-3550; www.namine.com.br
PALANK – Tel.: (11) 2979-7332; www.palank.com.br
PATCHOULEE – Tel.: (11) 3045-2215; www.patchoulee.com.br
PROGRAM – Tel.: (11) 2208-8768; www.programmoda.com.br
QUINTESS – www.quintess.com.br
RAMARIM – www.ramarim.com
TALENTO MODA – Tel.: (11) 3228-2427; 3224-8111; www.talentomoda.com.br
THAIS SANTORO ACESSÓRIOS – www.thaissantoroacessorios.com.br
THAROG- Tel.:(47) 3350-1906; www.tharog.com.br
USAFLEX – www.usaflex.com.br
VEROFATTO CALÇADOS – Tel.: (51) 3543-5400; www.verofatto.com.br
VIZZANO CALÇADOS – SAC: 0800-5413536
ZARPELLON JOIAS – Tel.: (11) 3214-036; www.zarpellonjoias.com.br

---

IBC – INSTITUTO BRASILEIRO DE CULTURA LTDA
CNPJ 04.207.648/0001-94
Avenida Juruá, 762 – Alphaville Industrial
CEP. 06455-907 – Barueri/SP
www.revistaonline.com.br

Presidente: Paulo Roberto Houch
MTB 0083982/SP
(redacao@editoraonline.com.br)

Coordenador de Arte: Rubens Martim
Colaboraram nesta edição:
Edição: Aline Ribeiro • **Texto:** Ana Ioselli, Evelyn Moreto, Isabella Delbucio e Luciana Albuquerque • **Arte:** Angela C. Houck • **Produção:** Anderson Alves, Elaine Simoni, Marcelo Ultra, Murilo Mahler • **Fotógrafos:** Adriana Barbosa, Andre Schneider, Carla Paraizo, Fernanda Venâncio, Manoel Carvalho, Priscila Prade e Vivi Pelissari • **Tratamento de imagem:** Bárbara Martins
Vendas: Tel.: (11) 3393-7723 (vendas@editoraonline.com.br)

Todos os direitos reservados.

CIP-BRASIL. CATALOGAÇÃO NA PUBLICAÇÃO
SINDICATO NACIONAL DOS EDITORES DE LIVROS, RJ

G971

Guia moda moldes especial plus size. -- [2. ed.]. - Barueri [SP] : On Line, 2018.
176 p. : il. ; 28 cm.

ISBN 978-85-432-2612-5

1. Moda.

18-50367   CDD: 391.2
            CDU: 391

Meri Gleice Rodrigues de Souza - Bibliotecária CRB-7/6439

12/06/2018   19/06/2018